LAS VOCES DEL KARAÍ:
ESTUDIOS SOBRE
AUGUSTO ROA BASTOS

FERNANDO BURGOS

LAS VOCES DEL KARAÍ: ESTUDIOS SOBRE AUGUSTO ROA BASTOS

edi 6 EDICIONES Y DISTRIBUCIONES EXCLUSIVAS
edi 6 EDICIONES EURO-LATINAS, S. A.

General Oráa, 32
28006 MADRID

© Fernando Burgos
EDELSA - EDI-6
Ediciones Euro-Latinas, S. A.
Madrid, 1988

Diseño portada: Carlos Rojas Maffioletti

ISBN 84-7711-031-X

Depósito legal: M. 39284-1988

Impreso en España - Printed in Spain

Selecciones Gráficas. Carretera de Irún, km. 11,500. Madrid (1988)

ACKNOWLEDGEMENT

I wish to express my deepest gratitude to Dr. Sharon E. Harwood, Chairman of the Department of Foreign Languages and Literatures, for her commitment, support and encouragement in the publication of this book.

I should also like to express my grateful acknowledgement for the support I received from Memphis State University, as well as for the decision made by the academic administration to promote and foster research projects in the humanities.

FERNANDO BURGOS
Memphis State University

ÍNDICE

ESTUDIOS II: EL CUENTO, LA POESÍA, *HIJO DE HOMBRE*

SECCIÓN ESPECIAL

LA HISTORIA RECOBRADA

FERNANDO BURGOS

Memphis State University

> Toda mi obra de escritor es, bajo el signo de
> mi maestro Cervantes, un embestir solitario y
> obstinado contra los molinos de viento, sobre
> todo, contra el viento que los mueve y que
> sopla donde quieren los imperios.
>
> (AUGUSTO ROA BASTOS)

Augusto Roa Bastos es nuestro karaí contemporáneo, señala Juan Manuel Marcos en su introducción «Las voces del karaí», prefacio que —conocedor de su vasto saber crítico en la literatura roabastiana— le solicité escribiera para este volumen de estudios sobre la obra del escritor paraguayo. La perceptiva aserción de Juan Manuel realzaba la función moderna del escritor y del artista, su compromiso integral con el arte, y pasión por la operación transformativa de la palabra en materia literaria. Su percepción, además, no se restringía a una consideración contemporánea profesional del artista, sino que imaginativamente sondeaba en la riqueza de nuestra tradición indígena.

La expresión «voces del karaí» conformaría el título de este libro. Junto a la llamativa apelación de su resonancia fonética, me impactaba su oceánica horizontalidad connotativa y la inmersiva verticalidad de su raíz americana. Llamado de la pluralidad «voces» dado a través de la unidad portadora que la significa «el karaí». Arraigo y proyección, voces entrelazadas, imaginantes, vivas en el canto del karaí. El karaí: guía, brújula en la búsqueda de una sociedad distinta. La presencia del karaí trae, junto a la promesa de una utopía, el anuncio de la verdad por la marca de la palabra para que la historia se registre en la oralidad colectiva y la utopía se llene de contornos reconocibles. En la posesión del verbo salta la poesía, iluminando el verdadero lenguaje por el que se alcanza la orilla de la «Tierra sin males».

Profeta, mago, visionario, eterno buscador, peregrino del lenguaje, poeta, el karaí congrega las voces de la verdadera historia, reclama esa compenetración profunda del pasado para proyectarse en la realización de un destino colectivo, unifica la dispersión de

3

la suma individual porque así el modo de su visión deviene siempre la pluralidad de voces integradas a su quehacer clarividente en el dominio del habla y el conjunto de la palabra.

El impacto de la narrativa de Roa Bastos en las letras hispánicas es decisivo: una visión profunda del acontecer histórico imbricada a la polivalente naturaleza de un lenguaje que la re-crea y pluraliza. Visión no sólo de la historia de Paraguay, sino también de su proyección hacia el desarrollo histórico hispanoamericano. Historia desde un ángulo imaginativo y poético que no abandona su contexto sociocultural. Historia como comprensión e interpretación, no como dato. Historia como experiencia y proyecto, como arraigo de sobrevivencia del pueblo paraguayo universalizada en la experiencia histórica de todos los países latinoamericanos que han vivido entre la alucinación desatada del poder y la esperanza de una sociedad distinta.

Junto a la Historia, la Escritura. Relativizada por el acaecer de esa Historia totalizadora, e insubordinada al mismo tiempo por la creatividad del lenguaje oral y por la realización de una expresión colectiva verbal. Acción de una imaginación poética popular más comprensiva y rica que el acontecimiento oficial perseguido por la historiografía y la gravedad de su organización fija. Historia mezclada a mito, escrita por la revuelta de la imaginación. De allí la modernidad de una escritura signada por lo plural y la disensión en la obra de Roa Bastos. Escritura originada en el poder de la palabra escrita y desenvuelta en la rebelión de su forma oral. La intensa preocupación de Roa Bastos por el pasado histórico y su confrontación con el presente vigorizan la intensidad de un diálogo necesario en nuestra América. Diálogo mediatizado en el encuentro de una Historia y de una Escritura *dictadas*. En la lúcida conciencia del artista que lo recrea se anticipa la forja de un proyecto latinoamericano que encuentra su propia expresión artística y decide libremente su devenir histórico.

La Historia recobrada por la acción de un autor manifiesto en la resonancia de voces colectivas que quieren atribuirle a la palabra el espacio del sonido. Desiderátum narrativo en *Yo el Supremo*: «Tendría que haber en nuestro lenguaje palabras que tengan voz» (16). Así, el movimiento de la Historia es visible por la presencia de una escritura contradictoria, la agresiva persistencia de su negación y la constante crítica de su arrogancia literaria. La Historia puede ser contada sólo si la memoria colectiva es recobrada en su total oralidad, puesto que «la tradición oral... es el único lenguaje que no se puede saquear, robar, repetir, plagiar, copiar» (Roa Bastos, 64). Por ello, así como el origen de la escritura se remonta a las unidades mínimas de lo potencialmente comunicable, sea articulable o puramente interjectivo, la génesis de una Historia dialógica debe acudir a la verbalización de lo intra-histórico. La Historia recobrada es la pulsión artística de una memoria gigantesca, tendida hacia la recuperación de gestos, rostros, acciones, vidas, muertes, destinos llamados Historia y puestos en la naturaleza no artificiosa de un libro colectivo. En *Yo el Supremo* se dice que: «El pueblo griego llamado Homero, compuso la Ilíada» (74), lo cual convoca la inmediata paráfrasis de que es el pueblo latinoamericano llamado Roa Bastos quien compone *Yo el Supremo*. Figura que transpone el pasado verbal en presente a objeto de incluir la realización de su porvenir. Presente inconcluso hasta que ese destino histórico esté en manos de los mismos pueblos y el curso de esa Historia dictada, suprema yególatra sea el desarrollo de una Historia libre, no impuesta y colectiva de las naciones latinoamericanas.

Este libro recoge dieciocho penetrantes ensayos sobre la obra del escritor paraguayo. Su compilación constituye una selección de los trabajos presentados en el primer Coloquio Internacional de Literatura Latinoamericana de la revista *Discurso Literario,* que tuvo lugar en Oklahoma State University del 4 al 6 de abril de 1985. El libro incluye la conferencia de honor de dicho encuentro del profesor norteamericano David William Foster, de Arizona State University, así como los ensayos galardonados del profesor polaco Wladimir Krysinsky, de la Universidad de Montreal, y del profesor venezolano Carlos Pacheco, de la Universidad Simón Bolívar de Caracas, quienes obtuvieron el premio Discurso Literario 1985 y la medalla Rafael Barret 1985, respectivamente.

El ensayo de David William Foster abre los estudios de este volumen con una muy necesaria investigación sobre un aspecto bastante descuidado por la crítica roabastiana: el ensayo del escritor paraguayo que, como deja demostrado Foster, es capital para un acercamiento comprensivo y profundo sobre la concepción estética de Roa Bastos y, por consiguiente, para una captación más integral de su obra narrativa. En la aguda caracterización de cuatro textos ensayísticos del escritor, que ilustran dicha reflexión estética, Foster pone de manifiesto el conjunto de relaciones socio-artístico que se expresan en la literatura de Roa Bastos como la base de surgimiento de una escritura distinta e imbricada a los procesos históricos y sociales que contextualizan tal discurso. Del examen caracterizador que Foster dirige a la reflexión ensayística roabastiana destacan: 1) La relación mediada entre el autor y su producción, como también entre esa productividad creativa y el acceso a ella. El proceso de alienación cultural se registra en la constatación de una producción artística «cautiva» en las redes de una transacción cultural dirigida y determinada por las variables de un mercado internacional antes que por el propio y legítimo impacto de esa creación como necesidad cultural. 2) La repercusión en el intelectual paraguayo de un exilio interno y externo en la creación de modelos culturales. Dimensión de una tragedia atravesada en la historia del pueblo paraguayo. Marginación y condena impuesta por el acontecer de una historia incontrolable que incide en el énfasis del carácter oral de la literatura. Lucha por la consecución de una literatura no fijada a la herencia de una escritura derivada del historicismo sucesivo. 3) La preocupación de Roa Bastos por una comprensión interiorizada en un americanismo autóctono y por el sistema social (mitos, lenguaje, modelos de organización tribal) de grupos étnicos indígenas cuya cultura ha sido distorsionada y, por tanto, «condenada» por el abuso de parámetros de interpretación ajenos, originados especialmente en la antropología europea. La propuesta de Roa Bastos supone el examen de la mitología indígena dentro del contexto específico del modelo sociocultural que la origina y del conjunto de significaciones que se proyectan hacia los estratos del lenguaje y de otros signos de comunicación. 4) La reflexión roabastiana sobre los contextos ideológicos y estéticos que nutrieron la experiencia y realización de una narrativa de contornos tan complejos y de una escritura tan renovadora en las letras hispánicas como la lograda en la singular novela Yo el Supremo. La caracterización que Foster hace de los cuatro textos ensayísticos de Roa Bastos resulta un estudio esclarecedor sobre la obra del escritor paraguayo tanto por enfocar con especificidad el núcleo sociolingüístico, estético e ideológico que conforma el proceder escriturario de la literatura roabastiana como por el aporte que esa caracterización deja en la interpretación y conocimiento de su obra narrativa.

Los diez ensayos que siguen constituyen aportes de profunda y documentada interpretación sobre la obra Yo el Supremo. Con apoyos teóricos de diversas fuentes, abundancia de registros metodológicos y direcciones heurísticas creativas, los diez estudios sobre Yo el Supremo demuestran la multiplicidad de estratos narrativos, ideológicos y estéticos que cruzan la riqueza combinatoria, plural de esta obra y que la sitúan, por tanto, como una de las novelas de mayor impacto y más compleja arquitectura narrativa en la literatura hispánica contemporánea.

El ensayo de Wladimir Krysinski establece —dentro de referentes filosóficos y estéticos— la disposición estilística, narrativa e histórica que conforma el carácter de la modernidad de Yo el Supremo. Modernidad que prosigue la línea de una representación estética de lo moderno iniciada en la literatura occidental con Don Quijote y que se caracteriza básicamente por la profusión de discursos combinatorios, discontinuidades narrativas, cancelación autorial unívoca, pluralidad de significaciones logradas desde la abundancia de textualidades equívocas e ironización de representaciones absolutas, con la consiguiente relativización de la totalidad del discurso narrativo que acepta el fragmentarismo como un atributo natural e imperfectivo del texto. El estudio de Krysinski ubica y describe la manera como el desplazamiento de esa «epistéme» moderna se manifiesta en la novela de Roa Bastos y puntualiza, además, en una detallada y bien fundamentada reflexión, la particular canalización moderna de esa representación en *Yo el Supremo*. Dirección que trasciende los límites de esa misma modernidad y que comprueba la hipótesis de ver esta obra como el punto de fuga de la novela moderna, es decir, el modelo plenario y total de una forma entera de representación, el eje último de la modernidad. Virtual postulación de un discurso postmoderno aglutinante de la estética moderna como paradigma y trascendente a la vez en la conquista de un discurso aún más complejo. Discurso fascinado por la idea de una pulsión final que oscila entre la conclusión de una forma y el nacimiento de otra y que, por tanto, se autotransforma por acopio de «oralidades» dubitativas. Ello acarrea la consiguiente relativización de un acontecer histórico inescrutable y de un decir literario consciente de la posibilidad de escribir esa Historia dictada sólo en el asedio de voces múltiples. Éstas se cruzan a su vez en el espectro de múltiples registros que reiteran el carácter relativo de cada aserción. Una Historia que se desenvuelve a través de cortes transversales que la reinterpretan, niegan u omiten el dictado de su linealidad. La capacidad de esta subversión postmoderna, que lleva la noción misma de lo moderno más allá de su esfera de sensibilidad epocal y que logra el dinamismo de un texto plurihistórico, es analizado por Krysinski en la perspectiva de dos factores fundamentales en la arquitectura de la novela de Roa Bastos. Primero, la persistente función de un «dialogismo dialéctico», es decir, la diversidad y confluencia de discursos interactivos que comportan la visión ideológica y estética de la novela. Segundo, la presencia de una «topología polifónica», entendida como un concierto de múltiples espacios textuales encargados de relativizar y dislocar la serialidad de los discursos existentes. Consecuencia de estos factores es la existencia de un componente narrativo vertebrado por las acciones de planos acumulativos o compilatorios asimétricos y la presencia paralela de una topología yuxtapositiva discontinua. Los dos tipos de fragmentaciones examinados por Krysinski son: 1) La fragmentación vertical, o sea, diferentes estratos temporales que desfasan y diferencian al portavoz de un discurso. 2) La fragmentación horizontal, que consistiría en la concentración variada y dispersa de subdiscursos (notas, comentarios, reflexiones, citas, fragmentos históricos, etc.) que quiebran la univocidad del discurso de la Historia articulada y dirigida por el Supremo. El resultado es la generación de una escritura radicalmente discontinua y el acceso a una novela «modelo de modelos». Architexto cuyos diversos estratos aceptan en su construcción de novela «total» los registros de «la ciencia, la poesía, el mito, el logos y la razón de la época».

De los tres niveles que se distinguen en el ensayo siguiente: el de la objetividad histórica, el de las significaciones y referencialidades que remueven subterráneamente esa historiografía, y el de la palabra, la investigación de Francisco Feito sondea, con dedicada atención y detalle, en el registro lingüístico. Su estudio ilustra, por medio de comprobaciones específicas, la asombrosa función carnavalesca del humor, la ironía, los proverbios y máximas en los que la risa conquista el texto y deleita al lector. Para su fundamentación, Feito acude a esa profusión de recursos de *Yo el Supremo* en que se juega con el lenguaje, se le amplía, se le inventa y trastueca. La burla indica su trabajo, corroe el efecto de la seriedad política, la moralidad dictada y el suceso de una Historia «Suprema». La vivencia diaria y popular de la intromisión intrahistórica y la riqueza del lenguaje oral se sustraen al eje de la cultura y poder político dominantes y desdicen la oficialidad de esa Historia «Suprema». El ensayo de Feito es una demostración, por tanto, de que el uso re-enunciativo de los diversos estratos y funciones de la palabra y su incorporación a una *retórica* de la ironía junto con crear una pluralidad de sentidos en el nivel del lenguaje, desarma la fijación del discurso historiográfico oficial, dejando el espacio para una escritura y lectura distintas de la Historia.

El ensayo de Armando Romero es una serie de reflexiones postuladas creativamente desde su propia visión de escritor y hechas desde el reconocimiento de que todo escritor se enfrenta siempre a lo uno y lo plural, a la lucha del artista consigo mismo y con su arte, y a la visión prístina e integral que puede entregar de su realidad histórica y social. Hay, indica, el carácter multívoco, laberíntico de la escritura moderna. Conjunción desatada de voces y textos que chocan una y mil veces y que advierten sobre la imposibilidad de generar la reconstrucción de la Historia desde la imposición de una «Escritura Suprema». A ese laberinto de congestiones y voces disidentes, señala este estudio, nos llama la obra de Roa Bastos para que descendamos a la pluralidad del estrato oral, que es el que se le escapa al «Supremo Narrador». Se crea una conciencia de respuesta al escritor de la república que trata de fijar la Historia con circulares perpetuas y de establecerse unívocamente en el proceso vivo de la lengua y la escritura. Frente a este intento de dominio o de dictado, surgen, aclara Romero, la voz anónima, la memoria del pueblo, las notas del compilador, la voz de «Él» frente a la del «Yo». Confrontación de voces y escritura que plasman el carácter plural, moderno de esta novela.

El estudio de Jorge Luis Cruz traza con acucioso pormenor las múltiples relaciones entre el discurso del compilador y el del Supremo Narrador. Destaca la relación transformativa, negativa e interactiva que produce la acción dialógica de ambos. El discurso del narrador es el dictado uniforme del registro historiográfico. El de la compilación, en cambio, es la respuesta subversiva de esa cristalización histórica documental, por ende, la literaturización de lo acontecido. Un sondeo en capas y voces ignoradas por el discurso oficial. De allí, el interés del ensayo de Cruz por demostrar con qué procesos escriturales hurga el compilador, de qué modo penetra en la inflexibilidad de una historia circular y perpetua, creando una contra-historia, y cómo la compilación, más allá de su efecto confrontativo y contrapuntístico, crea la pluralidad moderna de textos originada en *Yo el Supremo*. El trabajo de Connie Green comienza por ubicar *Yo el Supremo* dentro de las obras de la modernidad hispanoamericana y describe, consecuentemente, los procesos escriturales en los que se afirma la realización moderna de esta novela. Con marcado énfasis se estudian los delicados entrelazamientos entre Historia y Texto dados en la novela junto con el carácter mítico y fictivo correspondiente a cada discurso y sus continuas operaciones de intercambio.

El estudio de Victorio Agüera examina el funcionamiento de ciertos aspectos relativos a la naturaleza dialógica de la escritura en *Yo el Supremo*. Apoyado en la postulación bajtiniana de la categoría crono-topo (término cuya aplicación se deriva de otros campos del conocimiento), el trabajo de Agüera describe la particular conjunción y equilibrio de las categorías de tiempo y espacio en la captación de lo histórico en esta novela. La adición de la categoría tiempo en la visión histórico-artística de la obra de Roa Bastos y su definida conjunción con lo espacial crean una cuarta dimensión de la escritura. Esto permite el funcionamiento dialógico de las estructuras históricas, su disposición de materia viva frente a la acción de una escritura que deja de ser representación y que puede contener el espectro de esa cuarta dimensión que dibuja, el diálogo del habla y la lengua y el modo confrontativo de múltiples discursos que se rechazan, transfieren y complementan.

El estudio de María Elena Carballo plantea el modo cómo lo femenino en *Yo el Supremo* se asocia a otras instancias de lo diferente para desactivar tanto el carácter absolutista del poder dictatorial como su naturaleza patriarcal convertidos en la novela en discurso dominante y excluyente de toda otra instancia divergente. Las formas omnívoras de lo absoluto tratan siempre de recluir y

9

silenciar lo diferencial. Sin embargo —como demuestra Carballo con claras ilustraciones textuales— la operación novelesca en *Yo el Supremo* opta por la multivocidad del discurso histórico, y en esa operación, el mismo silencio femenino es capaz de convertirse en un elemento oposicional que reafirma la óptica plural del universo de esta novela.

El ensayo de John David Kraniauskas describe los contextos históricos, ideológicos y sociales que conforman el trasfondo sobre el cual se emplazan las modalidades narrativas de *Yo el Supremo*. El trabajo de Kraniauskas participa así de los elementos teóricos sostenidos por una sociología de la novela y puede homologar, por tanto, con propiedad los constituyentes histórico-ideológicos de la novela frente a los de procedencia mítica o de arraigo en la memoria de una colectividad social. Ficción e Historia convergen en la perspectiva de esta lectura contextual y la función del escritor logra registrarse en un desplazamiento temporal integrado por los sucesos y postulaciones del pasado, el presente y el futuro.

El estudio de J. Bekunuru Kubayanda destaca la larga tradición del uso de la paradoja en la literatura occidental, el distingo de su vertiente verbal o filosófica y el acometido de su funcionamiento y sentido en cuanto resolución por una búsqueda de la verdad. Con estos antecedentes, J. Bekunuru Kubayanda postulará una lectura de *Yo el Supremo* como la realización de una paradoja histórico-cultural. Para tal efecto, identifica la abundancia de referentes ambiguos y contradictorios en la novela como componentes de esa estructura paradojal. Asimismo, explica su funcionamiento artístico en cuanto creación de una contra-historia, o sea, la existencia de un estrato subterráneo y antagónico al predominio de una visión unívoca de la Historia.

El último ensayo de la sección dedicada a *Yo el Supremo* traza —a través de un enfoque comparativo— el perfil del poder tiránico. El estudio de Eduardo González recurre a fuentes de la tradición histórica, política y literaria para establecer las motivaciones y antecedentes ideológicos que subyacen en la captación profunda del retrato del dictador. Puntualizando los distintos referentes (tiránico, apocalíptico, por ejemplo) que surgen como opciones artísticas al componer los rasgos de caracterización del poder absoluto, González destaca y contrasta las distintas proyecciones y soluciones tipológicas en la tentativa simbológica del Supremo. Al poner en relación diversos registros histórico-literarios sobre la caracterización del poder carismático y tiránico se conjugan elementos de rica connotación y multidireccionales para una percepción distinta y un análisis renovado sobre la figura que encarna el poder en *Yo el Supremo*.

La segunda sección de este volumen reúne cuatro ensayos dedicados a analizar la cuentística de Roa Bastos, un estudio sobre su poesía, un ensayo sobre la novela *Hijo de hombre* y, finalmente, un estudio que abarca varias obras del escritor paraguayo y centrado sobre la función narrativa del eje civilización-barbarie. El ensayo de Carlos Pacheco describe la arquitectura dual de la narrativa de Roa Bastos. Su estudio particulariza en los cuentos, ilustrando la fuerza con la que se manifiesta este sistema de binariedades en todos los estratos narrativos: lenguaje, personajes, base composicional, dirección temática, organización y visión de mundos. Pacheco investiga, asimismo, las fuentes del binarismo atendiendo a la concepción cosmológica guaraní, a la misma binariedad sociocultural y lingüística del Paraguay, a la búsqueda roabastiana de una expresión cultural simbiótica y dialógica, a la necesaria intersección del español y del guaraní, a la idea de reunión entre escritura y oralidad y, por cierto, a la concepción estética del escritor paraguayo adentrada en la multireferencialidad del complejo sociohistórico latinoamericano.

El trabajo de Mercedes Gracia Calvo describe los elementos de continuidad entre las dos fases de la cuentística de Roa Bastos. A la primera etapa se suscriben los cuentos de *El trueno entre las hojas* (1953), y a la segunda, los de *El baldío* (1966) y *Moriencia* (1967). Gracia Calvo fundamenta el eje de esta continuidad particularizando en la permanencia del estrato mítico, la constante exteriorización de la violencia y el plano implícito de la denuncia social, por tanto, de compromiso artístico a la problemática sociohistórica latinoamericana. El estudio pone en perspectiva el modo de esta continuidad al destacar su desarrollo, diferenciaciones y desenlace. Así, se observan los pasos de la escritura roabastiana en el manejo de técnicas que evolucionan hacia la constitución de una narrativa compleja dominada por el uso de la ambigüedad, la ironía y un elaborado manejo de planos lingüísticos y metaliterarios. Se aclara al mismo tiempo que la visión de este proceso evolutivo de la narrativa de Roa Bastos rechaza la distorsionante y simplificadora perspectiva de estudiar ambas fases en términos de una ruptura abrupta.

El ensayo de Tracy K. Lewis es un estudio comparativo centrado en el aspecto lingüístico y mítico de la cuentística de Augusto Roa Bastos y José María Arguedas. El punto de contacto entre el escritor paraguayo y el peruano —establecida en el trabajo de Lewis— es el modo como ambos se han hecho cargo de la particular situación lingüística-cultural de sus países: la coexistencia de idiomas indígenas con el español y la conciencia de que el artista debe hacerse cargo de esta realidad y expresarla significativamente en su obra. La comparación considera una selección de cuentos de *El trueno entre las hojas,* de Roa Bastos, y otra de *Relatos com-*

pletos, de Arguedas. Lewis rechaza, acertadamente, la tradida valoración que ve en el uso literario del guaraní y del quechua una mera incorporación regionalista y de efecto más bien decorativo. Su estudio demuestra que, muy por el contrario, el uso de los vocablos indígenas para referirse a la naturaleza es crucial en la elaboración del estrato mítico en los cuentos de ambos escritores y el medio preciso que universaliza esta experiencia junto con su esencial conjugación a la realidad americana.

El trabajo de Debra A. Castillo es un detenido análisis sobre el cuento «Pájaro mosca», de Augusto Roa Bastos. Su estudio comienza por señalar la similitud temática entre este cuento y los de Borges, puntualizando la engañosa tentación comparativa y la necesidad, por tanto, de establecer diferenciaciones. Éstas se definen básicamente en la configuración del universo predominante en cada discurso: metafísico el de Borges, social el de Roa Bastos. El trabajo de Castillo ofrece una original interpretación sobre el desenlace asfixiante que encuentra la literaturización de los protagonistas del cuento y la consecuente acción renovadora que el arte puede generar en el ejercicio de la crítica.

El estudio de Luis Manuel Villar ofrece un completo análisis del poema «Los hombres», incluido en la colección *El naranjal ardiente* (1960), de Augusto Roa Bastos, y compuesto entre los años 1947 y 1949, época del destierro del escritor paraguayo en Argentina. La interpretación de Villar devela la especial construcción y riqueza de imágenes del poema y permite apreciar además que la gran preocupación humanista del autor paraguayo, junto con su particular captación de la Historia existente en su producción narrativa, se anticipa con plenitud y fuerza en su temprana aportación lírica.

El ensayo de Sharon Keefe Ugalde demuestra la dinámica plasmación estética del complejo civilización-barbarie en la obra de Augusto Roa Bastos. Su estudio plantea que en la obra del escritor paraguayo estos ejes dejan de concebirse como una dicotomía. La visión artística en la obra de Roa Bastos, indica Ugalde, supone tanto una reestructuración total de la categorización tradicional como una redefinición valorativa de cada concepto. Esencialmente, el hecho de la dicotomía desaparece en la obra de Roa Bastos para dar paso a una comprensión fusiva de ambas instancias, derivada de la profunda y compleja captación de la realidad americana del escritor uruguayo.

El último ensayo de esta colección se centra en la novela *Hijo del hombre* (1960) y propone su estudio dentro del concepto contemporáneo de deshumanización. Es decir, en el espacio de una estética que se nutre de elementos vanguardistas (surrealismo, expresionismo, etc.) en cuanto a sus posibilidades técnicas de expresión y de referentes sociológicos y filosóficos (por ejemplo, la idea de «reificación» o «degradación», etc.) en lo que respecta a su aproximación conceptual. El estudio de Toscano Liria pone a la vista la lograda resolución entre la función social del arte y la calidad artística de su ejecución. El arte de Roa Bastos nos indica su ensayo, expresa el dolor y sufrimiento de la América Hispana, pero también la búsqueda de respuestas, el camino de su liberación.

Los dieciocho ensayos de este volumen se adentran en la obra de Roa Bastos como exploraciones atentas al multifacetismo de su discurso. Captan, asimismo, el hecho de que su realización es el compromiso de una fuerza estética impulsada por la modernidad de su operación artística y la dirección de un arte vitalmente arraigado a la problemática individual y social latinoamericana. El largo exilio de Augusto Roa Bastos comenzó en la década del cuarenta y es a propósito de esta experiencia que él ha dicho: «me proporcionó las perspectivas para conocer mejor a mi país en el contexto de los demás pueblos y para *amarlos por la enormidad de su infortunio*» (Saldívar, 53). Esta publicación quiere ser un testimonio de ese gran amor de nuestro escritor por los pueblos latinoamericanos como también un homenaje a la enorme empresa de su compromiso artístico y a la intensidad de la pasión que lo ha mantenido.

OBRAS CITADAS

Roa Bastos, Augusto: *Yo el Supremo*, 6.ª ed. (México: Siglo Veintiuno Editores, 1976).
Saldívar, Dasso: «Entrevista. Augusto Roa Bastos. Una historia en la historia del Paraguay», en *Mundo, problemas y confrontaciones*, 1-2 (1987), 51-56.

LAS VOCES DEL KARAÍ

JUAN MANUEL MARCOS

(A Fernando y Marilyn Burgos)

Me han pedido tantas veces que hable o escriba sobre Roa Bastos en función de crítico, que agradezco con emocionado alivio esta invitación de Fernando Burgos para hablar de él de una manera más informal. Quiere Fernando que este texto forme parte del preámbulo de la colección de ensayos que ha recogido del homenaje que le hicimos al escritor paraguayo, gracias al incansable apoyo de Rubén y Loli Valdez, en abril de 1985. Aquel fue un homenaje magnífico. Estaba David Foster, el decano de los estudios roabastianos en lengua inglesa. Estaba Carlos Pacheco, el editor de *Yo el Supremo* para la Biblioteca Ayacucho. Estaban expertos paraguayólogos, como Teresa Méndez-Faith y Francisco Feito. Estaba Wladimir Krysinski, a quien el propio Roa Bastos considera su mejor intérprete en el campo de los estudios comparatistas. Y estaban muchos otros críticos, experimentados y noveles, llegados de las Américas y de Europa, que encontraron un ambiente cálido y estimulante para intercambiar ideas. Sólo seis de los participantes habíamos nacido en el Paraguay: Rubén, Teresa, Chacho López Grenno, María Elena López, mi esposa Greta y yo. Algo, sin embargo, pasó (y el lector se puede imaginar qué fue), y en esos días, en este remoto confín de Oklahoma, todos nos sentimos paraguayos.

Conocí a Augusto Roa Bastos en el invierno austral de 1970, cuando vino a Asunción a dar un cursillo sobre narrativa. La moda estructuralista asediaba los círculos de poetas y pseudo-eruditos provincianos. Todos esperábamos la primera clase de Augusto con nuestros Barthes y Lévi-Strauss en ristre y nuestras manoseadas ediciones de *Rayuela, Ficciones* y *La ciudad y los perros* bajo el brazo. Yo estaba más interesado en la chica a la que había invitado al cursillo que en aquellos libros, y además me seguían gustando más Hemingway, Camus, Brecht y Neruda que todos aquellos sofisticados autores de moda. Todos nos llevamos una sorpresa. Augusto dijo unas palabritas sobre Borges, otras sobre Sábato, otras sobre Arguedas, y se lanzó de pronto a hablar maravillas sobre un autor mexicano que nos obligó a todos a correr al diccionario para averiguar qué diablos significaba *guajolote:* Juan Rulfo. Se lanzó a hablar maravillas y ya no paró. Habló de él todo el cursillo. De Rulfo y de nadie más. Nosotros, buenos burgueses que habíamos aprendido nuestra lección de cosmopolitismo, aguardábamos ansiosos oír hablar de París o por lo menos de Buenos Aires, ¡y Roa Bastos se ponía a hablar de Jalisco! ¡Ni siquiera del DF o de la Zona Rosa, sino de Jalisco, de Comala! ¡Qué desilusión!

La otra desilusión fue lo del estructuralismo. A mí eso no me afectó tanto porque para entonces la chica ya me había dicho que aceptaba escaparse conmigo a París. Roa Bastos volvió a decir una palabra sobre Jakobson, otra sobre Lévi-Strauss y se lanzó a hablar de un francés absolutamente desconocido llamado Michel Foucault. Sabíamos que Augusto era francófilo y todos los veteranos del movimiento estudiantil del 69 le hubiéramos perdonado que hablara de Garaudy o por lo menos de Althusser, ¡pero Fou... qué sé yo! ¡Un tipo que jamás citaba ni siquiera los *Manuscritos del 44,* sino que *Así hablaba Zaratustra!*

Roa Bastos nos encantó porque era profundamente sencillo y amable, pero calladamente pensamos que todos los escritores famosos son un poco extravagantes.

Después vi a Augusto muchas veces en su casa de la calle Panamá, de Buenos Aires, y en nuestra casa de Asunción. Cuando vivíamos en Madrid, nos visitó varias veces desde Toulouse. Lo vimos a él, en compañía de Iris y Tikú, en Colle Park, Maryland, en 1982, vísperas de su último exilio. Hablamos por teléfono y nos escribimos con frecuencia. El exilio, por mi parte, me obligó a convertirme en un lector profesional, y sus páginas son algunas de las que he releído con más placer y emoción. Ya no estoy perplejo porque Roa Bastos hablara hace diecisiete años de Rulfo y de Foucault. Por eso he titulado esta glosa para Fernando con ese título: «Las voces del karaí».

Todas las culturas mal llamadas primitivas tienen médicos brujos y sacerdotes. Los tupí-guaraní, de lo que fue la inmensa provincia jesuítica del Paraguay (el Brasil sud-occidental, el sur de Bolivia, el Paraguay y el norte de Argentina), también los tenían. Los escasos sobrevivientes guaraníes de las selvas del Paraguay y el Brasil los siguen teniendo. Pero al lado de estos dos tipos de magos, que ejercen funciones terapéuticas y rituales tradicionales, hay un extraño tercer tipo de mago, completamente original dentro de las culturas originarias conocidas. Este tercer tipo de mago llamó la atención de los primeros exploradores, de los viajeros de la Ilustración, y despierta todavía la admiración de los más prestigiosos antropólogos americanistas del mundo, como Pierre Clastres y Bartomeu Meliá: los *karaí*.

Los karaí no son magos de hierbas ni magos de conjuros religiosos. Son magos de la palabra. Dicen que no tienen padre y que su misión es hablar. Recorren los pueblos, donde son siempre recibidos como amigos, aun en aquellos que están en guerra entre sí. Hablan y dicen que el mundo es malo y que hay que buscar otro mundo aquí en la tierra: la Tierra Sin Males. Masas enormes de indios se ponen en marcha guiados por los karaí. Abandonan su hogar, su región natal, y marchan cantando y danzando hacia el Este. A veces el océano les interrumpe la marcha, pero no se desaniman: saben que más allá les aguarda un territorio donde las flechas vuelan solas en busca de su presa y donde la miel y las frutas son abundantes. Saben que los karaí hablan la verdad: que es posible una sociedad de hermanos en este mundo.

No es, pues, de extrañar que los guaraníes cooperaran con los padres jesuitas durante ciento sesenta años para crear en el Paraguay el modelo de desarrollo cultural y económico más perfecto del mundo colonial en la época del Barroco y la Ilustración. No es de extrañar que el Barroco, la cultura del quijotismo de Cervantes y de la nostalgia mística de Milton, alentara la obra de los altruistas misioneros, entre los que se encontraban algunos de los humanistas, músicos, arquitectos, científicos y artesanos más cultos y creativos de Europa. Las misiones no seguían el modelo de Montesquieu. Los padres jesuitas, que ayudaron a los guaraníes a repudiar el Tratado de Madrid en 1754 hasta conseguir la anulación del tratado en 1761 y la derrota de los portugueses, sabían que no era fácil inculcar las ideas del siglo XVIII en las mentes de unos individuos que ayer estaban saliendo del paleolítico y hoy construían violines y manejaban la imprenta para imprimir libros en su propio idioma [1]. El padre José Cardiel, por ejemplo, que fue sin duda una bella combinación *avant la lettre* de la moral del superhombre de Nietzsche y el ideal cristiano de Loyola, tal vez leyó *El espíritu de las leyes,* pero si no lo hizo, ¿cómo un descendiente de Suárez y de Mariana podría ignorar las ideas democráticas?

Los jesuitas fueron expulsados por la Ilustración no por ser bárbaros, sino por proponer otro discurso posible, más eficaz que la encomienda feudal y menos rapaz y etnocéntrico que el colonialismo moderno. Fueron expulsados, pero su ejemplo siguió latiendo

---

[1] Las misiones construyeron su primera imprenta en 1700. Buenos Aires no tuvo imprenta hasta 1780 y Asunción hasta 1840.

en la conciencia mestiza de la comunidad paraguaya, y sirvió de inspiración para los gobiernos del doctor Francia y los López (1811-1870). A su vez, el Paraguay de Solano López fue arrasado hasta el exterminio no por ser un país bárbaro (al contrario, era uno de los más adelantados de Sudamérica), sino por haberse atrevido a la imaginación y proponer un desarrollo autónomo en el área de la influencia neocolonial inglesa de la Cuenca del Plata.

Por eso la escritura de Roa Bastos es una escritura que habla de la resurrección: la resurrección de Gaspar Mora, en *Hijo de hombre,* y del mito del Supremo simbolizan la resurrección colectiva de la comunidad paraguaya. Simbolizan que el hombre puede sanarse de lo que Nietzsche ha llamado «la enfermedad de la historia». Simbolizan la muerte del Dios del Historicismo y la inauguración moderna de las voces del profeta, las voces del karaí, que anuncian y reclaman la búsqueda de la Tierra Sin Males. Simbolizan la negación de lo que Foucault ha censurado como «el poder pastoral» contemporáneo, precisamente porque está inspirado en el ejemplo de unos pastores que renunciaron a ser pastores para convertirse en profetas. El Supremo se ríe de Candide porque, desgraciadamente, Voltaire tenía motivos para reírse de sí mismo.

Uno de los primeros mártires, uno de los primeros Gaspar Mora del Paraguay, fue un padre jesuita, nacido en Asunción: Roque González de Santa Cruz. Fue uno de los primeros fundadores de la inmensa República Misionera. Lo mataron unos indios bajo las órdenes de un chamón y quemaron su cuerpo en una hoguera. Aterrorizados, los indios escucharon, entre el chisporroteo de las llamas, unas voces, las voces del padre González, que decía que les perdonaba y que, aunque su cuerpo estaba carbonizado, su espíritu no moriría. Los indios huyeron despavoridos. Cuando alertados por otros indios, los compañeros de González llegaron al lugar de la hoguera, encontraron su cuerpo carbonizado, pero su corazón estaba intacto. Ese corazón no se ha corrompido hasta hoy. Se conservó unos siglos en Roma y ahora se conserva en el Colegio de los Padres Jesuitas de Asunción. No hay ninguna explicación científica para ese fenómeno.

Queda una última aclaración: durante ciento sesenta años, González y otros jesuitas fueron asesinados por indios de otras tribus y por portugueses mercaderes de esclavos. Cada misión no tenía más de tres o cuatro padres, rodeados de miles de indios guaraníes armados, que ayer habían sido antropófagos. En ciento sesenta años ni un solo padre fue atacado por ni un solo guaraní.

Digamos que el significado último del coloquio de Oklahoma es que ese karaí del Paraguay de hoy, Augusto Roa Bastos tampoco fue nunca expulsado de su comunidad por ningún paraguayo.

HISTORIA Y FICCIÓN *

JOHN EARL JOSEPH
Oklahoma State University

Imaginemos un país de ficción. La época: el siglo XVII. Una potencia europea autoriza a una orden de religiosos misioneros a establecer y regir, con completa autonomía, unas comunidades de indios que han sido convertidos por ellos mismos. Improbable, sin duda, pero al menos imaginémonos que eso ha ocurrido y que funcionó bien. Comienzos del siglo XIX. En una capital no muy lejana, una junta declara su independencia de un trono europeo y reclama obediencia a nuestro mítico país. Los ciudadanos de éste resisten, triunfan, y alentados por la victoria, ellos también declaran su repudio del poder europeo. Establecen su propio régimen, encabezado por dos cónsules, como si trataran de revivir el antiguo imperio romano.

Uno de estos cónsules conoce muy bien la historia romana, incluida la historia de César y Pompeyo; en un año, su co-cónsul se debilita, pierde su sustentación política, y aquél es electo supremo dictador. El supremo lee con admiración a Rousseau, a Voltaire —¡pero sin duda todo esto es una página de una perdida novela del propio autor de *Candide!*—, y se autoproclama pacifista en esa tierra suya de larga tradición militar. Un pacifista que no titubea en reprimir severamente toda disidencia..., el supremo clausura las fronteras de su país y lo aísla de todo contacto con el mundo exterior por los próximos veinte, treinta años, hasta su muerte.

Apenas este aislamiento ha concluido cuando se reanudan las hostilidades de los Estados vecinos. Treinta años después de la muerte del supremo, la joven nación será arrasada, su pueblo aniquilado a escala genocida. Seguirán décadas de difícil reconstruc-

* Discurso inaugural pronunciado en el Coloquio Internacional sobre la obra de Augusto Roa Bastos, el 4 de abril de 1985, en Oklahoma State University, Stillwater.

ción, interrumpida por más batallas, y a mediados del siglo xx, un golpe de estado instala a otro dictador en el poder.

La historia del Paraguay es demasiado dramática para ser una pieza narrativa. Augusto Roa Bastos nació en uno de esos enigmáticos momentos de la historia humana en los cuales los acontecimientos circunstanciales constituyen una especie de archinovela que las obras literarias sueñan, en el mejor de los casos, reflejar pálidamente. Tal fue la situación de Dickens en Londres, de Faulkner en Mississippi, de García Márquez en Colombia.

Roa pulsó la historia de su país durante su carrera como periodista. La hizo su núcleo emocional en su trabajo como poeta. Y en su obra novelística él ha sintetizado de algún modo una y otro, con una riqueza que muy pocos escritores han logrado jamás.

Hijo de hombre y *Yo el Supremo* están siendo reconocidas de forma cada vez más unánime no sólo como hitos fundamentales de la literatura paraguaya, no sólo como novelas centrales en toda la tradición latinoamericana, sino como unos de esos contadísimos libros que impulsan la técnica narrativa y la estructura de la novela más allá de sus previos límites, trascendiendo todas las consideraciones de un origen nacional o una tradición lingüística.

El Primer Coloquio Internacional de Literatura Latinoamericana de la revista *Discurso literario,* dedicado enteramente al estudio de la obra de Augusto Roa Bastos, celebrado en Oklahoma State University en abril de 1985, ha inaugurado una serie de encuentros hispanísticos de la manera más auspiciosa. Como director del mismo, deseo expresar mi agradecimiento a aquellas personas que han hecho posible este congreso: Smith L. Holt, decano de la Facultad de Filosofía y Letras de Oklahoma State University; John A. Schillinger, director del Departamento de Lenguas y Literaturas Extranjeras de la misma; el Ministerio de Asuntos Exteriores de España, que aportó los fondos para el pasaje aéreo del señor Roa Bastos; el grupo de residentes paraguayos en el área metropolitana de Washington, D. C., que apadrinó los premios; el jurado de cinco distinguidos especialistas que tuvo a su cargo la ardua tarea de seleccionar los trabajos galardonados, y nuestros excelentes, inolvidables asistentes, Jane Freese y Jaime Meléndez. Por supuesto, sin el ímpetu, el liderazgo y la dedicación de Juan Manuel Marcos, director de *Discurso literario,* el coloquio no se hubiera realizado. Finalmente, muchas gracias a todos los que participaron en el congreso, y a don Augusto Roa Bastos por su constante inspiración y apoyo.

CITA Y COMPROMISO CON LA OBRA
DE ROA BASTOS *

Dr. RUBEN A. VALDEZ
Washington, D. C.

Con gran placer y legítimo orgullo hemos traído formalmente a este acto la representación de la colonia paraguaya residente en el área metropolitana de Washington, D. C., el cual incluye la parte de los Estados de Maryland y Virginia más próximos a dicha ciudad capital.

Medularmente comprometidos con el destino de nuestros pueblos por una irrenunciable pasión hispanoamericana, nosotros sabíamos que no podíamos en modo alguno faltar a esta cita de la cultura, donde tantos calificados exponentes se han reunido para rendir un merecido homenaje a la relevante obra literaria desarrollada por el insigne compatriota y amigo Augusto Roa Bastos.

Autor profundamente compenetrado de la problemática de nuestro tiempo a través de una aguda percepción de la naturaleza humana y sus interrelaciones, Roa Bastos se ha ubicado entre los grandes escritores de la literatura actual de habla española, donde brilla ahora con destellos propios.

Su sensibilidad por los temas nacionales y su insobornable lealtad a los principios de la justicia y de la libertad lo han obligado a buscar en el exilio el clima necesario de tranquilidad para dedicarse a la creación de sus obras más notables: *Hijo de hombre* y *Yo el Supremo,* consideradas por la crítica especializada como joyas auténticas de la literatura hispanoamericana de este siglo.

Por esta razón, estamos persuadidos de haber hecho un bien a la literatura, en general, y al Paraguay, en particular, al participar en este Coloquio destinado a difundir la obra de Roa Bastos en esta gran nación americana, donde él merece ocupar, sin duda, un lugar de privilegio junto a otros destacados escritores contemporáneos.

---

* Discurso de clausura pronunciado en el Coloquio Internacional sobre la obra de Augusto Roa Bastos, el 6 de abril de 1985, en Oklahoma State University, Stillwater.

Al unirnos entonces entusiastamente al grupo de entidades y personas que han patrocinado y hecho posible este evento, a saber, la revista *Discurso Literario,* el Departamento de Lenguas Extranjeras de la Universidad Estatal de Oklahoma, la Embajada de la República Argentina en Washington, D. C., y el Ministerio de Asuntos Extranjeros de España —país éste que ha tenido la hidalguía de ofrecer una carta de ciudadanía a nuestro ilustre escritor en un gesto que afirma y enaltece la tradición democrática del pueblo y actual gobierno español—, deseo testimoniar el agradecimiento de la colonia paraguaya por habernos dado la oportunidad de contribuir con nuestro esfuerzo al mejor éxito del Coloquio que nos congrega en este prestigioso centro de estudios.

Asimismo, nuestro sincero beneplácito por la cantidad y calidad de personas que han participado enviando sus trabajos para su evaluación por el jurado constituido al efecto, lo que demuestra de manera fehaciente el alto interés suscitado por esta iniciativa, que esperamos sea seguida por otras de similar relevancia en el futuro, a fin de cimentar definitivamente el conocimiento y desarrollo vigoroso del movimiento literario en nuestra pequeña patria sudamericana, dentro del contexto más amplio y fecundo de la caudalosa producción latinoamericana.

Para todos y cada uno de los organizadores y público presente en esta jornada inolvidable, llegue nuestro aplauso y las más sinceras felicitaciones a los ganadores de esta singular competencia, a quienes exhortamos a perseverar en la investigación y estudio de los intelectuales y hombres de letras que han asumido en Latinoamérica el liderazgo en la irrenunciable e impostergable acción tendiente a lograr la superación de nuestro subdesarrollo y dependencia artística y cultural.

EL ESCRITOR Y SU PUEBLO:
HACIA UNA CARACTERIZACIÓN
DE LOS ENSAYOS DE AUGUSTO ROA BASTOS *

DAVID WILLIAM FOSTER
Arizona State University

(Para Juan Manuel Marcos y los compañeros paraguayólogos)

> Un país devorado por el mito. Tal parece ser la primera impresión que asalta a los que, por interés o por mera curiosidad, han llegado hasta allí, atraídos por este enigma incrustado en el corazón del Continente [1].
>
> ¿Cuál es la verdad de este pueblo que durante siglos ha oscilado sin descanso —como lo tengo escrito en otra parte— entre la rebeldía y la opresión, entre el oprobio de sus escarnecedores y la profecía de sus mártires? [2].

Si es sorprendente revisar la extensa producción ensayística de Roa, una producción que hasta la fecha no se ha reunido en ninguna colección integradora ni se ha registrado bibliográficamente, sorprende asimismo averiguar que estos ensayos no han sido objeto de ninguna investigación crítica. Este estudio se propone la tarea de comenzar este abordaje, consciente de que no será posible aquí más que trazar algunos puntos orientadores para el estudio pormenorizado que el tema exige.

Se propone caracterizar cuatro textos que se piensa ejemplifican las meditaciones de Roa en cuanto a la interacción entre el escritor y su sociedad y en cuanto a la naturaleza de la producción literaria dentro de un pueblo como el Paraguay donde el escribir

---

* Conferencia de Honor leída en el Coloquio Internacional sobre la obra de Augusto Roa Bastos, el 4 de abril de 1985, en Oklahoma State University, Stillwater.

[1] Augusto Roa Bastos: «Crónica paraguaya», en *Sur,* No. 293 (1965), 102-112; la cita aparece en la p. 102.

[2] Augusto Roa Bastos: «Paraguay ante la necesidad de su segunda independencia», en *Casa de las Américas,* No. 32 (1965), 13-26; la cita aparece en la p. 14.

es pasible de ser condenado por una actividad peligrosamente subversiva, siendo esto, por supuesto, la única percepción correcta de los opresores sobre el sentido de la misión del escritor...

En el proceso de caracterizar los aportes de estos ensayos dentro de la obra de Roa, nos ocuparemos fundamentalmente de su configuración como textos que obedecen el criterio rector del escritor de forjar una escritura que responda a la necesidad de insertar los procesos artísticos dentro de una determinada estructura sociocultural que les confiera las bases de su significación como discurso semiótico.

El núcleo conceptual de «El texto cautivo (apuntes de un narrador sobre la producción y la lectura de textos bajo el signo del poder cultural)»[3] está dado por una cita atribuida al editor mexicano Guillermo Schavelzon. Según Schavelzon, «es notable destacar cómo los grandes monopolios editoriales, poderosos conglomerados multinacionales, no han logrado demostrar hasta ahora ser capaces de "lanzar" nuevos autores» (p. 23). Roa se vale de esta observación en el contexto de una ponderación sobre la suerte de la empresa del libro en América latina en manos de los conglomerados multinacionales que han asimilado la edición de libros latinoamericanos a las pautas de la industria internacional, que imponen una cultura del libro ajustada tanto a las normas de una definición sui géneris de la cultura como a las exigencias dinámicas de la industria, y que insertan la producción del libro en un esquema que lo homologiza a una constelación de productos masivos de la comunicación regida por el más estricto criterio lucrativo.

Tras perfilar la imagen interpersonal de la función del libro, donde autor y lector se conjugan y se compenetran en un solo circuito de signos que confirman su identificación con una cultura determinada, el ensayista pasa a pormenorizar la perturbación de esta dinámica por un «poder cultural» (que es sólo permitido en cuanto sabe valerse de las deficiencias sociopolíticas inherentes en las estructuras represivas de las sociedades latinoamericanas) que transforma al libro de esta naturaleza como auténtico producto cultural en mera unidad comercial. No sólo se interrumpe el circuito de la función de alimentación cultural del libro, sino que se le obliga a ser caballo de Troya de las redes sígnicas del nocivo dominio multinacional que, en el momento actual, arremete contra la identidad cultural de América latina.

Mediante este análisis, Roa describe cuidadosamente la imagen de un proceso cultural que excluye a lo verdaderamente creativo

---

[3] «El texto cautivo (apuntes de un narrador sobre la producción y la lectura de textos bajo el signo del poder cultural)», en *Hispamérica*, No. 30 (1981), 3-28.

en América latina por carecer de ubicación, como piezas sobrantes en el armado, en las estructursa del poder cultural, y cierra su agudo análisis de este asunto con una serie de recomendaciones orientadas hacia cómo sobrellevar la condición descrita.

Para los efectos de su análisis, Roa considera que el legítimo texto cultural ha terminado «cautivo» del poder cultural. De ahí el título de su ensayo y los dos polos semánticos que sirven para tensar su interpretación de una relación cultural —la de autor/lector o, en una sociedad moderna, la de autor/editor/lector— que ha sido desequilibrada o desestructurada por el imperio del poder cultural impuesto desde afuera en escala multinacional.

Roa se entrega al análisis de este aspecto clave de la cultura latinoamericana contemporánea, urgido por la necesidad de aportar conceptos que puedan contribuir a vencer este poder cultural imperialista, y sus conclusiones serán debidamente atendidas por los que se comprometen con este problema. En términos de cómo Roa orienta el análisis hacia las recomendaciones específicas que proporciona, lo que más descuella es el marco retórico fundamentado en la identificación de la *paradoja* y sus derivados. Para los efectos de esta interpretación, se insinúan dos categorías de la paradoja.

En primer lugar, el cautiverio del texto, por resultar en una relación desequilibrada que bloquea la libre circulación de los signos en una cultura, deviene en una relación imposible entre autor y lector porque manipula interesadamente la «odisea secreta y turbadora» (p. 7), que es la base del abordaje del texto por el lector devenido autor de lo que lee:

> Desde el punto de vista de la experiencia simbólica es así, efectivamente. Cada texto es un hecho nuevo de relaciones y revelaciones.
> Desde el punto de vista cultural y social, es una riqueza que se reintegra al patrimonio común. Y este patrimonio no reconoce propietarios ni herederos. Después de todo, la posteridad de un autor, en tanto propietario de su obra, tampoco es longeva. La posteridad no se promete a nadie. La posteridad de los autores comunes, por resonantes que sean sus éxitos publicitarios y económicos, goza de una «vida útil» poco duradera. Pero este promedio de «vida útil» de una obra es capital. Es justamente el *capital* que invierte la industria editorial en la explotación del bien semoviente que es un libro. [...]
> El «abro mi libro y no lo reconozco» de quien vuelve a él en busca del sentido primero que ya no existe para él, es quizá el acto de reconocimiento más patético que puede tributar un autor a la independencia y soberanía del texto publicado. Pero, paradójicamente —como lo acabamos de ver—, con la publicación del texto es cuando comienza la esclavitud del libro transformado en objeto de tráfico. (pp. 11-12)

Si la naturaleza compleja del texto como auténtico objeto cultural resume la doble contradicción de que el lector se convierte en autor (en la medida en que completa el proceso significante del texto al ser su receptor) y de que el autor viene a ser nada más que otro lector de su texto (en cuanto, al circular en la cultura, adquiere una «vida propia»), «la sacralización de un libro exige previamente, ineluctablemente, el sacrificio de la obra» (p. 12), porque su cautiverio comercializador lo doblega a un proceso imposible y fundamentalmente absurdo porque ya no responde a las auténticas necesidades culturales de un pueblo: «Ante este hecho concreto y contundente, el trabajo pretendidamente autárquico de la escritura se verá tan alienado como las demás categorías del trabajo humano» (p. 12).

Pero si el texto cautivo del poder cultural termina siendo una paradoja (porque ya no puede cumplir con las funciones naturales y legítimas del texto) y un absurdo (porque si ya no se mueve en el circuito sígnico, se desvirtúa su identidad como texto), el mismo proceso usurpador de la empresa multinacional del libro descansa en una base igualmente paradójica y absurda. Ahora podemos ver cómo Schavelzon apunta meridianamente la contradicción crucial en el sistema masivo del libro: su inherente inhabilidad, a pesar de los más sofisticados conocimientos de la mercadotecnia, de aumentar el caudal de la literatura latinoamericana. Lanzan libros con bombos y platillos, pero no han podido estimular la producción de la literatura latinoamericana:

El dilema de la producción artística de textos y las construcciones (o tentaciones) del mercado afecta inevitablemente y profundamente la actividad, mejor diría la vida creativa del autor y, por ende, la calidad de sus obras.

Así, la separación económica del trabajo de todos los elementos de su realidad afectiva, la ruptura entre el individuo y el objeto, entre el artista y su obra, en lo que Marx denominó «el envilecimiento del trabajo vivo», representa para la actividad artística y, en consecuencia, para el autor «una operación de éxito mortal». Un absurdo en cierto modo semejante —alguien lo señaló con corrosiva ironía— a la «separación económica» del cantante y sus cuerdas vocales. (p. 23)

Es solamente dentro de este marco absurdo que Roa puede luego hablar del problema de «*las obras maestras desconocidas de la literatura hispanoamericana*» (en el contexto de la necesidad de la recuperación de una cultura latinoamericana marginada por las exigencias del poder cultural). La antología, el oxímoron de la frase «obras maestras desconocidas», sólo puede naturalizarse dentro del panorama desequilibrante que traza el ensayista. De más está decir que llevar al lector del ensayo a contemplar tanta relación paradójica y tanta operación absurda de los procesos degradantes del poder cultural es lo que, retóricamente hablando, confirma la validez de las conclusiones y recomendaciones que Roa se permite extraer de las características que persigue su investigación. El centro de gravitación de los ensayos de Roa, como el de su ficción, ha sido el perfilamiento adecuado de ese pueblo trágico que es el Paraguay. Repudiando implícitamente la táctica que caracterizaría al folklorista romántico o al turista intelectual en busca de lo exótico, cuya mirada indudablemente tendría que fundamentarse en el ardid retórico de resignarse a no poder articular lo indecible sobre esta paradoja absurda, Roa asume frontalmente la tarea de dilucidar un complicado panorama sociocultural que rebasa cualquier categoría conocida de interpretación.

De ahí que en «Los exilios del escritor paraguayo»[4] se ocupe de retratar la circunstancia del creador artístico e intelectual dentro del Paraguay en los términos oximorónicos, contradictorios del exilio interno. El sentido lato de la palabra «exilio» es la separación, obligada o voluntaria, de una persona de su propio país —definición que destila la imagen más contundente de un pueblo que desde hace casi medio siglo ha tenido como su mayor producto de exportación a sus propios ciudadanos. Así, solamente en un plano secundario o extrapolado del significado, podemos concebir al exilio como dable sin tal separación física, como un estado, categóricamente impuesto por las condiciones de la vida política interna, que desarraiga al individuo *dentro de* las fronteras de su tierra natal.

A los efectos de esta caracterización, Roa pasa revista a «la hecatombe histórica» del Paraguay, su papel protagónico en un destino que lo expuso a la descuartización desde afuera por otro país con cuyo programa continental el suyo desentonaba y desde adentro por los agentes de éste y otros países que han sabido sacar provecho de la condición de un pueblo que, rota la promesa de su destino originario, no ha sabido reponerse todavía. La marginación desde afuera y luego la marginación desde adentro son lo que ha convertido al paraguayo, y a los escritores y los artistas que asumen la misión de perpetuar su identidad vapuleando, en exiliados dentro de su propio país, exilio que es indudablemente tan agobiante y demoledor como la verdadera separación física:

El hombre paraguayo es un hombre trágico que no siente la tragicidad de su vida. La tiene jugada antes de nacer. Nadie muere en la víspera de su muerte, dice un viejo proverbio guaraní. Exilado en su propia tierra, no se siente un intruso, sino el

---

[4] «Los exilios del escritor en el Paraguay», en *Nueva sociedad,* No. 35 (1978), 29-35.

dueño de un espacio histórico que todavía no le pertenece, pero que va a ser y lo va a hacer suyo inexorablemente. Exilado en la historia, se siente simplemente su propio contemporáneo. Exilado de la vida que le quitan, el hombre del pueblo en su sabiduría natural sabe firmemente, vitalmente, que en este exilio, al parecer perpetuo, recibirá algún día el [legendario] anillo del retorno como decisión de sus dirigentes naturales. (p. 33)

Para describir esta condición del escritor paraguayo, el ensayista tiene que enfrentarse con el problema de cómo caracterizar adecuadamente una realidad sociocultural que rebasa los límites de la dinámica de un país «lógico» o «coherente». Aun en América Latina, donde la ficción más enérgica de los escritores suele resultar anémica ante las realidades políticas, el caso del Paraguay es, como reza la palabra inaugural de este ensayo, «singular». Una circunstancia nacional que es realmente singular obliga al que pretenda caracterizarla a valerse de una retórica extremista que se justificará sólo si termina cumpliendo con el objetivo de provocar en el lector alguna percepción de esa circunstancia.

Según el diccionario de la RAE, «hipérbole» viene de palabras griegas que quieren decir «arrojar más allá». Como recurso del decir, es una «figura que consiste en aumentar o disminuir excesivamente la verdad de aquello de que se habla». Generalmente, se recurre a la hipérbole para dar énfasis mediante una transparente exageración de los rasgos de lo descripto y no sorprende que este recurso sea considerado nada más que una burda y abusada muletilla del lenguaje.

Sin embargo, mediante un proceso que podemos llamar la «naturalización de la hipérbole», Roa encuentra la manera más adecuada para la expresión de su interpretación de la circunstancia paraguaya. Así, su estrategia fundamental consiste en un proceso de caracterización que sólo superficialmente se nos antoja hiperbólica, para llegar a alcanzar una legitimidad, una «naturalización» impuesta por una realidad nacional donde la exageración de los elementos es la esencia de esa realidad y no meramente el gesto retórico de quien la está describiendo meridianamente. De ahí que Roa pueda hablar del «escándalo político que representaba este pequeño país» (p. 29) y de cómo un país con casi tantos ciudadanos en el exterior que en casa es una «especie de monstruoso hermano-siamés mutilado en sus mitades por un mandoblazo "salomónico"» (p. 30). Se trata de una «irrealidad o des-realización patológica en que se ha coagulado su historia» (p. 31) y, así, el escritor «es un pez raro en el Paraguay: un pez parlante y anfibio que ama "la tercera orilla del río", el perpetuo exilio del forzado a remo"» (p. 32).

Hay dos núcleos de imágenes que constituyen hipérboles naturalizadas que resaltan en este ensayo para confirmar el sentido de la realidad analizada: Paraguay como una serie de islas trasladadas y la literatura callada.

Describir al Paraguay como isla parte de una de las más perennes consideraciones geopolíticas de América Latina: el problema de tener una salida al mar. Tanto el Paraguay como Bolivia perdieron su costa en su respectiva disgregación por los vecinos países enemigos. Pero es la serie de acontecimientos históricos, uno de los cuales es esta pérdida, lo que convierte al Paraguay «en una "isla rodeada de tierra" en el corazón del continente, desgarrada de la realidad americana, impregnada en su ostracismo por la nostalgia» (p. 29), imponiéndole «el exilio insular» (p. 29). La contradicción oximorónica de esta conjunción de términos le sirve a Roa para perfeccionar la descripción de un país obligado a la marginación por las fuerzas históricas.

La cualidad del exilio insular termina reduplicándose, para extenderse a los habitantes de la «isla». Como consecuencia, «sus artistas, músicos, escritores y poetas que trabajan en el relegamiento interno, se sienten islas individuales en la "Isla"» (p. 31). Es el exilio insular lo que lleva al escritor paraguayo ineluctablemente a la condición de exilado dentro de su propio país, en un proceso de reverberaciones incontenibles de una circunstancia de base. Las figuras esgrimidas para describir esta circunstancia no son, así, meras hipérboles que procuran dar énfasis, sino que no son nada más ni nada menos que una realidad que nos ha convenido escamotear, lo cual es a su vez parte de la dinámica del *aislamiento* del Paraguay.

Condenados al exilio de esta «realidad absurda» (p. 30), los escritores paraguayos, «ofuscados por la visión pesadillesca de la realidad» (p. 32), pueden entregarse al «falso problema de una literatura de "mensaje" o de protesta» (p. 32). Sin embargo, los que más profundamente experimentan esta vivencia, comprenden que el gesto expresivo más elocuente será el silencio:

el voluntario silencio de Rulfo, que escribe sin palabras la epopeya vestigial —y estigial— de las repetidas muertes de su México: el triunfo extremo, más allá de las palabras, de esta escritura sin par que se instaura clamorosamente en la negación de la escritura y del lenguaje colonizados, en nuestra alienada y oprimida América Latina. (p. 34)

Si a la mayoría de los escritores latinoamericanos sólo les ha quedado el lenguaje colonizado —el idioma de la colonia encrustado de elementos de sucesivos impactos imperialistas—, el escritor paraguayo nace en el medio del bilingüismo y biculturalismo español/guaraní. Si bien el guaraní es el idioma natural del paraguayo, el español es la moneda del poder, y de ahí nace un conflicto raigal de la identidad paraguaya en que Roa, así como muchos otros pensadores paraguayos, ha profundizado extensamente en su literatura. En el contexto del exilio del escritor paraguayo que lo ocupa en este ensayo, hace hincapié en las contradicciones inherentes de esta circunstancia que conforman otro tipo de hipérbole naturalizada:

> hay una desconfianza instintiva en los guaraní-hablantes contra los textos escritos, una falta de costumbre, mejor dicho, una imposibilidad real de leer, en la inmemorial tradición de hablar y escuchar, de la tradición oral. Esto lleva inevitablemente al escritor paraguayo a la necesidad de hacer una literatura que no quede en literatura; de hablar contra la palabra, de escribir contra la escritura [...]. (p. 34)

Una y otra vez, echar la mirada sobre los elementos más esenciales de la sociohistoria paraguaya y contemplarlos con el honesto propósito de comprender su dinámica interna, lo lleva al ensayista indefectiblemente a la hipérbole y a la paradoja hiperbólica como la única manera «natural» para exponer sobre esta realidad desgarrante.

Como parte de la toma de posición ante el Paraguay perfilada en los dos ensayos que hemos examinado hasta este punto, quedará evidente que el imperativo insoslayable para el escritor paraguayo será el de ser vocero de las circunstancias de los varios componentes de la cultura nacional, componentes que, ante la opresión bajo la cual vive el Paraguay, sólo infrecuente y fragmentariamente han podido trascender en el conocimiento general. El ensayo «Un pueblo que canta su muerte»[5] encabeza una serie de materiales en traducción al castellano recogidos en la revista argentina *Crisis,* que lleva el título de «Las culturas condenadas». Aunque aquí se trata solamente del grupo étnico de los Axé-Guayakí, Roa se valdrá de este título un par de años después para una presentación general sobre la cultura de los grupos étnicos del Paraguay que están atravesando el penoso camino del exterminio en el corazón de *les tristes tropiques.*

Efectivamente, Roa parte de la comprensión a la que han llegado los antropólogos de que, lejos de ser meros escrutadores neutros e imparciales, han contribuido, ya sea inocente o cínicamente, a la destrucción de los pueblos y las razas que pretenden

---

[5] «Un pueblo que canta su muerte», en *Crisis* [*Ideas, letras, artes en la crisis*], No. 4 (1973), 4-9. Véase también la compilación realizada por Roa Bastos: *Las culturas condenadas* (México, D. F.: Siglo XXI Editores, 1979).

estudiar. Como pudo ver Claude Lévi-Strauss en su famosa meditación sobre el tema, basada en sus propias experiencias profesionales en el sector latinoamericano que nos ocupa, tomar contacto con un grupo indígena y emprender el análisis de él lo infecta irremediablemente con los intereses de la sociedad dominante que llevó al investigador a su encuentro en el primer lugar:

> Así, la «historia» escrita por aquellos burócratas de la corona y por los teólogos-etnólogos-evangelizadores, no es más que la historia de sus intereses, fracasos y resentimientos, entretejidos o enmascarados de confusas denominaciones y descripciones de sus rasgos físicos, de sus lenguas y costumbres, de sus ambientes ecológicos, de las bases materiales de su cultural y rudimentaria civilización. (p. 5)

El estupro de la cultura indígena es un hecho irrelevante —de así el nada poético título de «las culturas condenadas»— y el cometido del estudioso se vuelve la tarea, trágicamente irónica, de dar cuenta de cómo esas culturas cantan su propia agonía provocada por la sociedad de él mismo. Lo único que puede rescatar esta investigación de ser pasible del mismo estigma que pretende denunciar en la tradición de la llamada antropología científica, es asumir la condición de vocero de los principios de autodefinición y autocaracterización de la cultura bajo examen. De ahí que la estrategia discursiva de Roa (la cual se cuida de conjugar con una antropología concientizada de dimensiones internacionales que ha sabido redefinir las condiciones de su mirada hacia las sociedades indígenas) se fundamente en un ejercicio filológico impuesto desde dentro de los mitos (en términos lévistraussianos) de la cultura de los Axé-Guayakí.

Así, en vez de emprender una descripción de este grupo étnico y las condiciones de su ubicación dentro del panorama de la sociedad paraguaya desde la óptica de la cultura dominante (lo cual sería una característica indagación sociológica), Roa propone prestar oídos a cómo el grupo mismo toma conciencia de su lugar en el mundo. De ahí lo que hemos llamado el ejercicio filológico que sustenta a su ensayo. Así, el procedimiento analítico descansa en la prioridad del código lingüístico de los Axé-Guayakí respecto al autorreconocimiento de sus rasgos definitorios y referente a la dinámica de su interacción con el blanco opresor. Esta concepción, cuyos términos en traducción al castellano el ensayista interioriza para decirlos con su propia voz, se basa en la alegoría animal que solemos encontrar en los mitos indígenas:

> Las civilizaciones y culturas de los indígenas —los «ratones negros» de nuestras selvas latinoamericanas— no se han salvado de esta selvática y salvaje *blitzkrieg;* al contrario, se han con-

vertido en los cobayos preferidos de este experimento genocida; víctimas propiciatorias de la furia «purificadora» de los jaguares blancos. (p. 4) [6]

Roa rastrea los términos del idioma y de los mitos de los Axé-Guayakí que les confiere un sentido en el esquema de su mundo y ayuda a explicar lo que, si lo abordamos solamente en términos de los conceptos culturales del poder dominante, parece carecer de sentido (y es así, podemos agregar, que el europeo y sus descendientes tuvieron que consolarse con afirmar muchas veces que las culturas indígenas carecían de sentido, que lo que era para ellos inexplicable tenía que no tener explicación). Roa contrasta dos puntos de interés de la cultura de los Axé. Uno ejemplifica la asimilación de sus rasgos a esquemas de significación del conquistador. Ante el color asombrosamente claro de los Axé, se concibió la posibilidad de que ellos fuesen unas de las tribus perdidas de los israelitas. Esta hipótesis, de indudable atracción mistificante, termina en el absurdo según Roa:

> Ya [Pedro] Lozano se encrespaba [en el siglo XVIII], aunque por otras razones, contra este «absurdo mito» que atribuía un origen común al ratón-demonio selvático con los que venían a civilizarlos y humanizarlos para transportarlos, previa cuarentena purificadora en las reducciones, de la edad de piedra a la bienaventuranza eterna. (p. 7)

Si esta irrisoria identificación del indígena sintetiza las consecuencias de la mirada desde afuera de sus propias estructuras significantes, otro elemento sólo puede ser adecuadamente inteligible si lo consideramos desde adentro de las mismas. Se trata del enigma de por qué los Axé capturados que se dejan convertir en perros de caza de su propia gente:

> El «civilizador» blanco, que utiliza a los Axé como perros de caza y señuelos para capturar a sus hermanos de raza, probablemente no conoce el sentimiento mítico del Axé sobre *Jamó* (jaguar). Lo ignora o no le interesa saberlo, pero lo utiliza. Los Axé creen [...] que si son comidos por un jaguar mítico, se transforman a su vez en jaguares que deben seguir comiendo a sus hermanos. Por analogía piensan que al ser capturados se transforman en paraguayos, con la obligación de perseguir a los Axé. He aquí como hasta los mitos se «pasan al enemigo» de contrabando en el alma de los ratones silvestres convertidos en jaguares del blanco. (p. 9)

---

[6] Considero que es un error de redacción entrecomillar el término *ratones negros*, pues así se rompe el equilibrio con *jaguares blancos* y se lo homologa con el gesto sarcástico del calificativo entrecomillado de *furia* y el énfasis del bastardillado *blitzkrieg*.

Identificar este mito y analizar los elementos de su significación llevan al ensayista a una irónica —y así también— terrible verdad que han sabido explotar los opresores sin entenderlo analíticamente. Es una de las verdades de este pueblo agonizante que investigadores como Roa, asumiendo «la lucha de liberación de los pueblos oprimidos, las razas discriminadas y las culturas marginales» (p. 5) como el punto de referencia de su investigación, han podido develar. Y sólo es así que se puede comprender en el fondo el «réquiem de los Axé entonado por ellos mismos en la etapa de su cautiverio» (p. 9). Y también es sólo así que podemos comprender cómo estas investigaciones, volcadas sobre indígenas que están padeciendo los procesos de desculturización y genocidio, postulan como su más noble objetivo mediatizador el rescate de los condenados al exterminio.

Cerramos esta investigación sobre algunos de los ensayos paradigmáticos de Roa Bastos volviendo a él mismo como escritor que se inserta en el panorama literario y cultural esbozado en los textos que se han examinado hasta este punto. En «Algunos núcleos generadores de un texto narrativo. Reflexión autocrítica a propósito de *Yo el Supremo,* desde el ángulo sociolingüístico e ideológico. Condición del narrador» [7], Roa emprende la tarea de perfilar su relación con su propia labor creativa tal como se ejemplifica en la obra que resume su trayecto narrativo, *Yo el Supremo.* Es este ensayo una reflexión sobre las condiciones de un escritor dentro de un determinado marco sociocultural y los imperativos que asume para articular la determinante estructura mitológica de un pueblo.

Roa siempre ha afirmado que el escritor es el menos idóneo para comentar su propia obra. Esta afirmación, que tiene mucho de la falsa modestia del escribidor simpaticón que nada tiene que ver con el tipo de escritura que nos ocupa aquí, se convierte en esta reflexión de un gesto que perfila toda una ideología del decir literario. Partiendo de la contradicción rectora de que, ante la impertinencia del escritor como el menos indicado para hablar de su propia obra (pp. 167-168), el novelista se entrega directamente a cumplir con esta función autocrítica. «Algunos núcleos generadores» elabora la imagen metafórica del texto como un fenómeno dinámico —un antagonista, una conspiración, una muralla de signos, un monstruo en una palabra— que se le impone al escritor que pretende eregirse en *dictador* de su texto.

Como saben los lectores de *Yo el Supremo,* la característica más descollante de esta novela es la configuración del narrador

<hr />

[7] «Algunos núcleos generadores de un texto narrativo. Reflexión autocrítica a propósito de *Yo el Supremo,* desde el ángulo sociolingüístico e ideológico. Condición del narrador», en *Escritura,* No. 4 (1977), 167-193.

como compilador del texto. Aunque una crítica pragmática pudiera insistir en que tal denominación no deja de ser un ingenioso artilugio para estampar la novela con algún elemento de boómica novedad, como Roa trata de aclarar, esta identidad del «escritor» es la inapelable consecuencia de su rol dentro del sistema de la novela y dentro del sistema sociocultural en el que la novela se inserta. De ahí la metáfora de la novela como entidad animada que ejerce un control sobre sus procesos de significación. *Yo el Supremo,* como «autotexto», es la confirmación de la única modalidad del decir literario en América Latina, dado el modo en que Roa entiende la actividad artística en su pueblo:

> En el proyecta [*sic*] informulado y largamente madurado de *Yo el Supremo* —que evidentemente atraviesa toda mi obra desde el principio—, el designio de permutar la función tradicional de autor por la de compilador representó el núcleo generador inicial; fue el que me permitió abordar la tarea que en un comienzo me pareció irrealizable: escribir una novela inspirada en la enigmática historia del Dictador Francia como una *contrahistoria* enteramente ficcionalizada, pero que penetrase profundamente bajo el destino de la sociedad paraguaya como raíz y suma de la condición humana experimentada y vivencialmente en circunstancias concretas y objetivas.
>
> Desde un punto de vista operativo, la función de compilador *se me impuso* con una convicción cada vez más firme, como una tentativa —quizá la única posible en ese momento preñado de las incertidumbres y vacilaciones que se sufren en la iniciación de toda obra artística— de quebrar el nudo del doble bloque: la magnitud del tema concebido como proyecto literario, el agotamiento de los procedimientos tradicionales, de la técnica misma de novelar y de narrar. (p. 184)

Más allá de cancelar cualquier noción romántica y mixtificante de que el novelista no es el autor de su obra, sino meramente el instrumento de un vago *flatus poeticus,* el concepto aquí trazado de la naturaleza del compilador como el eje de un proceso sígnico de la contrahistoria, permite movilizar una constelación de imágenes metafóricas que subrayan el rol artesanal del escritor que forja un texto conforme con las fuerzas rectoras que éste le va imponiendo. Así, se habla en los siguientes términos del objeto que contempla el ensayista con los ojos de la otredad proveniente del texto separado definitivamente de su autor:

> esta suerte de palimpsesto celoso (p. 167)
>
> la biografía secreta del texto que se opone al autor (p. 168)
>
> una cripta o caverna escriptural (p. 168)

las múltiples máscaras que proveen las mismas formas artísticas de la obra (p. 169)

El narrador-luchador (p. 171)

Las transgresiones de todo orden, las extrapolaciones de sentido, los «anacronismos necesarios» que comete el discurso narrativo (p. 181)

El texto, como potencia dinámica que va circunscribiendo al compilador dentro de la telaraña de su propio sistema de significación, lo convierte en el punto de referencia desconstructivista de las pretensiones de todo escritor, mediante su texto —literario o no—, de querer controlar el significado, de *dictar* una versión definitiva de las cosas. La imagen del compilador estructurado por la estructura que firma con su nombre sirve para tensar el concepto clave del escritor como acopiador de una multiplicidad de textos ya de alguna manera escritos que tiene que rescatar y resucitar, y de ahí la idea de dinamizar el texto al que se termina entregando:

> El compilador se transforma en narrador y la historia que narra es la no narración de esta historia; es decir, no ha reunido, acumulado ni seleccionado nada. Ha excavado un vacío que, sin embargo, está lleno de algo. Más que convertir lo real en palabras trata de que la palabra misma sea real: una realidad otra que no puede ser sino la que instaura su propia pertinencia como mediación entre lo real y lo imaginario. (p. 188)

Dijimos que con todo esto no se debe pensar que Roa está jugando con las teorías que asociamos con alguna vertiente de la nueva narrativa del texto como autoconsumidor y como foco de una problemática del lenguaje referencial. Precisamente lo que viene al caso dentro de la concepción de la estructura narrativa que Roa ha metaforizado en los términos dinámicos que hemos referido, es la naturaleza del texto inscrito en los procesos de significación de un pueblo. El texto no se concibe aquí como meramente un eco de los mitos de un pueblo —no se está reivindicando la (más que algo ingenua) ideología romántica del escritor como *vox populi*— ni se insinúa, como ya queda descartado en la cita que se acaba de transcribir, que el escritor/compilador se limita a antologizar en un nuevo orden los textos pre-existentes. Más bien, y esta premisa tanto anima como refluye de los otros ensayos que hemos estudiado, el escritor emerge como protagonista de una actitud analítica y contestataria ante los estratos de mitos de los que un pueblo está inscrustado. Es así que el texto, como palabra que remite a palabras ya dichas como condición de su primera instancia semiótica, cumple con un rol antagonista para el escritor, y así también el texto sociocultural dentro del cual el escritor se maneja:

El autor compilador se limita a reunir, coleccionar y acumular materias de otros textos, que a su vez fueron sacados o variados de otros. Lo hace a sabiendas de que no «crea», de que no saca algo de la nada. Trabaja las materias últimas de lo que ya está dado, hecho, escrito, dicho. Éstas son sus materias primas. Compone una nueva realidad con los desechos de la irrealidad. (p. 186)

Es en esta actividad donde el autor compilador elabora —o es elaborado elaborando— un texto en el cual se disgregan las mitologías de un pueblo, en particular las que se le han dictado como consecuencia del proceso opresor del desvirtuamiento de su identidad. Pero si el escritor corre el riesgo de querer verse instaurado como el Yo Supremo de su propio texto, tendrá que confrontarse a la larga con el simple hecho, como el dictador del texto social y político de la novela, de ser consumido y transformado por el texto dinámico:

La conversión del autor «creador» en narrador-compilador (según el concepto tradicional del *narrador* como enunciador del discurso narrativo) da lugar al hecho de que la narración aparezca ante el lector (interno y externo) en el proceso de elaboración del texto, en el mismo momento en que se va construyendo y destruyendo y en que esta construcción/desconstrucción no sólo no altera, sino que va estructurando dialécticamente su propia pertinencia. (p. 189)

La interpretación del autor-compilador que elabora Roa en este ensayo es complicada. Pero descansa en última instancia en las ideas que ha trazado en otros ensayos sobre el rol problemático del escritor y de la literatura dentro del panorama sociocultural de un pueblo como el Paraguay (y, de ahí, como América Latina). Pero debe quedar claro que el proceso de metaforización que esgrime en «Algunos núcleos generadores» no es simplemente un ingenioso ardid retórico para vivificar y así esclarecer mejor un concepto difícil. Más bien se trata de enmarcar el juego del texto constructivo/desconstructivo en términos de una imagen dinámica que capta certeramente el sentido de la literatura que Roa se propone develar desde la perspectiva de su compromiso como escritor dentro de sus propios textos.

Esta caracterización de los ensayos de Roa Bastos no pretende ser ni global ni cronológica. Más que dar las pautas de la evolución de sus escritos ensayísticos o registrar todos los temas que en ellos se abordan, nuestro interés se ha centrado en lo que tiene que ser irreduciblemente el núcleo de todo su proyecto como escritor: esbozar la imagen del Paraguay y de su pueblo hostigado y perseguido y asentar los criterios que tienen que animar el compromiso del novelista ante este material. De ahí que los ensayos aquí estudiados puedan considerarse puntos de referencia imprescindibles para toda su obra creativa.

ESTUDIOS I: *YO EL SUPREMO*

ENTRE LA POLIFONÍA TOPOLÓGICA Y EL DIALOGISMO DIALÉCTICO: *YO EL SUPREMO* COMO PUNTO DE FUGA DE LA NOVELA MODERNA *

WLADIMIR KRYSINSKI
Université de Montreal

> Lo importante en la novela histórica es, pues, *demostrar* mediante recursos *artísticos* que las circunstancias y los personajes históricos se han dado precisamente de tal manera o de tal otra.
>
> G. LUKACS: *La novela histórica*

El ambiente latinoamericano y, más específicamente, paraguayo en que hunde sus raíces la escritura novelesca y narrativa de Augusto Roa Bastos no debiera hacernos olvidar que esta misma escritura, vista en el marco general del género novela, alcanza un nivel de densidad y de concretización de las estructuras propias de la novela moderna excepcionalmente elevado. En *Yo el Supremo* se pueden identificar estas estructuras de la manera siguiente: 1) síntesis particularmente lograda de las perspectivas o puntos de vista narrativos y discursivos; 2) orquestación de una dialéctica dialógica de las voces portadoras de mensajes ideológicos y axiológicos; 3) construcción de una forma novelesca maleable y al propio tiempo englobante y dinámica, capaz de realizar de manera adecuada el postulado de la totalidad como principio estructurador de la novela; 4) transformación de la novela histórica en novela meta-histórica por medio de operadores y de dispositivos espaciotemporales, por una parte, y, por otra, a través de la puesta en evidencia de los operadores discursivos y narrativos diferenciales, lo que lleva como resultado a la relativización y a la dialectización de la Historia en cuanto crónica de eventos; 5) realización de un modelo de novela como architexto [1], entendido en el sentido de una imbricación de las diferentes moderizaciones textuales [2] que establecen el equilibrio estructural

---

* Traducido del francés por ANTONIO GÓMEZ MORIANA.

[1] Según GÉRARD GENETTE, *l'architexte* consiste en «la relation d'inclusion qui unit chaque texte aux divers types de discours auxquels il ressortit» (*Introduction à l'architexte*, pp. 87-88).

[2] La modelización textual consiste en un modelo de lo real que se imbrica

4

de *Yo el Supremo,* cuya dinámica y actualización tienen sus raíces en una intertextualidad dialéctica que garantiza y realiza la conciencia creadora, ideológica y cognitiva de Roa Bastos.

Dentro de los límites de este ensayo, mi propósito es explicitar el funcionamiento de ciertos elementos de estas estructuras en *Yo el Supremo,* con el fin de hacer ver, sobre un fondo comparativo adecuado, que esta novela de Roa Bastos constituye una especie de modelo máximo, modelo de modelos o, si se prefiere, el punto de fuga de la novela moderna. Esta metáfora pictórica evoca en mi espíritu el sentido y la importancia de esta novela, al igual que *Las Meninas,* de Velázquez, constituye una referencia inevitable en la historia de la pintura, por lo que ha sido llamada la «pintura del mundo». Situado sobre el fondo histórico y dinámico del género novela, *Yo el Supremo* puede ser reconocido como plenitud, si no la más completa, al menos la más reveladora de la lógica evolutiva de la novela. En este sentido se impone la necesidad de situar este texto en la perspectiva de una semiótica diacrónica de la novela [3]. Sólo así se comprenderá la manera cómo el sistema de signos construido por su autor garantiza y problematiza un intercambio intertextual e interdiscursivo en tensión al interior de un juego de modelos, precisamente de los modelos que se actualizan en el espacio novelesco moderno comprendido como búsqueda incesante del conocimiento y del discurso. Es evidente que en el espacio de unas cuantas páginas no se puede establecer la semiótica diacrónica de la novela. Me limitaré por ello en este estudio a poner en relación las estructuras significativas y dinámicas del género del cual *Yo el Supremo* constituye un espacio textual de convergencia y un punto de fuga precisamente de particular significación.

---

en la textualidad de la novela o del «texto artístico» en el sentido de Jurij Lotman, quien, en su calidad de sistema modelizador secundario, lo define del siguiente modo: «A secondary modelling system is a structure based on a natural language. Later the system takes on an additional secondary structure which may be ideological, ethical, artistic, etc.» (*The Structure of the Artistic Text,* p. 34). Considerado como sistema modelizador secundario, *Yo el Supremo* es un archi-texto marcado principalmente por las modelizaciones axiológica, ideológica, estética e intertextual. Cada una de estas modelizaciones constituye una perspectiva de lectura, de isotopías mediatizadas por un sistema de valores, una ideología, una forma estética, una organización intertextual.

[3] La semiótica diacrónica será sobre todo la de los paradigmas evolutivos del texto literario. Su objetivo principal radica en el establecimiento del espacio evolutivo de la literatura a través de las marcas de los signos de mutación contenidos en los modelos textuales. *Yo el Supremo* concretiza un modelo novelesco excepcionalmente complejo, cuyo estatuto semiótico deberá ser medido según la escala dinámica del género por la densidad y complejidad de los mensajes que transmite la forma específica de esta novela. Considerado así, *Yo el Supremo* se constituye como novela de la totalización y recuerda lo que Friedrich Schlegel llama «novela absoluta».

La obra de Roa Bastos se sitúa, en cuanto antítesis, como *Aufhebung* hegeliana de la línea evolutiva del género cuyos puntos de partida y de llegada fijan una dinámica específica intra-textual e inter-textual dentro de la novela moderna. Esta dinámica no es otra cosa de hecho que la dialéctica de los modelos novelescos y de las series de productos ideológicos y artísticos que se enfrentan en las continuas idas y venidas de las formas, de las funciones y de los contenidos. Roa Bastos hace que su texto participe en un dialogismo de los modelos y de las estructuras, que producen en *Yo el Supremo* un impacto cognitivo excepcionalmente fuerte, incluso radical. Es así como *Yo el Supremo* se convierte en un paradigma particularmente eficaz y englobante del género novela y, más concretamente, del archi-texto entendido como mosaico ejemplar de estructuras.

Yo el Supremo se encuentra en el horizonte dinámico de la modernidad de la novela que comienza con *Don Quijote*, la obra en que se consolida la primera matriz novelesca «moderna»; esta modernidad de la novela en cuanto discursividad subversiva sobre todo continúa después hasta Joyce, Musil, Gombrowicz y Cortázar, pasando por Sterne, Dostoievski y Flaubert, nombres a los que se añaden ciertos novelistas del siglo XX cuya «lección» o «influencia» está en el aire de la época al mismo tiempo que se deja percibir directa o indirectamente en el espacio textual de *Yo el Supremo*. He aquí algunos ejemplos: H. James, A. Gide, A. Döblin, J. Dos Passos, J. L. Borges, H. Broch.

Lo que he llamado primera matriz «moderna» de la novela, narrativa y discursiva, que se constituye en la obra de Cervantes, prosigue su camino y sufre ciertas modificaciones en el espacio evolutivo de la novela moderna. ¿Cuáles son sus rasgos significativos? ¿Cómo podremos definir la coyuntura del texto evolutivo de la novela moderna en función de su heterogeneidad y de sus tensiones dialécticas internas y externas?

A partir de la matriz de Cervantes se constituye una *epistémè* moderna de la novela [4]. Lo particularmente importante en ella es la disgregación, la discontinuidad, la ironía como instancia relativizadora del relato y del discurso unívocos, y la fragmentación de la narrativa y discursiva. Más allá de Cervantes, los paradigmas de Sterne, de Joyce, de Musil y de Broch permiten afirmar que la evolución del género tiende hacia una diferenciación cada vez mayor del idiolecto novelesco. Podemos así afirmar, abreviando de nuevo a grandes rasgos, que la novela se convierte en un texto-proceso cuyos parámetros estructurales son variables, pero dentro

---

[4] Empleo este término en el sentido que le atribuye MICHEL FOUCAULT en *Les mots et les choses,* o sea, como sistema de representación característico de una época.

siempre del orden de la discontinuidad y de la diferenciación enunciativa del o de los narradores. Al mismo tiempo, y ello define el horizonte de expectativa [5] de la novela post-joyciana, como de la post-musiliana y post-brochiana, incluyendo igualmente *Yo el Supremo*, el texto de la novela se construye como escena en la que las diferentes voces «recitan» los objetos novelescos: tiempo, espacio, eventos, personajes, figuras, «actantes». La novela de Roa Bastos engloba así y problematiza a su modo, dialécticamente pertinente, esos diferentes paradigmas y este horizonte de expectativa. Si podemos suponer que Roa Bastos presta atención a las estructuras operacionales del idiolecto novelesco tal como habían quedado establecidas como resultado de la dialéctica intertextual del género, no por ello deja de efectuar su propia operación intertextual y y dialéctica, operación que intentaré definir. Lo que parece particularmente importante en tal operación es la explotación de un cierto número de elementos significativos del modelo de Musil y de Broch. De este último, en especial lo que el propio Broch llama la «novela poli-histórica» [6]. *Yo el Supremo* realiza una representación de la totalidad de lo real y de lo histórico *(Totalitätsdarstellung)* [7] en condiciones textuales que hacen de la misma una realización verdaderamente lograda de los postulados epistemológicos de Broch. Pero es el modelo de Musil, en todo caso uno de sus aspectos más representativos, lo que nos va a permitir diseñar el proyecto novelesco en su significación y en la realización del mismo por parte de Roa Bastos.

---

[5] El concepto «horizonte de expectativa» fue introducido en el dominio de la crítica literaria por Hans Robert Jauss, quien lo define como «paradigmatische Isotopie» (isotopía paradigmática). Su reconstrucción es posible a partir de una serie de horizontes, colocados sintagmáticamente en una época o momento histórico preciso. El horizonte de expectativa permite la actualización de los textos literarios («Aktualisierung literarischer Texte») en el espacio serial obra-lector-crítico-sistema normativo *(Literaturgeschichte als Provokation)*.

[6] Para Broch, la novela plurihistórica designa la integración de la ciencia y de la poesía en el cuerpo textual de la novela. Se trata de una síntesis de todos los elementos racionales e irracionales, del mythos y del logos. La novela plurihistórica se esfuerza por captar en su sustancia la esencia de una época para poderla traducir en forma («Brief an Daniel Brody», del 5 de agosto de 1931). *Yo el Supremo* es una de las raras novelas contemporáneas que realizan este programa de Broch. Roa Bastos integra y problematiza tanto la ciencia como la poesía, el mito y el logos, la razón de la época, colocándolo todo bajo una perspectiva dialógica. *Yo el Supremo* puede ser considerado por ello como la novela «plurihistórica por excelencia».

[7] Es a través de la síntesis de todos los elementos que integra la novela plurihistórica como el novelista obtiene la «representación total» de la realidad y sólo este tipo de representación merece, según Broch, el nombre de novela («Entstehungsbericht», 324).

En la «Nota final del compilador» afirma Roa Bastos de modo un tanto sorprendente:

> Así..., el a-copiador declara, con palabras de un autor contemporáneo, que la historia encerrada en estos Apuntes se reduce al hecho de que la historia que en ella debió ser narrada no ha sido narrada. En consecuencia, los personajes y hechos que figuran en ellos han ganado, por fatalidad del lenguaje escrito, el derecho a una existencia ficticia y autónoma al servicio del no menos ficticio y autónomo lector.

Esta referencia a un autor contemporáneo, lo mismo que la frase final de la novela, establecen una perspectiva significativa de *Yo el Supremo.* Podríamos definir esta perspectiva como estructura diferencial central de la novela que se articula sobre las dos oposiciones siguientes:

narratividad	vs	narración
narrabilidad	vs	inenarrabilidad

Estas categorías van investidas en *Yo el Supremo* de contenidos temáticos y formales específicos, siendo precisamente esta operación la que confiere a la novela su propia originalidad al tiempo que remite a su establecimiento de dos estructuras particularmente dinámicas: la polifonía topológica [8] y el dialogismo dialéctico [9].

Comencemos por identificar este «autor contemporáneo» de que habla Roa Bastos. Evidentemente, se trata de Musil. Su célebre chiste ha sido parafraseado ligeramente por el escritor paraguayo.

---

[8] Esta es la definición que yo doy de la organización espacial de *Yo el Supremo* en cuanto texto fuertemente discontinuo. Su topología remite así a la forma característica denominada por René Thom «forme saillante», que define como «toute forme qui frappe l'appareil sensoriel d'un sujet par son caractère abrupt ou imprévu». Thom añade aún: «Il importe toutefais de remarquer qu'une forme peut être saillante par une irrégularité de rythme, une brisure de symétrie, aussi bien que par une discontinuité sensorielle» («Morphologie du sémiotique», 302). La lectura de *Yo el Supremo* está determinada, en mi opinión, por la experiencia de tal forma: irregularidad del ritmo textual de la narración transcrita del Supremo, narración que recubre varios espacios textuales: discurso narrativo propiamente dicho, «circular perpetua», cuadernos, cartas; ruptura de la simetría textual por el juego de la compilación, que implica la yuxtaposición de referencias documentales, de comentarios y de notas del «compilador».

[9] En el sentido en que lo entiende Bajtín, el dialogismo es «un modo epistemológico característico del mundo dominado por la heteroglosia», lo que implica que tiene que darse una «interacción entre los diferentes sentidos», así como el que «cada sentido pueda potencialmente condicionar los otros». La heteroglosia (en ruso, *raznorečie, raznorečivost*) la define Bajtín como «condición fundamental que gobierna la operación del sentido en cada enunciación, asegurando la primacía del contexto sobre el texto» (*The Dialogic Imagination,* 426, 428).

Musil resume del siguiente modo su novela:

«Die Geschichte dieses Romans kommt darauf hinaus, dass die Geschichte, die in ihm erzählt werden sollte, nicht erzählt wird» («Notizbuch», 43).

(La historia de esta novela consiste en que la historia que tendría que ser contada en ella, no se cuenta.)

Lo que tanto Musil como Roa Bastos llaman «historia» remite en ambos textos a lo que debe ser «narrado» («erzählt»); por tanto, a la narratividad en cuanto sistema del relato que comprende sus temporalidades, sus espacios, sus acciones, sus sintagmas narrativos. Ahora bien, ni en Musil ni en Roa Bastos se da el «relato» de modo lineal. Va, por el contrario, disperso, fragmentado, continuamente interrumpido por los comentarios emitidos por las diferentes voces de la novela. En el espacio de *El hombre sin atributos,* el relato queda ahogado, «tragado», «comido» por el ensayo y la utopía, por la ironía y por el estilo. El relato pasa a segundo plano y Musil lo llama despectivamente «Erzählerei». No hay aquí, por tanto, narratividad propiamente dicha, en el sentido en que la define, por ejemplo, Lukacs en el significativo texto de su *Teoría de la novela:*

«El problema estético —la transformación de los estados de ánimo y de la reflexión, del lirismo y de la psicología, en medios épicos de expresión— gira, por consiguiente, alrededor del problema épico fundamental: el de las acciones necesarias y posibles.» (*Teoría de la novela,* 113)

En los universos ideológicos y axiológicos de *El hombre sin atributos* y de *Yo el Supremo* no existe ya la nostalgia épica en que Lukacs fundamenta en cierto modo su *Teoría de la novela.* En estos dos universos se inscriben más bien al mismo tiempo el potencial de lo narrable y el reconocimiento de lo inenarrable, la manipulación de lo interdiscursivo y el establecimiento de la posición estratégica de las perspectivas [10].

---

[10] Notemos ante todo la diferencia que separa a Roa Bastos de Musil. El autor austríaco persigue un objetivo utópico sobre el cual conecta su voz narrativo-discursiva. La voz que sostiene tal proyecto, tal como es enunciado por la totalidad de *El hombre sin atributos,* es una voz que pudiéramos llamar omni-ironizante y omni-utopizadora. Se trata en suma de una voz sincrética que acumula las perspectivas y los tonos, los registros y los comentarios. *El hombre sin atributos* es, considerado así, una novela monológica en el sentido bajtiniano del término, y se compara con Tolstoi con la sola diferencia de que Musil pulveriza en su novela el carácter unívoco de lo moral e ideológico del autor de *Guerra y Paz.* Dentro del respeto debido a la categoría revolucionaria del dialogismo bajtiniano, lo más que puede decirse es que la novela de Musil resulta dialógica e interdiscursiva en sus citas.

Yo el Supremo es una novela topológicamente polifónica y dialógica. La discontinuidad del texto se basa en una diferenciación espacial y dialéctica de los lugares dialógicos y perspectivistas de la novela. El gesto de la narración va inserto en un dispositivo textual topológico en que constituye una entre las diferentes voces de la polifonía dinámica del texto, siendo ésta el resultado de una descentralización sistemática de toda voz que se propusiera ser única e invasora [11]. Es en este sentido sobre todo la voz del dictador la que funciona como una de las piezas convencionales de la construcción novelesca tectónica, de lo que Broch llama —recordémoslo— «Vielschichtigkeit» (pluriestratificación) [12] para atribuirle la función de garante de la representación de la totalidad. Roa Bastos procede así a una doble fragmentación: horizontal y vertical. Ambas se encuentran en una especie de relación-tensión dialéctica que confiere a la novela su densidad cognitiva por cuanto las dos fragmentaciones funcionan como sistemas semióticos que remiten a saberes mediante un multiplicador gradual y dinámico. Es esto lo que he llamado síntesis particularmente conseguida de las perspectivas y de los puntos de vista. Es como si Roa Bastos reinterpretara a su manera la lección de Bajtín y sometiese el universo del «problema épico fundamental» a una polivalencia semántica e ideológica, a una ironía semiótica de las voces que, sin excluirse ni armonizarse, participan en una polifonía. En esta síntesis de las perspectivas se integran no sólo las voces de los actores dialógicos principales, la del dictador y la de Patiño, que copia lo que el dictador le dicta, sino también las de los personajes interpelados por el dictador, que responden a su «Excelencia». Al mismo tiempo, la actitud discursiva del propio Supremo queda consecuentemente estructurada como polivalencia prenominal de las voces. Este YO/ÉL tiene como función el desdoblamiento multiplicador de perspectivas particularmen-

---

[11] El proyecto inicial de novela histórica concebido por Roa Bastos sufre, pues, toda proporción guardada, las mismas metamorfosis que el proyecto inicial de *El Idiota*, de DOSTOIEVSKI. El escritor ruso comprende rápidamente que su idea de colocar en un universo humano pervertido a ese idiota cristiano, ese Cristo ruso, no podía llevar más que a un anacronismo evidente. En lugar, pues, de insistir sobre las pruebas de la bondad cristiana encarnada por el príncipe Michkin, el autor de *El Idiota* construye una máquina dialógica en que el idiota bueno y cristiano, al igual que las demás voces de la novela, queda también sometido a la ley de la ambigüedad dialógica. La escena novelesca dialógica e interdiscursiva triunfa, por tanto, sobre el univocismo idealista y religioso, favoreciendo una polivalencia semántica e ideológica. En *Yo el Supremo,* José Gaspar de Francia adquiere el valor de figura emblemática de un universo dialógico que, a semejanza de Michkin, se hace cada vez más complejo, dado que la historia evenemencial no es ya lisible, aunque sea «scriptible» en el sentido de Roland Barthes. Roa Bastos sabe sacar de esta oposición consecuencias particularmente significativas.
[12] En «Entstehungsbericht» (324-325).

te significativas. Se trata, por un lado, de una primera voz de carácter épico, que asume una cierta narratividad. Ejemplo:

«En julio de 1810 el gobernador Velazco se dispone a quemar su último cartucho de hora. No volverá a pastar; la gobernación está pelada de cesped, de maravedises...» (104)

Evidentemente, esta voz no es la voz dominante de la narración-afabulación-crónica subjetiva del dictador. Hay otra voz que domina la función bivocal YO/ÉL, a saber, la voz de la auto-apoteosis, de la auto-justificación y del instinto del yo/ello. Esta voz es discursiva y se constituye continuamente como sujeto de la enunciación del sujeto-Supremo, sujeto-Dictador, pero también del sujeto-subjetividad. Veamos un ejemplo de entre los muchos en que interviene el discurso subjetivo:

«Por el momento lo que voy a obrar es lo siguiente: Una vez talado el bosque de sátrapas, una vez extinguida la plaga de perros hidrófobos babeantes de abyección, mandaré extender sobre sus restos una gruesa capa de cal y de olvido. No más jefes indignos y bufones. No más efectivos de líneas que haraganean a la espera de huir al menor peligro.» (401)

Si el Supremo escribe la crónica de su reino, lo hace en función de su propia valoración. Pero mostrándose al propio tiempo como gobernante atento, patriota, auto-escudriñador y auto-narrador. La estructura prenominal YO/ÉL se desdobla a través de un TÚ insistente que asume la función de acelerar el proceso de auto-observación y de auto-condenación. Un buen ejemplo de ese TÚ catártico, agresivo, TÚ de la impotencia indigente, es el pasaje en que el Supremo se auto-interpela desde el fondo mismo de su inminente agonía:

«Primero olvidarás los nombres, después los adjetivos, aun las interjecciones. En tus grandes explosiones de cólera, en el mejor de los casos, ocurrirá que todavía consigas articular algunas frases, las más remanidas. Por ejemplo, antes decías: *Quiero, significa poder decir no quiero.* Dentro de poco, cuando te impongas decir NO, sólo podrás farfullar después de muchas pruebas, en el colmo de la irritación: *No puedo decir NO.*
Empezarás por los pronombres. ¿Sabes lo que será para ti no poder recordar, no poder tartamudear más YO-ÉL? Tu sufrimiento acabará pronto. Al fin no podrás siquiera acordarte de recordar.» (419)

En *Yo el Supremo* la escritura del Supremo está circunscrita por el paradigma pronominal YO/ÉL/TÚ que corresponde a los diferentes éxtasis temporales y a los diferentes momentos pulsacionales del discurso del Supremo. Tal paradigma es, por tanto, portador de un saber diferenciado y diferido que el Dictador proyecta sobre sí mismo y sobre su discurso. Esta estructura significativa de desplazamiento de acentos reposa sobre lo que he llamado fragmentación vertical. El saber se encuentra aquí reducido y profundizado según la escala multiplicadora de una auto-expresión y de una auto-observación que se fragmentan a medida que su aparición sucesiva corresponde a la progresión de la temporalidad en la historia del Dictador.

La síntesis de perspectivas que opera Roa Bastos se basa además sobre otra fragmentación, la horizontal. Se trata de la continua reflexión acerca de los propósitos del Supremo llevada a cabo por las «notas del compilador» y por ese continuo remitir a los testimonios, palabras de terceras personas y de los historiadores. Esta acumulación progresiva de citas paralelas o contrastivas acaba por convertirse en un sistema de espejos que reflejan, duplican y desdoblan críticamente, o, si se prefiere, objetivizan la escena global de la novela. Se trata, por tanto, de una circulación de saberes puntuales, factuales y dialécticos que relativizan el discurso del Dictador en que domina el elemento subjetivo e instintivo.

Esta síntesis de perspectivas genera incontestablemente una dialéctica dialógica de las voces, cuyos mensajes quedan necesariamente contrastados y diferenciados. Yo distinguiría aquí *grosso modo* los mensajes ideológicos de los mensajes axiológicos [13]. Tanto en los primeros como en los segundos se trata de valores, pero el modo de presentación de los mismos es diferente. La escritura del Supremo se caracteriza por una dominante ideológica muy fuerte, fruto de un mensaje de auto-representación y de auto-valorización propulsado por un sistema enunciativo delirante en ocasiones. La ideología del Supremo es la del Poder ejercido a modo de auto-gestión incontrolable. La eclosión del discurso delirante sirve a esta ideología en la medida en que tal discurso no puede manifestarse si no es en cuanto creencia y en cuanto falsa consciencia. El delirio desestabiliza el paradigma pronominal YO/TÚ/ÉL. En un momento dado se produce un cambio semántico y semiótico radical que afecta la función y la posición de TÚ en el desarrollo discursivo del texto. Y es que ese TÚ no puede continuar siendo auto-especular, auto-lógico, por lo que dialécticamente se convierte en dialógico. En sentido semiótico, ese TÚ se desplaza hasta quedar fuera del triángulo de la auto-comunicación, no correspondiendo ya a la voz pro-

---

[13] Me refiero a la definición que de la axiología y de la ideología dan A. J. Greimas y J. Courtès, en su *Sémiotique, dictionnaire raisonné de la théorie du langage* (28): «En sémiotique, on désigne du nom d'axiologie le mode d'existence paradigmatique des valeurs par opposition à l'idéologie qui prend la forme de leur arrangement syntagmatique et actantiel.»

pia del Supremo. Hay otro interlocutor, otra boca que lo pronuncia y lo asume como instancia enunciativa en la secuencia acusadora y final de la novela. Semánticamente, ese TÚ queda así investido de manera muy diferente en la última parte de *Yo el Supremo*, significando ante todo la evaluación del papel y de la vida del Supremo en la historia de su país y de su pueblo. Es así como funciona el dialogismo dialéctico de Roa Bastos en esta novela. La topología discontinua del texto que crea la polifonía de los puntos de vista, de los ángulos de visión, de las tomas de conciencia y de las proliferaciones de los saberes, lo mismo que el dialogismo dialéctico, regido por una fuerte tensión entre los enunciados dialogizantes, agresivos y mayéuticos, ocupan sobre todo una función heurística y cognitiva. Cuando TÚ asume la palabra hacia el final de la novela ya se debe al hecho de que la interpelación del lector se ha llevado a cabo a través de las instancias del discurso ideológico delirante de la Historia que quisiera encarnar el Supremo. La última secuencia de la novela, que comienza con las palabras: «... y ya no puedes obrar» (453), opera el cambio definitivo en la estructura dialógica del texto. Tres estratos temáticos dominan: vociferación, acusación y condenación. La acumulación de términos significativos que marcan estos tres estratos se realizará así como consumación de una transmutación definitiva:

Yo el Supremo → Tú ex-Supremo → Supremo Finado

La incursión de la muerte condiciona en cierto modo la última frase catártica del texto, lugar en que se produce la toma de la palabra por parte de un «Nosotros» colectivo que representa la finalidad histórica del Supremo. Es el «Nosotros» de los vivientes que juzgan y se convierten con ello en los actores de la Historia más allá del Supremo Finado, con lo que se cumple la constatación que abre la última secuencia del texto: «No podrás escapar de ver lo que no muere» (453).

Toda la novela de Roa Bastos está informada, lo mismo en su estructura que en su sistema de signos, por una búsqueda de los valores cognitivos y de los específicamente novelescos. La compilación de datos como método y como montaje de atracción, en el sentido de Eisenstein [14], sirve como vehículo de un saber diferen-

---

[14] Según Eisenstein: «The attraction (in our diagnosis of the theater) is every aggressive moment in it, i.e., every element of it that brings to light in the spectator those senses or that psychology that influence his experience every element that can be verified and mathematically calculated to produce certain emotional shocks in a proper order within the totality — the only means by which it is possible to make the final ideological conclusion perceptible.» Y el montaje de atracciones se define como sigue. «Instead of a static "reflection" of an event's logical action, we advance to a new

ciado precisamente por realizarse a través de una polifonía y de un dialogismo cuya base es la discontinuidad topológica del texto, y la distribución y desplazamiento continuo de las voces, de los locutores y de las perspectivas. El saber así comunicado va construido mediante una sobreabundancia extraordinaria de «reflectores» narrativos, discursivos, factuales e interpretativos que chocan entre sí. Se trata por ello de un saber que se problematiza a sí mismo. Roa Bastos produce así un imbricado de lo real en la ficción y de la ficción en la Historia. Nadie mejor que él ha definido este proyecto creador y semiótico:

> «Mi "proyecto" de novela consistió, pues, ... en escribir una *contrahistoria*, una réplica subversiva y transgresiva de la historiografía oficial...»

Ya en camino, el proyecto inicial sufre modificaciones y Roa Bastos lo redefine definitivamente del modo siguiente:

> «... la antihistoria debía convertirse en una intrahistoria y, simultáneamente, en una transhistoria. La garantía de este logro, improbable e incierto, radicaba en alcanzar la realidad autónoma de la historia imaginaria; en otras palabras, lograr el estatuto de la ficción pura, sin que esto implicara la ruptura con los referentes históricos.» («Algunos núcleos generadores de un texto narrativo», 78)

A partir de aquí el novelista construye una máquina cibernética perfecta que emite mensajes axiológicos al modo de una computadora programada, capaz de seleccionar y ordenar los saberes en gestación y en conflicto, en función de la tensión dialógica entre la antihistoria, la transhistoria, la intrahistoria, la ficción pura y los referentes históricos. *Yo el Supremo* es una gran síntesis de formas, de estructuras y de modelos novelescos que se reflejan en su totalidad: de Cervantes a Musil y Cortázar, pasando por Broch y Joyce. De ahí que la lectura de esta novela revele un dinamismo del género, que resulta ser una forma siempre abierta, disponible y subversiva, en la que habitan las discursividades, las narratividades del poder y las operaciones novelescas sobre la Historia. En la obra del novelista paraguayo todos estos elementos revisten la la forma de una plurivocidad organizada por la discontinuidad y por la fragmentación del texto, y de un dialogismo orientado dialécticamente hacia la realización de una síntesis de la complejidad de los referentes históricos y de las interdiscursividades que los

---

plane-free montage of arbitrarily selected, independent (within the given composition and the subject links that hold the influencing actions together) attractions —all from the stand of establishing certain final thematic effects— this is montage of attractions.» («Montage of Attractions», 230, 231, 232.)

propulsan, circundan y comentan. Situado en el horizonte del género, esta novela constituye un punto de plenitud, que se reconoce a sí mismo en su génesis y en su dinamismo. *Yo el Supremo* es por ello una «compilación de compilaciones», el punto de fuga de una representación de representaciones que el compilador construye por medio de una escritura transgresiva y autónoma al mismo tiempo, pura ficción y totalidad problematizada de lo real.

REFERENCIAS

BAKHTIN, MIKHAIL: *The Dialogic Imagination, Four Essays by M. M. Bakhtin,* ed. by M. Holquist, tr. C. Emerson and M. Holquist, Austin: University of Texas Press, 1982.

BROCH, HERMANN: «Brief an Daniel Brody vom 5.8.1931», en *Theorie und Technik des Romans im 20. Jahrhundert,* ed. H. Steinecke, Tubingen: Max Niemeyer Verlag, 1972, 48-49.

— «Entstehungsbericht», en *Die Schuldlosen, Roman in elf Erzählungen,* Frankfurt am Main: Suhrkamp Taschenbuch Verlag, 1974, 323-329.

EISENSTEIN, SERGEI: «Montage of Attractions», en *The Film Sense,* New York and London: Harcourt Brace Jovanovich, 1975, 230-233.

FOUCAULT, MICHEL: *Les mots et les choses, une archéologie des sciences humaines,* Paris: Gallimard, 1966.

GENETTE, GÉRARD: *Introduction à l'architexte,* Paris: Editions du Seuil, 1979.

GREIMAS, ALGIRDAS, JULIEN, et COURTÉS, JOSEPH: *Sémiotique, dictionnaire raisonné de la théorie du langage,* Paris: Hachette Université, 1979.

JAUSS, HANS, ROBERT: *Literaturgeschichte als Provokation,* Frankfurt am Main: Suhrkamp Verlag, 1970.

LOTMAN, JURIJ: *The Structure of the Artistic Text,* tr. R. Vroon, Ann Arbor: Michigan Slavic Contributions, 1977.

LUKACS, GEORGES: *La Théorie du roman,* tr. J. Clairevoye, Lausanne: Gonthier, 1963.

MUSIL, ROBERT: «Aus einem Notizbuch (1932)», en *Theorie und Technik des Romans im 20. Jahrhundert,* ed. H. Steinecke, Tubingen: Max Niemeyer Verlag, 1972, 43-44.

ROA BASTOS, AUGUSTO: *Yo el Supremo,* Madrid: Siglo Veintiuno de España Editores, S. A., 1976.

— «Algunos núcleos generadores de un texto narrativo», en *L'Idéologique dans le texte (Textes hispaniques),* Toulouse: Service des Publications, 1978, 67-95.

THOM, RENÉ: «Morphologie du sémiotique», en *RSSI, Recherches Sémiotique, Semiotic Inquiry,* vol. 1, No. 4, 1981, 301-309.

YO EL SUPREMO vs. EL SUPREMO PODER DE LA PALABRA

FRANCISCO E. FEITO

Kean College of New Jersey

Augusto Roa Bastos ha dicho que *Yo el Supremo*[1] es una meditación sobre el poder absoluto, así como una apasionada y polémica reflexión acerca de la condición humana, urdidas en torno a la figura de José Gaspar Francia[2]. Y tiene razón, porque la figura del dictador es sólo un punto de partida, un *pre/texto,* para la elaboración de un discurso, de un *meta/texto,* cuyos tres estratos —el de las objetividades representadas, el de los significados y el de la palabra— van mucho más allá de la figura del protagonista, para dirigirse a un código cuya función referencial es la del poder omnímodo, con sus secuelas y sus crisis, tanto en el individuo que lo ejerce, como en el entorno que lo padece.

Desde esta perspectiva vamos a sondear en la escritura de Roa Bastos sólo el *estrato de la palabra* como una dispersión carnavalesca del orden hegemónico de la cultura dominante, de tan fuerte raigambre en la tradición occidental[3]. Es decir, el tratamiento del humor, la ironía, los juegos de palabras, el trastrueque de las máximas morales y políticas, y hasta los proverbios, como efectos provocadores de la risa y de la burla, fina o grotesca.

Aclaramos que, frente al viejo binarismo saussureano en términos de *langue* y *parole,* que en América Latina se traduce por el conflicto «*civilización y barbarie*», cuando nos referimos en el título de este trabajo al «*supremo poder de la palabra*», la estamos iden-

---

[1] Todas las citas del texto se hacen por la primera edición de *Yo el Supremo,* Buenos Aires: Siglo XXI Editores, S. A., 1974, señalándose las páginas entre paréntesis.

[2] Véase H. M. CUEVA: «Augusto Roa Bastos. Datos para una ficha», en *Crisis,* 14 (junio 1974), 75.

[3] Véanse MIKHAIL BAKHTINE: *Epopée et roman,* versión francesa de J. DURAIN, en *Recherches Internationales,* 76 (1973); *Problems of Dostoevsky's Poetics,* versión inglesa de R. W. Rostel, Michigan: Ardis Publishers, 1973; *Rabelais and His World,* versión inglesa de Helène Iswolsky, Massachusetts: The M.I.T. Press, 1968.

tificando con la *parole* desacralizada, la *parole* bárbara, en contraposición a la *langue* que privilegia el discurso oficialista [4].

Si bien la novela de Roa inicia su trabajo devastador con el pasquín fijado no se sabe por quién en la puerta de la catedral, produciendo un humor negro, muy político, la desvalorización semántica de los personajes principia con la destrucción y ridiculización de los enemigos del Supremo. El nombre propio de los personajes, históricos o imaginarios, sufre, al igual que el sustantivo común, mediante el juego de palabras, un trabajo implacable y corrosivo, que se traduce en una peyoración. Recordemos cuando sentencia: «*Si son ellos, inmolo a Molas, despeño a Penas*» (p. 8) [5]; o cuando habla de su «*patriotero tío el fraile Bel-Asco*» (p. 29) [6]. De la misma manera, Patiño es un «*fide-indigno, secretario excretante o un Pansancho*» (pp. 64-65) [7]. Por su parte, los antiguos miembros de la Junta de Gobierno que sustituyó al régimen colonial en el Paraguay, Fulgencio Yegros, Pedro Juan Caballero y Fernando de la Mora, son convertidos en *Pompeyo Fulgencio, Caballero-bayardo y Fernando-en Mora* (p. 171) [8]; y el procurador en *Marco de Balde-Vino* connotando el fracaso de una misión y a la vez ebriedad (p. 169) [9]. El enviado brasileño Correia da Cámara es sometido a múltiples y sangrientas burlas, como, por ejemplo, cuando pretende a una doncella paraguaya y el Supremo le responde: «*Vea, mi estimado telépato Correia, usted comprenderá*

---

[4] Véanse FERDINAND DE SAUSSURE: *Curso de lingüística general,* Buenos Aires: Editorial Losada, 1959, y JUAN MANUEL MASCOS: *Roa Bastos, precursor del post-boom,* México: Editorial Katún, 1983.

[5] *Mariano Antonio Molas* (1780-1844). Se opuso a la nominación de Francia como dictador perpetuo. En 1828 el Supremo lo encarceló y durante sus doce años de prisión escribió la *Descripción histórica de la antigua provincia del Paraguay. Manuel Pedro de la Peña,* por su parte, fue el representante paraguayo enviado a Buenos Aires en 1842-1843 para negociar la compra de armas y provisiones con el gobierno de Juan Manuel Rosas, siendo éste uno de los primeros —y afortunados— esfuerzos por romper la política de aislamiento de Francia.

[6] *Bel-Asco.* Se refiere al hermano de María Josefa Fabiana Velasco y Yegros, madre del Dr. Francia.

[7] *Policarpo Patiño.* Secretario personal de Francia.

[8] *Fulgencio Yegros* (1780-1821). Líder de la revolución del 14 de mayo de 1811, presidente de la Junta Superior Gubernativa y, posteriormente, cónsul con Francia, fue ejecutado por orden de éste en 1821, por el delito de traición. *Pedro Juan Caballero* (1786-1821), igual que el anterior, líder de la revolución de mayo y miembro de la Junta Superior Gubernativa, fue acusado de conspirar contra Francia en 1820 y se suicidó en su celda. *Fernando de la Mora* (1785-1830). También miembro de la Junta Superior Gubernativa nombrada por el primer Congreso Nacional del Paraguay el 17 de junio de 1811, estuvo implicado en la conspiración de 1820 contra Francia y murió en prisión.

[9] *Marco de Balde-Vino.* Se refiere al Dr. Marcos Baldovinos, miembro de la conspiración de 1820, quien desapareció como prisionero en los arrestos masivos ordenados por el Supremo.

que no puedo prostituir a la República arrimándola a su cámara» (p. 255) [10]. El Supremo también juega con los nombres de escritores españoles adjudicándoselos a un escolar paraguayo: «*Alumno Juan de Mena y Mompox* (p. 433) o a un docente: «*Maestro José Gabriel Téllez*» (p. 432), de cuya combinación resulta un tercer personaje: *José Mompox,* asociado metafóricamente con la historia literaria, y que culmina en la historia real paraguaya, ya que Mompox fue el jefe de la lucha de los comuneros contra el poder hispano [11].

El Supremo no cesa de entregarse a esa llamada función lúdicra del lenguaje que atraviesa todo su discurso y produce sentidos en el texto. El dictador, a la vez que condena el lenguaje y todo lo que éste implica, se sirve de ese mismo lenguaje para decir todo lo que quiere, para producir esa condena, para mentir, y hasta para decir lo inefable; o sea, tiene derecho sobre el lenguaje. En cambio, Patiño, no lo tiene: «*¡Muérdete la lengua, truhán! Te prohíbo propasarte en sucios juegos de palabras. No trates de imitar las bufonadas letrinarias de esos culícidos*» (p. 20) —le dice el Supremo—. Pero el Secretario, que no difiere de Sancho Panza sino quizá en el hecho de conocer el alfabeto, hará caso omiso de la prohibición del Supremo, y dirá más adelante, con maliciosa marrullería creadora de malentendidos: «*Señor, si es así debimos ser dos Cónfules de la Infula, Bejarano y yo. Dos cónfules, Pompeyo y César, como lo fueron su Excelencia y el infame traidor a la Patria el ex brigadier Fulgencio Yegros, que tuvo su merecido bajo el naranjo...*» (p. 40).

---

[10] *Antonio Manoel Correia da Camara.* En 1824 fue enviado por el emperador Pedro I como cónsul del Brasil al Paraguay. Quiso regresar en 1827, pero Francia se lo impidió.

[11] En realidad, la función lúdicra del lenguaje no se detiene en este tercer personaje mixto, puesto que se trata en realidad de *José Antequera y Castro* (1690-1731), quien fue enviado a Asunción por la Audiencia de Charcas para investigar los abusos cometidos por el gobernador Diego de los Reyes Balmaceda. Comprobada la veracidad de los hechos, depuso al funcionario culpable y asumió el mando. El virrey del Perú, sin embargo, ordenó la reposición de Reyes Balmaceda; pero Antequera, respaldado por el Cabildo de Asunción, invocó la tesis de la «superioridad del pueblo sobre el rey» (la misma que había servido a los Comuneros de Castilla en su lucha contra Carlos V), se levantó en armas y derrotó a las tropas reales en 1724. Finalmente, derrotados los «comuneros paraguayos», Antequera regresó a Lima, donde se le juzgó en 1726 por el delito de lesa majestad junto a un paraguayo comunero llamado *Juan de Mena.* Ambos fueron ejecutados en 1731. Por su parte, *Fernando de Mompox y Zayas* conoció a Antequera en la prisión de Lima, de donde se fuga y se traslada a Asunción para unirse a la última etapa de la revolución comunera, proclamando con más vigor aún el principio de la «soberanía popular». Para un estudio exhaustivo de estos acontecimientos, véase VIRIATO DÍAZ-PÉREZ: *La Revolución Comunera del Paraguay,* II, Palma de Mallorca: Mosén Alcover, 1973.

Desde el famoso juego de palabras inicial *«inmolo a Molas, despeño a Peñas»* hasta el trabajo con los sustantivos propios y la resemantización de proverbios, sentencias, máximas, refranes, dichos, etc., todo concurre en el texto de Roa Bastos para producir nuevos sentidos, para fundarlo en el humor, para hacerlo sistema de valores entendido como la significancia del texto [12]. Porque ese trabajo de diferenciación, estratificación y confrontación que se practica en la lengua, deposita sobre el sujeto hablante una cadena significante, comunicativa y gramaticalmente estructurada [13].

La estrategia textual que se utiliza en este proceso de escritura es la de poner a funcionar nuevas enunciaciones que contienen, sarcásticamente, citas invertidas de fragmentos literarios de otros autores, transformaciones de frases hechas, burlas a cierta filosofía, etc. Así se construye la escritura en esta novela, con pluralidad de sentidos, con su retórica y con su política. De tal forma, que puede asegurarse que la política del texto es justamente cambiar, con humor, un sentido, un discurso sobre la historia del Paraguay. De este modo, la producción de significado en el texto se obtiene a través del trabajo de lo político sobre lo poético y viceversa, lo cual culmina en una escritura que escribe de nuevo la historia, sin que *Yo el Supremo* sea exactamente ni una novela ni un libro de historia. El texto así escrito no se confunde con la historia, sino que la atraviesa, la construye y se constituye en transhistoria. Es tanto como decir que la función del juego de palabras en todo el texto inscribe lo político en primer plano, con lo cual, dicho texto, trabaja su poética de la historia.

El Supremo la emprende contra la teología cuando dice: *«El Catecismo Patrio Reformado y la militancia ciudadana les estirparán a esos chicos cuando sean grandes el quiste catequístico»* (p. 12). Sigue estigmatizando a los conspiradores que: *«de bruces cayeron del pozo al gozo»* (p. 46); o se burla de la filosofía al establecer que: *«Del agujero del cero sale la sin-ceridad»* (p. 68). Y frente a la predicción de una muerte cercana por parte de un brujo, dice: *«Así que también, según el diagnóstico de este agnóstico salvaje, estoy con los huevos del alma todos rotos»* (p. 185). Y hasta el personajillo del pueblo es sometido a una degradación semántica en virtud del juego de palabras: *«¡Por Dios, Señor! El pedido de la viuda Hurtado de Mendoza es de justicia* —exclama Patiño—. *Y* el dictador responde: *«Si el Mendoza no es Hurtado, concédase»* (p. 191).

---

[12] Peirce señala que se puede llamar *significancia* a ese aspecto del signo que le permite entrar en el discurso y combinarse con otros signos. Véase CH. S. PEIRCE: *Collected Papers*, II, Cambridge, 1932, y JULIA KRISTEVA: *Semeiotike*, París, 1969.

[13] JULIA KRISTEVA, *Ibíd.*

A propósito del abogado Echevarría, enviado en misión a fin de ganar a los conservadores paraguayos para la causa de Buenos Aires, el Supremo dice: «*Mintió el rábulo porteño como siempre... Todo por llevarme la contraria y demorar el jaque del tratado que venía cabalgando en el humo del mate*» (p. 238) [14]. El Supremo tampoco pierde ocasión de fustigar sin piedad el mito bolivariano de la unidad latinoamericana. Refiriéndose al deán Gregorio Funes, agente y espía de Bolívar en el Plata, comenta: «*Cuando el Grimorio Fúnebre tanto instigó a Bolívar con la quimera de la invasión al Paraguay, le dije: Déjese de chanflainas, padre Grimorio*» (p. 287) [15]. Y más adelante el Supremo desmitifica al Libertador: «*De todos modos, si ha de venir su Bolívar, sepa que va a morir mucha gente, y es lástima que hombre tan principal y de muchos méritos se quede aquí a limpiarme los zapatos y ensillarme los caballos*» (ibíd.).

Texto desacralizador del discurso de la historiografía en el sentido que ella *se toma por* y *se cree ser* la ciencia-verdad. La destrucción de lo real histórico por lo imaginario de la ficción nos devuelve, por vía del trabajo de lo político, una visión historizada del Bolívar que amenazó con invadir el Paraguay: «*Déjenlo que venga, digo a los que se asustan con la bravuconada del libertador liberticida*» (pp. 322-323).

A estas alturas vale la pena dejar abierta una interrogante tan hiperbólica como la novela misma: ¿Será acaso que el propósito de Roa Bastos no sea más que el reconocimiento del carácter ficticio o fabulorio de las construcciones intelectuales, y que el historicismo de *Yo el Supremo* se funda en el reconocimiento del cariz no sustantivo de los métodos con que tratamos de entender la actividad cultural de nuestro tiempo, tal y como lo plantea Hayden White? [16]. Porque hasta el presente tenemos elementos de juicio más que suficientes para pensar que Roa, en vez de concebir la ficción desde la teoría, sigue una ruta inversa como es la de entender la teoría histórica desde la ficción.

[14] Se trata del Dr. *Vicente Anastasio Echeverría, emisario argentino* que acompañó en 1811 al general Manuel Belgrano a Asunción con el fin de establecer relaciones formales entre ambos países. El resultado fue la firma del Tratado de 12 de octubre de 1811, considerado como el primer convenio internacional del Paraguay independiente.

[15] *Gregorio Funes* (1749-1830), comúnmente llamado el Deán Funes, fue un elocuente orador y político argentino. Es autor de una interesante historia civil del Paraguay, Buenos Aires y Tucumán.

[16] HAYDEN WHITE: «The Historical Text as Literary Artifact», en *Tropics of Discourse,* Baltimore: The John Hopkins University Press, 1978, 81-100. Además, véase la introducción a *Metahistory. The Historical Imagination in Nineteenth Century Europe,* Baltimore: The John Hopkins University Press 1973, 1-42.

Veamos ahora el dominio del proverbio y su funcionamiento en el texto como organización de la significancia, como una red más del sistema del texto. Los proverbios son actos de discurso unidos inseparablemente a una situación de enunciación concreta, a través de la cual producen sentido o sentidos. La re-enunciación es la que los contextualiza, ya que los proverbios ya están ahí, en la lengua, como depósito cultural, fijo, estereotipado, clisé. Pero cuando el *YO* los re-enuncia, y, por tanto, los actualiza, éstos cobran nuevos sentidos en el discurso del sujeto en cuestión, así como en el interlocutor.

En el texto de Roa se trata de un sentido estructurado por la tensión entre política y poética. O sea, el proverbio no es tomado como enunciado culturalista, sino como transformación del sentido en el lenguaje y en el discurso, que es donde se juega todo lo que es el sujeto: ideología, posición de clase, política, etc. Proverbios por demás que tienen sentido múltiple y contradictorio al igual que el discurso en el cual están insertados, *re-enunciados* cada vez de manera diferente, anulando así la oposición no dialéctica entre lenguaje ordinario y lenguaje poético.

El discurso donde se inserta un proverbio enunciado por el Supremo es de tal violencia política que aniquila y termina por estructurar nuevos significantes. Refiriéndose, por ejemplo, a quienes él supone ser los autores del pasquín catedralicio —los españoles o sus partidarios porteños—, el Supremo le dice a Patiño que no es de él, sino de ellos mismos que se han burlado. Y antes de pronunciar su virulento proverbio, prepara un bestiario metafórico rimado. El primero da cuenta de la organización consonántica que lo funda en el plano significante: *«Cómense los comejenes»* (p. 20), dice de sus opositores. Fraseo que prepara este otro: *«Este papel no vale sus orejas»* (ibíd.), especie de asonancia invertida de *papel* con *orejas* en virtud de la cual la prosódica del fragmento funciona y produce sentido. Y cuando a continuación dice: *«Quien se cubre debajo de una hoja dos veces se moja»* (ibíd.), el proverbio se llena de expresión en cuanto a la situación discursiva en la cual los españolizantes y los porteños son analizados históricamente cara al Paraguay.

Este razonamiento también es válido para el refrán que sigue: *«Aunque se cubran bajo una selva entera de pasquines, igualmente se mojarían en sus propios orines»* (ibíd.), el cual, en relación al referente paradigmático de los opositores al Gobierno, es un procedimiento envilecedor, propio de lo grotesco y de la ya mencionada literatura carnavalesca.

Los opositores que el Supremo califica de *«miserable descendencia de aquellos usureros, comerciantes, acaparadores, tenderos»*, que dicen cagarse en la patria y en los patriotas, son justamente el blanco de ese refrán. La invectiva del Supremo es fulminante en el desencadenamiento de dicterios: «*Se cagaban en su miedo. En su mierda fueron enterrados. De aquellos estiércoles salieron estos miércoles. Anofeles tercianeros. Zumban por el trasero, que no por la trompa, como todo mosquito*» (ibíd. El subrayado es nuestro para destacar la ausencia de acento). Buen imitador, Patiño aprovecha la ocasión para lanzar su juego de palabras: «*En ese caso, Señor, buscaré con fina voluntad hasta en los papeles usados de los excusados...*» (ibíd.).

En otra ocasión, el abogado Echevarría le plantea al Supremo una pregunta embarazosa mientras atraviesan la ciudad: «*¿Esos artefactos* —se refiere a la horca— *forman parte de la recepción?*» (p. 210). «*No, doctor* —le responde el dictador—, *ese decorado sirvió para otra representación. Lo que ocurre es que en el Paraguay el tiempo es muy lento de tan apurado que anda... La suerte nace aquí cada mañana y ya está vieja al mediodía dice un viejo dicho. La única manera de impedirlo es sujetar el tiempo y volver a empezar*» (ibíd.).

En esa respuesta hay toda una teoría del proverbio y de la historia concebidos como lo que está ocurriendo en cada acción y discurso de los sujetos. El Supremo proclama que sólo existe el presente, común a todos. El pasado y el futuro son discursos sobre acciones hechas o por hacer, y no tienen sentido sino en el presente, *en y por quien enuncia y se enuncia* en tales discursos. Unas cuantas páginas más adelante añadirá con tino dialéctico: «*Nadie pierde el pasado ni el porvenir, pues a nadie pueden quitarle lo que no tiene. Razón por la cual, compadre Aurelio, estamos todos, según eso, abrochándonos siempre los botones en casa ajena y en tiempo equivocado. Apuesto mi última muela contra la pala del sepulturero a que la eternidad no existe*» (p. 247).

El Supremo tiene una curiosa teoría del amor cuyas líneas generales están expuestas en el *Cuaderno privado* al inicio de la página 299. Y trata de explicar su vida de soltero afirmando que: «*Según el proverbio latino "Stercus cuique suum benet olet", a cada cual le gusta el olor de su estercolero*»; y de inmediato se formula la siguiente pregunta, que en su caso resulta retórica: «*¿habría aguantado mi buena esposa, por sufrida que hubiera sido, las miserias de una vida conyugal?*» (p. 300). ¿Cuál es la función —nos preguntamos— del proverbio escrito en latín y de su equivalente traducido? ¿Una ética de la lengua? ¿Neutralizar la oposición entre el lenguaje poético/culto y el lenguaje ordinario? ¿Moral de la lengua del narrador, o del sujeto de la escritura? Nos inclinamos a creer que al poner la cita en latín del lado del lenguaje poético, el sujeto cree proveerse de una garantía que le daría derecho o autoridad a tratar un tema «prosaico», mientras que la traducción encuentra ya su molde en el lenguaje ordinario, del cual hay subyacentemente un rechazo por el sesgo de la moral de la lengua, que dicho sea de paso, no llega a una ética, sino que es trabajada por una ideología: la estética.

Estos son, apenas, algunos ejemplos concretos del uso re-enunciativo que atraviesa la escritura de Roa Bastos. Proverbios, máximas, refranes, etc., que a veces son sacados directamente de su fuente (Pascal, Rabelais, Descartes, Rousseau, Montesquieu o los chinos); aunque en materia de fábulas el Supremo piensa que no proceden originalmente de la Escritura, sino de las palabras de los hombres, que son anteriores a tal escritura. No obstante, se cura en salud cuando exclama: «¡*Saber, saber, saber! Aunque ya sabemos, por la Escritura, que sabiduría añade dolor*» (p. 158).

En este sentido, Roa Bastos ha ido mucho más lejos que sus cofrades del *BOOM* al producir una *escritura/imagen* que es la que va tejiendo sobre el papel las alucinaciones del tirano. Una escritura que se comenta a sí misma porque existe la voluntariedad de agotar todos los niveles del mundo narrado, acecharlos desde todos los ángulos posibles, en una perfecta síntesis de los distintos *YO/ÉL/TÚ* desde los que se narra, y de los diversos estratos de la realidad que constituyen ese mundo narrado. Y lo que consigue Roa es una novela que se niega a sí misma y a su autor por aquello de que son *apuntes* hechos por un *compilador,* y porque fundamentalmente aparece realizada por un instrumento ajeno al escritor: *LA MANO,* símbolo de la destrucción *por la palabra* del mítico dictador, a cuya crisis de legitimación, externa e interna, se ha tenido acceso a través de la novela. Porque en *Yo el Supremo* la palabra fragua al dictador y le confiere los rasgos que los otros dos estratos —el de los objetos representados y el del significado— sostienen en un juego de mutuas implicaciones.

YO EL SUPREMO ESCRITOR DE LA REPÚBLICA

ARMANDO ROMERO
University of Cincinnati

A manera de introducción que no justificación

Son éstos algunos apuntes sobre *Los apuntes*. Son la visión del escritor que hay en mí sobre el escritor que está allí, aquí. Será un mirarse a la cara y a la máscara para verse allá en los reflejos de una actitud crítica y didáctica que no nos permite el ocultamiento. Pero el texto se impone y no nos apartaremos de él.

He pensado también al ordenar estos apuntes dispersos que quizá no haya ser más sombrío y siniestro que el escritor. Sentado frente a una hoja de papel que lo desafía desde su insoportable blancura, trata con soberbia infinita tomar el puesto de hacedor y darnos en formas y sentidos la otra luz de su realidad. Pero asimismo tal vez no haya ser más diáfano y diestro que ese hombre (o mujer) empeñado singularmente en ver y comunicar, a través de los mantos de la memoria y el tiempo, el horizonte luminoso de una realidad que a todos nos pertenece. Dicotomía, dualismo: laberinto. La tragedia empieza cuando al identificarnos con uno tendemos a olvidar o desconocer al otro. Yo soy el otro, decía Rimbaud, precisamente para que no olvidáramos. Este es el dilema que no pude evitar al leer las primeras páginas de *Yo el Supremo*, ya que allí me encontré de frente a este continuo y barroco diálogo de opuestos.

Un enlatado prejuicio histórico me hacía suponer que al tratarse de una novela sobre (y de) el dictador José Gaspar Tomás Rodríguez Francia, las páginas de ella me harían visitar los dominios espeluznantes de un ser patentado por el poder y todos sus demonios. La sorpresa fue entonces sentir que iría a visitar los reinos de la luz a través de los ojos y las palabras del Maligno.

1. El diálogo de los textos

Desde un principio, la novela decreta la guerra por el dominio de las palabras que pelearán El Supremo narrador, las voces que le saltan a su garganta, la misteriosa voz del pueblo y el poder oculto (supremo) que el Compilador ejerce sobre la materia. Los textos se enfrentan, chocan, y ese estallido de confrontaciones permite el sucederse de las lecturas. Nuestro ánimo no está, pues, en establecer aquí una lectura totalizadora del libro (tarea imposible por lo demás), sino ver desde el ángulo del escritor (del lector) lo que nos concierne a los que nos sentimos afectados por este choque entre voces y escrituras.

Un texto anónimo, pegado a una pared, manuscrito con una grafía que semeja la de El Supremo, abre la novela. Ante este panfleto que viene de las profundas y cerradas canteras del odio y el resentimiento, El Supremo contesta lo que será la novela, por tanto, el texto con nombre, la obra abierta. El propósito de El Supremo será dominar con el presente de sus palabras la voz secreta, anónima, que se impone hacia el futuro; ante esa voz que declara su muerte, su desaparición de la faz de la tierra, el opondrá la voz que no perece, la eterna voz del escritor, de El Supremo escritor de la República. Pero no nos vamos a confundir. Antes de seguir adelante dejemos que el Compilador nos aclare las reglas de juego:

> el a-copiador declara, con palabras de un autor contemporáneo, que la historia encerrada en estos *Apuntes* se reduce al hecho de que la historia que en ella debió ser narrada no ha sido narrada. En consecuencia, los personajes y hechos que figuran en ellos han ganado, por fatalidad del lenguaje escrito, el derecho a una existencia ficticia y autónoma al servicio del no menos ficticio y autónomo lector. (p. 467) [1]

De tal manera que podemos abandonar o quedarnos con todos los referentes, escudriñar rostros a través de las máscaras, nombrar a los innombrados.

2. Memoria/Desmemoria

El primer enfrentamiento es con respecto a la memoria. El Supremo escritor/dictador sabe que aquellos que están en la oscuridad, a donde los ha llevado su mano benigna, no tienen con qué escribir, pero tienen memoria:

---

[1] Augusto Roa Bastos: *Yo el Supremo* (Buenos Aires: Siglo XXI, 1974). Todas las citas son de esta edición.

Puede que no dispongan de un cabo de lápiz, de un trozo de carbonilla. Pueden no tener luz ni aire. Tienen memoria. (p. 9)

Y esta memoria imborrable mortifica inmensamente al dictador. No la puede suprimir ni siquiera con los fusilamientos en el palo de naranjo. Nos plantean así estos *Apuntes* algo que debemos dilucidar. Veamos. El escritor tropieza con la vida autónoma de su instrumento, lo cual lo lleva a descubrir en la acción de la escritura las leyes de una nueva memoria, el mundo que se abre al convocar y plasmar en la página esos sonidos mágicos. Esta memoria indudablemente estará en conflicto con la memoria del pueblo, con la memoria colectiva que trabaja y sobrevive en la oscuridad. El escritor sabe, siente, que las palabras engendran los mitos, pero ¿quién es el dueño de las palabras? «Se creen dueños de sus palabras en los calabozos», dice El Supremo al referirse a esos seres anónimos, desconocidos, que su poder trata de ocultar y de vencer. Pero la duda no le impide afirmarse, de lo contrario no estaría escribiendo lo que nosotros, pecando un poco de atrevidos, llamaremos su novela, la obra en marcha cuyos fragmentos van a integrar la otra novela (la del Compilador).

La memoria hará los acontecimientos, y los acontecimientos son, quieren ser, la obra; por tanto, esta memoria que crece en la acción de las palabras es la eterna, la perpetua:

> La memoria-sentido, memoria-juicio dueña de una robusta imaginación capaz de engendrar por sí misma los acontecimientos. (p. 11)

Esto lo afirma El Supremo, pero recuerda también que «la memoria de uno solo no sirve para nada» (p. 9), y por eso se escribe, para hacer memoria colectiva. La soberbia de El Supremo escritor será imponer su memoria como LA MEMORIA, engendradora del mito que es él mismo y su pueblo. La memoria de los otros perecerá en la prisión de su analfabetismo, en el silencio de las cárceles o los calabozos, en el círculo vicioso de la ignorancia, del olvido. La desmemoria.

Imagen sombría ésta que tiene su verdad en la afirmación del Yo individual, autor supremo y único de las cosas, y este es un elemento que está en el núcleo de las contradicciones que tiene que vivir el escritor al momento en que ve salir de su pluma ese mito imperecedero. Desaparecidos los Homeros, no quedan más que esos seres extraños y contradictorios que firman las portadas de los libros, que se otorgan todos los derechos. El Supremo es eso y un poco más, y así lo dice:

Yo soy el árbitro. Puedo decidir la cosa. Fraguar los hechos.
Inventar los acontecimientos. (p. 123)

3. *El verdadero lenguaje*

El carácter biográfico/autobiográfico que Roa Bastos le confiere
a su novela al utilizar el artificio de Compilador, nos permite concluir que en lo ficticio el personaje Francia se refleja sobre sí mismo
haciéndose verdadero, lo cual nos hace dejar al referente histórico
de lado y quedarnos con la realidad del texto.

Por esto, a medida que nos deslizamos por los ríos y meandros
de esta particular visión de las cosas, uno no deja de admirar a
El Supremo por su pericia narrativa que nos permite visitar las
fronteras ardientes de su imaginación, y admirarlo también por su
exquisita sensibilidad al trato de los temas. El Supremo es, pues,
un escritor valorable en lo más alto por el grado de compromiso
que muestra con su medio y sus lectores. Consciente de los factores
que limitan la recepción de su obra, busca el alma del lector, lo
hace su cómplice, es él y el lector, pero también reflexiona constantemente sobre su instrumento: al ser moderno hace de su escritura tema de su reflexión. Sin embargo, es en la precisión y
belleza de su lenguaje donde más se destaca. El Supremo juega
con las palabras, las metaforiza, las une y engarza en nuevos significados y analogías, las parte (descompone) en busca de un sentido otro. El Supremo manda, dicta, sobre la lengua, sobre la escritura. Y es en este punto donde nos sentimos atraídos por la
endemoniada belleza de su juego verbal. Lenguaje que salta el
tiempo y los espacios, lenguaje que se abre en diálogo directo
con nuestro presente, lenguaje que viene de lo hondo de la historia.

Al proponerse Roa una arqueología del lenguaje, El Supremo
aparece ante nuestros ojos, gracias a su escritura, como nuestro
contemporáneo. Encarna nuestros dilemas. Ahora bien, lo maligno
de El Supremo no son sus víctimas en el pasado, sino las del presente, puesto que la voz que él viene a implantar, la suya y sólo la
suya, mata, oculta las otras voces, impone un silencio de catedral
gótica. Escribir —decía Goethe— es un abuso de la palabra. Y El
Supremo hace gala de este abuso. Quiebra las formas que vienen
de lo oral y se sumerje en la escritura. Su lenguaje es el de la escritura. Sin embargo, su problema, que es el de todo escritor, está
precisamente en la particularidad de su logro, en la fatalidad del
lenguaje escrito: ¿Es éste el verdadero lenguaje?

Alfonso Reyes, en uno de esos deliciosos diálogos de su juven-
tud, escribe que le decía a su maestro:

—Afirma usted que el lenguaje es cosa viva y mudable por consecuencia; que los letrados, en su anhelo de fijar las formas, matan el lenguaje; y que donde propiamente se engendra el lenguaje es entre la gente anónima del populacho. Que ésta posea la semilla viva del idioma, y que de ella, originariamente, nos viene a los hombres el don renovado de hablar.

—Sí —dijo él—. En la pronunciación vulgar descubro los movimientos del lenguaje vivo... [2].

La respuesta del maestro Reyes no resuelve el problema, sino que apenas lo plantea. Y esta inquisición eternamente cíclica, este morderse la cola, viene siempre a la mesa del escritor. Sólo la soberbia puede acallarla por un momento, pero vuelve y vuelve con su látigo castigador. Dice El Supremo:

Las formas desaparecen, las palabras quedan, para significar lo imposible. Ninguna historia puede ser contada. Mas el verdadero lenguaje no nació todavía. (p. 15)

Pero ¿el verdadero lenguaje de quién? No el del pueblo, tal vez el verdadero lenguaje del escritor, de aquel que sabe que el intento es en vano porque está solo, no tiene más que una palabra en la boca y esa palabra no es.

Qué significación [pregunta El Supremo] puede tener, en cambio, la escritura cuando por definición no tiene el mismo sentido que el habla cotidiana hablada por la gente común. (p. 219)

Inmerso en este abismo de contradicción, donde la historia, por otro lado, no puede ser contada, sino que se crea a sí misma, brota al frote de las palabras, El Supremo siente la infinita fuerza del habla vulgar, la hermosa dinámica que la alimenta, aunque hace suyo el papel estático, eternizante en su espantoso presente, de la palabra escrita hacia la literatura. Porque a pesar de que niegue y rechace toda conexión con escribidores, falsos novelistas, mentirosos y deformadores, intelectuales «alumbrados» (p. 138), El Supremo comprende que su esfuerzo va en busca de El Libro, ese cosmos donde toda palabra hace posible la verdad. YO-EL-Supremo escritor de la República no puede partir cobija con esos otros esclavos del tintero y de la pluma:

Escribir dentro del lenguaje hace imposible todo objeto, presente, ausente o futuro. Estos apuntes, estas anotaciones espasmódicas, este discurso que no discurre, este parlante-visible fijado

---

[2] ALFONSO REYES: *El cazador* (México: Texontle, 1954), p. 93.

por artificio en la pluma; mas precisamente este cristal de *aqua micans* empotrado en mi portapluma-recuerdo ofrece la redondez de un paisaje desde todos los puntos de la esfera. (p. 219)

Pero uno de los obstáculos a la culminación de esta empresa suprema es esa discrepancia entre el habla literaria y la popular, el cual le impide llegar a su verdadero lenguaje. El otro problema es que al acercarse a su verdad se descubre ser de ficción, y, como veremos más adelante, a la espera de quien lo pueda sacar de (o afirmar en) su condición de personaje, al igual que aquellos seres perdidos en el laberinto de los prólogos de «Museo de la novela de la Eterna», la obra de Macedonio Fernández.

4. *El Supremo como la misma claridad*

La consecuencia de nuestra modernidad es hacernos duales. Roa Bastos, desde el comienzo de su novela, nos deja ver que la estructura va a ser binaria, que a partir de dos elementos de choque se abrirán las puertas del laberinto de lo plural. Consciente de que hay un referente histórico que nos ubica en una dimensión precisa de la novela, coloca el anónimo en la puerta de la catedral como el destello inicial de una luz liberadora. La máscara llega, por vía de nuestra parcialidad, a ser lo positivo. Por contraste, El Supremo será en toda la novela lo transparente, ya que, como bien lo dice Policarpo Patiño, su amanuense, «El Supremo es más claro que la misma claridad» (p. 41).

La transparencia como valor de lo negativo es una categoría de la verdad romántica. Pero si seguimos este juego de contrastes de máscara y transparencia sacados a la luz por el viejo brujo de La Habana, José Lezama Lima, nos encontraremos con la lógica barroca que determina que los valores son intercambiables, que dependen de nuestra situación en el espacio y en el tiempo.

De El Supremo lo sabemos todo. Ese ser sombrío y siniestro nos dejará conocer los intrincados precipicios de su alma; de los otros no veremos sino las máscaras que lleva el mismo Patiño y todos los que rodean a El Supremo. Es interesante hacer notar aquí que el panfleto anónimo es una parodia de la escritura, la grafía, de El Supremo; es decir, es un reflejo deformado. El Supremo sabe que no se parece a eso, pero que es eso. Juego de espejos del lenguaje que nos advierte a través de las imágenes que no todo será fácil en la novela. El Supremo conoce todo esto:

> Yo, aquí, hecho un espectro. Entre lo negro y lo blanco. Entre el gris y la nada, viéndome doble en el embudo del espejo. (p. 102)

Bien sabemos que al momento que encaramos lo divisible estamos en el laberinto, de allí la complejidad e invitante belleza de estos *Apuntes*.

5. *El poder de ser dos*

Sin embargo, si en la cúspide del poder estamos solos, como bien lo ha señalado García Márquez, ¿por qué ese vértigo divisorio en El Supremo? Una lectura antropológica y referencial histórica nos diría que Francia era un mulato, un «mestizo de dos almas» (p. 449), aunque como consecuencia lógica de su situación, él tratara de ocultarlo. Deliciosas conclusiones podríamos sacar por este camino. Pero una lectura más apegada a nuestro objetivo nos diría que El Supremo es el punto de partida de líneas confluyentes y divergentes. El Supremo de Roa Bastos no será entonces El Patriarca de García Márquez. El Supremo es el rostro de lo mismo y de lo otro, El Patriarca es sólo el rostro de lo mismo. Por eso, El Supremo se ve a sí mismo y dice: «El único Doble es El Supremo» (p. 57).

Veamos esto. En primer lugar está su alter-ego negativo, Policarpo Patiño, el que lo representa en los mundos fantasmales de su casi no-existencia. Este amanuense es únicamente un apéndice que El Supremo conduce, es una mano que emprende el camino trazado de antemano. Patiño existe sólo para que El Supremo escriba su obra. Es también su proyección, el otro lado del escritor, el que sale a ver las cosas, a recibir la influencia directa, pero que no podrá reflexionar nunca sobre sí mismo:

> Mientras escribo lo que dicta [dice Patiño] no puedo agarrar el sentido de las palabras. (p. 41)

Patiño es lo mecánico. Pero, además de Patiño, que juega su papel hacia lo exterior, está ÉL, el que confirma la otridad. ¿Quién es ÉL? Yo me arriesgo a decir que ÉL es el que habita dentro del escritor, el inmutable, el que dicta al dictador:

> Difícil ser constantemente el mismo hombre ¿Lo mismo no es siempre lo mismo. YO no soy siempre YO? El único que no cambia es ÉL. Se sostiene en lo invariable. Está ahí en el estado de los seres superlunares. Si cierro los ojos, continúo viéndolo repetido al infinito en los anillos del espejo cóncavo. (...) Si a veces ÉL me mira sucede entonces que mi cama se levanta y boga al capricho de los remolinos, y YO acostado en ella viéndolo todo desde muy alto o desde muy bajo, hasta que todo desaparece en el punto, en el lugar de la ausencia. Sólo ÉL permanece sin perder un ápice de su forma, de su dimensión... (p. 52)

Y más adelante, haciendo gala de su afán de clarificar, de su rol de hombre de vidrio, nos dará de lleno la clave:

> El YO sólo se manifiesta a través del ÉL. YO no me hablo a mí. Me escucho a través de ÉL. (p. 65)

No obstante, esta convivencia no se hace fácil para el YO que se exterioriza. Una necesidad de afirmación lo lleva a veces al delirio y un miedo a su eterna vigilancia, la que no le permite ser sólo YO, lo atenaza:

> En diecisiete minutos entrará ÉL por esta puerta. Entonces ya no podré seguir escribiendo a escondidas. (p. 99)

Pero a fin de cuentas, sabedor de que ÉL es el que maneja los cables más sensibles, no le queda más remedio que exclamar: «Yo es ÉL, definitivamente» (p. 450).

6. *La maraña de las voces y El Semejante*

El *Cuaderno privado* es una introspección, un verse sin las mortificaciones de la historia, pero la *Circular perpetua* es la historia, lo que pugna por ser narrado y las disquisiciones de su factura. En la *Circular perpetua* está la dictadura del dictar perpetuo. Con *Letra desconocida* aparece una voz que se hace conciencia, pero la voz tutorial trae el horror del pasado o la voz de Sultán, el perro, que viene a dar caninamente el abismo de lo acaecido.

A El Supremo escritor todas las voces lo empujan en la dirección prevista: Patiño, Bompland, etc., se confabulan de una manera u otra para venir al diálogo, a la tertulia fantasmal a que los ha convidado El Supremo. Ellos están dentro de los escogidos para ser silenciados. El Supremo probará con la minuciosidad de sus palabras supremas el avasallante poder de su voz suprema. El Compilador, cómplice, le trae la voz de la historia para afirmarlo, para darle esa verdad imprecisa y científica que lo proyecta desde nuestro presente a su pasado real.

Pero la del Compilador es la única voz que a él se le escapa escurriéndose en los paréntesis y las bastardillas, a pesar de que El Supremo tiene conciencia del venir y estar de esta presencia. Sabe que será un hermano en la condena del oficio. Lo tienta: «¿No crees que de mí se podría hacer una historia fabulosa?» (p. 35), preguntando esto veladamente a Patiño para luego sentenciar:

> Si a toda costa se quiere hablar de alguien no sólo tiene uno que ponerse en su lugar: Tiene que *ser* ese alguien. Únicamente el semejante puede escribir sobre el semejante. (p. 35)

Entonces, ¿quién escribe?, ¿quién dicta? El Semejante. ¿Y quién es El Semejante? El ÉL del YO. ¿Y el Compilador? El Compilador pone sus distancias, trabaja artesanalmente sus máscaras, da gracias al fuego que le permite esconderse en el humo de los manuscritos quemados. Pero el Compilador no oculta su arma secreta: Él es el único que puede convertir a El Supremo en lo que él sabe que es: «El Supremo personaje» (p. 345), es el único que puede despojarlo de la maldición de los referentes históricos al hacerlo ficción. Por tanto, cuando el Compilador juega su última carta descubrimos que él es El Semejante, el que tiene el poder absoluto de llevarse a El Supremo a donde quiera, hasta los reinos de lo fantástico. Él puede liberarlo del peso muerto de su nombre y hacerlo otro a partir de lo mismo. Pero en esto el Compilador es Supremo, El Supremo Semejante escritor de la República, y eso es algo que El Supremo escritor de la República, desde el fondo de su existencia encerrada en las mismas palabras que ÉL ha tratado de ordenar, no le puede perdonar:

> El que se ahoga ahora soy yo. ¿Quién me sacará con la punta de su pluma? Sin duda, algún rastrero hideputa cacalibris, a quien desde ahora maldigo. (p. 344)

Los niveles se proyectan sobre sí mismos. El Supremo, el Compilador, Roa Bastos. ¿A quién maldice El Supremo? Maldice, repetimos, al Supremo escritor que cree que ha llegado a la verdadera imagen perdido en el mundo de los espejos, al Supremo escritor que es la suma de los tres, de los cuatro… porque el ficticio lector, esa parte que nos toca a nosotros, hará también todo lo posible por sacarlo, si no con la punta de la pluma al menos con la flecha de los ojos.

APUNTES SOBRE LA «COMPILACIÓN» EN *YO EL SUPREMO*

JORGE LUIS CRUZ
Universidad de Puerto Rico

> Las obras literarias no están fuera de las culturas, sino que las coronan, y en la medida en que estas culturas son invenciones seculares y multitudinarias, hacen las obras de innumerables hombres. Un compilador, hubiera dicho Roa Bastos. El genial tejedor, en el vasto taller histórico de la sociedad americana [1].

A) *Introducción*

Corresponde a Augusto Roa Bastos representar las letras paraguayas con mayor prestigio en el panorama actual de la narrativa latinoamericana, pese al poco conocimiento que se tiene de aquéllas. *Yo el Supremo* constituye un momento de elevación dentro de su práctica escritural. Desde su publicación en 1974, su magnitud y alcance se analoga a textos de una riqueza cultural como *Paradiso,* de Lezama Lima; *Rayuela,* de Cortázar; *El Siglo de las luces,* de Carpentier, entre otros.

Uno de los aspectos reveladores del arte roabastosiano en *Yo el Supremo* será ajustar sus contenidos semánticos dentro de un complejo campo formal donde inciden mutuamente dos discursos intelectuales: Historia y Literatura. La novela se construye a base de una diversidad de textos que se miran y relacionan entre sí. Se escudriña y enjuicia la extraña personalidad del dictador ilustrado Dr. José Gaspar Rodríguez de Francia, el Supremo, desde fines del siglo XVIII hasta los albores nacionales del Paraguay independiente del siglo XIX. Se rehistoria la tragedia paraguaya a partir de los diversos cuestionamientos que levanta el «Balance de cuentas» del Supremo (vía escritura-lectura de sus textos) desde la vertiginosa perspectiva de su poder absoluto. Su discurso se encuentra como afirmación, negación o transformación con el texto del compilador que asume la autoría de la novela o con cada uno de esos rostros que asoman por entre la mirada intertextual de la extensa inves-

---

[1] ANGEL RAMA: *Transculturación narrativa en América Latina* (México: Siglo XXI Editores, 1982), p. 19.

tigación historiográfica que contiene. Si bien se corroboran los referentes históricos e historiográficos, las técnicas y materiales de ficción invocan una realidad de corte imaginativo, donde la facticidad del relato queda interferida. En su recurrente interés por reavivar unas fuentes atrofiadas, por desempolvar y reconquistarlas supone someterse a un acuciante autocuestionamiento. Nos dice Roa Bastos:

> En esta crisis de conciencia con la literatura, en sus relaciones con nuestra realidad social, vivió el compilador más de diez años sin escribir una línea. Conjurada en cierto modo la Nausea, se dedicó a compilar el tedioso texto «escriptural» de *Yo el Supremo* —artesanía de escritura y de cripta— en una tentativa autocrítica sobre el poder de la escritura como mito ideologizado de la escritura del Poder Absoluto. Comprobó, una vez más, con las palabras de Roussel que se citan más arriba, verificó melancólica decepción que fácil es embaucarse a sí mismo con la palabra escrita [2].

Desde sus primeros relatos en *El trueno entre las hojas* hasta *Yo el Supremo,* la práctica de la escritura y el papel del escritor se observan desde adentro, como problemáticas a hurgar. Se instaura un juego recíproco de revelaciones y encubrimientos que tiene como cauce material un texto que se autopresenta como una compilación. La voz se ha convertido en escritura grabada en y con la materia histórica.

B) *La compilación*

> ¿Qué le parecen las páginas del Libro en el Paraguay? Aquí tengo que profundizar, Excelencia. Hurgar capa tras capa hasta lo más hondo, leer de derecha a izquierda, del revés, del derecho, hacia arriba, hacia abajo [3].

Las palabras del epígrafe pertenecen a una de las secuencias narrativas donde el Supremo conversa con el naturalista francés Amadeo Bonplad. En este diálogo, de ecos borgianos y mallarmeanos, se destaca la humanidad como un «Gran Libro» donde los reinos de la naturaleza «en cada una de sus páginas, cada especie, antes de desaparecer ha dejado su huella, su recuerdo». En esta idea totalizante de un libro espiritual, «el hombre mismo, el último venido, ha dejado las huellas de su antigua existencia» (p. 284).

---

[2] Augusto Roa Bastos: «Aventuras y desventuras de un compilador», en *Inti,* Revista de Literatura Hispánica, No. 9 (primavera 1979), p. 4.

[3] Augusto Roa Bastos: *Yo el Supremo* (Buenos Aires: Siglo XXI Editores, 1976), p. 284. Todas las referencias de la novela corresponderán a esta edición y se indicará la página al pie de la cita.

La secuencia de apertura de *Yo el Supremo* se acerca al pasquín catedralicio como imagen textual en sus varias determinaciones [4]. Se espejea contra la propia novela para establecer sus diferentes niveles y modos heterogéneos de significación y ordenación. Del pasquín nos desplazamos al concepto del libro que fija, dándole permanencia espacial y temporal a las imágenes de la realidad.

> Después vendrán los que escribirán pasquines más voluminosos. Los llamarán Libros de Historia, novelas, relaciones de hechos imaginarios adobados al gusto del momento o de sus intereses. Profetas del pasado, contarán en ellos sus inventadas patrañas, la historia de lo que no ha pasado. Lo que no sería del todo malo si su imaginación fuese pasablemente buena. Historiadores y novelistas encuadernarán sus embustes y los venderán a muy buen precio. A ellos no les interesa contar los hechos, sino contar que los cuentan. (p. 38)

Continúan recurrentemente las sospechas a todo producto escritural que, colocado en el referente histórico, postula una verdad. Paradójicamente, la escritura se convierte en un espacio cerrado en la base real de su circunstancia, pero, al mismo tiempo, descubre la palabra abierta en su multiplicidad de sentidos. Las páginas del libro del Paraguay sólo muestran capas de polvo, adherencias o espacios vacíos que, como elementos superestructurales, imposibiliten la visión solar, el centro de energía. Continúa ese diálogo de muertos con un marcado tono alegórico entre el Supremo y Amadeo Bonpland:

> ¿Qué ve usted en esas páginas? A las cansadas su voz: Poca cosa, Grand Seigneur. Mucho polvo en este salmigondis. Remolinos de polvos. Desiertos enteros diez veces más grandes que el Sahara arrancados de cuajo ocupan el sitio de las nubes. Galaxias de arena ocultan el cielo, tapan el sol. ¡Esto pesa, esto pesa! Sobre las dunas millares, millares y millares de chuzas galopan cada una con un hombre degollado en ristre entre el simún de los relinchos. Hay que esperar que baje todo esto, que se aquiete, que se aclare un poco, para que se pueda volver a leer. (p. 289)

---

[4] La conciencia textual se establece desde el pasquín que abre la novela, además de iniciarnos en la aventura histórica que le sirve de línea argumental. Roa Bastos nos expondrá a los procedimientos y circunstancias que participan en la función productora de la escritura. Su elaboración teórica proviene, a raíz del pasquín, del mandato que el Supremo da a su secretario Patiño con una especie de «lección de escritura». Esa secuencia narrativa aparece con ese título en la *Antología personal*, de ROA BASTOS, publicada en 1980 por la Editorial Nueva Imagen en México. Atraviesa la novela como uno de los motivos medulares.

La lectura de ese libro simbólico y espiritual donde los personajes leen las páginas sobre el Paraguay tiene desde la novela misma (la compilación) una variante más concreta de la realidad textual. Al nivel del enunciado, la novela abre con el procesamiento textual del pasquín. En la «nota final» del compilador y en el «Apéndice» parece que la compilación nos muestra el proceso de enunciación[5]. Se abrió con una imagen de texto (pasquín) que se conecta con la que se ofrece al final (compilación).

La compilación nos ubica en la perspectiva de un narrador situado en el Paraguay del siglo xx. El producto de su trabajo se insinúa en el Apéndice como una contrarrespuesta a esa «circular oficial» del «31 de enero de 1961», donde se «convocó a los historiadores nacionales a un cónclave con el fin de iniciar las gestiones tendentes a recuperar los restos mortales del Supremo Dictador y restituir al patrimonio nacional esas sagradas reliquias» (p. 457). La convocatoria desencadenó «una diminuta guerra civil» entre «especialistas, cronistas y folletinistas de la historia paraguaya» (p. 457). Se mantendrá el cuestionamiento y movilidad que instauró el pasquín. Sólo que, como espacio mayor, hace de su textura cultura e historia al mismo tiempo[6].

De primera instancia, la compilación que leemos es el espacio físico donde ocurre el «enfrentamiento papelario» que suscitó la convocatoria del gobierno. Sin embargo, en ese enfrentamiento subyace el rescate de la memoria histórica a través del examen de una de las manifestaciones más socialmente condicionadas: la histogra-

---

[5] Define Todorov la enunciación como la ubicación del «enunciado en una situación que presenta elementos no verbales: el emisor, quien habla o escribe; el receptor, quien percibe; finalmente, el contexto en el cual esta articulación tiene lugar. «Tzvetan Todorov, "Poética"», en OSWALD DUCROT et al.: ¿Qué es el estructuralismo? (Buenos Aires: Editorial Losada, S. A., 1971), p. 112.

[6] «Man speaks, but a text says. A text is not just a book or an engraved stone or a coded document of some sort. A text has more than just a body. On the other hand it is also a body, it is more than just improvisation; it does not consist merely of reading from a blank page nor of an arbitrary interpretation according to one's private whim. There is no text without a material being a carrier of the text, a substance. But neither is there a text without an intelligent or spiritual being who reacts to and reads the document. A non-saving text is not a text. An undeciphered script or an untranslated document is not a text for those who cannot read or understand it. A text is text only insofar as this inner relation between the document and the reader is maintained. A text is culture and history in a very special way. Only man is a speaking being, but a text is also a saying reality. A text is not just an artifact, a tool, a dead product of man's spirit. The text-in this integral sense I am taking it-is a real embodiment of man's spirit: it transcends human individuality without ceasing to be human. A text says just as a man speaks.» En RAIMUNDO PANIKKAR: «The texture of a Text», en Point of Contact, 5 (April-May 1978), p. 58.

fía sobre el Paraguay. A las voces del Supremo y del compilador se integran un sinnúmero de otras voces de pertinencia histórica como las de José Antonio Vázquez, Julio César Chaves, Thomas Carlyle, los hermanos Robertson y otros. Son voces disímiles, heterogéneas en sus tiempos y espacios vitales; pero tienen como denominador común el ser inscripciones textuales e históricas en la configuración de ese Paraguay que, desde una perspectiva particularmente simbólica, observan el Supremo y Amadeo Bonpland. Le recuerda el protagonista a su secretario Patiño el lado ético del confrontamiento textual como producción con un conocimiento histórico:

> Estos documentos, aun los más insignificantes a tu desprecio, tienen su importancia. Son sagrados, puesto que ellos registran circunstanciadamente el nacimiento de la patria, la formación de la república. Sus muchas vicisitudes. Sus victorias. Sus fracasos. Sus hijos beneméritos. Sus traidores. Su invencible voluntad de vivir. (p. 29)

Tal vez, apunta con acierto Ángel Rama, sin esa documentación no habría sido posible la creación de *Yo el Supremo*[7]. Esta técnica de rebuscar y desentrañar testimonios tuvo antecedentes en relatos como «Borrador de un informe» y «El Pájaro Mosca», del libro *El baldío,* así como en la novela *Hijo de hombre*. Sólo que ahora se extraen del mundo real como previa condición al proceso transformativo que operan dentro del espacio narrativo de *Yo el Supremo*. Intervienen como marcos de referencia cuyos modelos escriturales se van manifestando en la compilación como armas culturales e ideológicas que oscilan entre la construcción y destrucción de significados. Diríase, con Francoise Gaillard, que:

> Meaning comes forth only at the price of an artifice in writing[8].

Será la «nota final» del compilador la que fundamentalmente caracteriza la compilación como una imagen y objeto textual. Por la naturaleza polivocálica de su montaje, el compilador decide recortar las circunstancias de su enunciación en el «Apéndice» e indicar su nivel explicativo en esa nota final. Ésa se inicia así:

> Esta compilación ha sido entresacada —más honrado sería decir sonsacada— de unos veintemil legajos, éditos e inéditos; de otros tantos volúmenes, folletos, periódicos, correspondencias, y

---

[7] ÁNGEL RAMA: *Los dictadores latinoamericanos* (México: Fondo de Cultura Económica, 1976), p. 29.
[8] «An Unspeakable [Hi]story», en *Rethinking History, Time, Myth and Writing. Yale French Studies,* No. 59 (1980), p. 149.

toda suerte de testimonios ocultados, consultados, espigados, espiados en bibliotecas y archivos privados y oficiales. (p. 467)

Estamos más allá de una forma vacía o mero espacio físico para el «enfrentamiento papelario»[9]. Convendría atender a esa aclaración inicial de la nota final por la que se cuela el compilador como sujeto cognoscente. Cuando se «entresaca» se participa de una tarea organizadora de entre la espesura del material estudiado. Por otra parte, cuando se «sonsaca» se «procura con maña que diga una persona lo que sabe»[10]. Situados dentro de la focalización del compilador, estamos frente a una lectura de la historiografía que supone también la reorganización de sus signos textuales.

El compilador no sólo lee, sino que interpreta[11]. La discusión y reelaboración de la Historia y su escritura se dan a través de una especie de poética de la repetición, procedimiento por el que se acerca a los documentos. La repetición genera cambio, desenmascara, anula o recontextualiza[12].

---

[9] Recordamos las palabras de Francoise Perus en su excelente ensayo «La crítica contra la historia (Acerca del proceso de la narrativa latinoamericana)», p. 43.

«Ahora bien, así como no existen formas vacías ni significantes libres, las representaciones ideológicas no preexisten a sus soportes materiales, existen necesariamente en ellos. Por lo mismo, la escritura consiste finalmente en un trabajo específico sobre un material de representación en un sentido determinado de las relaciones existentes entre las representaciones y sus soportes lingüísticos y formales. Consiste, pues, no en un simple trabajo sobre el significante, sino en un complejo trabajo sobre el signo en cuanto éste se define precisamente como una relación entre significante y significado.» (*Arte, Sociedad, Ideología,* No. 6, abril-mayo 1978, p. 43)

[10] *Pequeño Larousse Ilustrado,* 4.ª ed. (París: Editorial Larousse, 1968), p. 956.

[11] Nos dice PANIKKAR, en *The texture of the Text,* p. 61, que:

We made the distinction earlier, between reading & interpreting: we read a document, we interpret a text. We read what is written down; we interpret by converting the given «text» into a texture in which we are involved. This process of understanding is formed by the inextricable interaction between the document and the context. We read a text only when we «coread» the context so as to form our texture. This «co-reading» or rather «lecturing in the senses of "selecting"» is where the entire art of interpretation lies.

[12] En varias ocasiones se menciona el poder transformativa de la repetición:

«Aplico a estos apuntes la estrategia de la repetición. Ya me tengo dicho: lo que prolijamente se repite es lo único que se anula.» (p. 68)
«El mecanismo del lenguaje tiene por fundamento la repetición, y por las repeticiones que generan los cambios del lenguaje.»

Ya habrá advertido el lector que, al revés de los textos usuales, éste ha sido leído primero y escrito después. En lugar de decir y escribir cosa nueva no ha hecho más que copiar fielmente lo ya dicho y compuesto por otros. No hay, pues, en la compilación una sola página, una sola frase, una sola palabra desde el título hasta esta nota final que no haya sido escrita de manera. (p. 467)

Nos dice Óscar Tacca, al estudiar la técnica de la compilación, la transcripción y la edición en la novela moderna, que con ellos se pretende «desliteraturizar la obra suponiéndola documento o testimonio fingiéndola sin autor, viéndola como pura existencia a la que por cuenta y riesgos, unos lectores vienen a dotar después de esencia literaria» [13]. Vueltos sobre estas palabras de Tacca nos parece que lo interesante de *Yo el Supremo,* como compilación, consiste en literaturizar el documento historiográfico. Tendrá que examinar los documentos desde adentro, es decir, sonsacándolos, permitir que hablen por sí mismos desde distintas modalidades [14].

El compilador escarba las fuentes documentales y se vale de un montaje textual que comparte con el historiador. Sin embargo, el compilador de *Yo el Supremo* sondea los documentos desde una perspectiva contextual diferente de la del historiador. Para atrapar el discurso historiográfico como un discurso institucionalizado y regulado por diversos factores que también se aplican al pasquín catedralicio, se sitúa explícitamente al nivel de la ficción como vehículo de disolución y/o aleación:

... el acopiador declara con palabras de un autor contemporáneo que la historia encerrada en estos apuntes se reduce al hecho de que la historia que en ella debió ser narrada no ha sido narrada. En consecuencia, los personajes y hechos que figuran en ellos han ganado, por fatalidad del lenguaje escrito, el derecho a una existencia ficticia y autónoma al servicio del no menos ficticio y autónomo lector. (p. 467)

---

[13] ÓSCAR TACCA: *Las voces de la novela* (Madrid: Editorial Gredos, S. A., 1973), p. 37.

[14] De este modo entran como notaciones externas textos como el de Carlyle, los hermanos Robetson, José Antonio Vázquez y otros. Cada uno tiene sus particulares funciones. Así, por ejemplo, el texto de José Antonio Vázquez participa de este juego discursivo. Entra como una cita prospectiva del Supremo que alude a un texto publicado en 1961 (*El Doctor Francia. Visto y oído por sus contemporáneos,* Asunción: Editorial Paraguariae). Se trata de una biografía compilada a base de testimonios. Como el compilador de la novela aduce una distancia de la materia en cuestión, aborda la crítica al lenguaje y su nivel polémico se desprende del montaje compilatorio al reordenar documentos fragmentados.

El discurso historiográfico se desenmascara como una actividad sujeta a los mecanismos de la ficción por virtud de la escritura. Paradójicamente, será la literatura la que provee el cuestionamiento crítico de la escritura histórica y el modo de trascenderla. Dirá el propio Roa Bastos:

> El desdibujamiento de una línea cronológica en la narración, la abolición de las fronteras de tiempo y espacio fueron los procedimientos que se me impusieron como los más eficaces para no encerrarla en los marcos de una época histórica determinada y transcenderla más vale hacia una significación que pudiera llegar hasta el presente del lector [15].

La compilación prevalece como imagen y objeto textual concreto en contrapunto a aquel libro espiritual que, al revés y al derecho, leen el Supremo y el naturalista Amadeo Bonpland. Su propia textura revela ese doble juego de encubrimientos y revelaciones que caracteriza a la novela. Se escenifica el diálogo de los textos. Y en esa pluralidad de egos se le da paso a la noción de compilador descartándose la de autor como único propietario y signatario del texto. Desde la lectura se reescribe mucha de la imaginería histórica que, en efecto, manejan los documentos [16]. No obstante, se focalizan desde la perspectiva colectiva que al repetirlos o plagiarlos ficcionalmente busca anularlos, reencontrar esos «módulos perdidos» y las «conexiones esenciales» con que también se definen los propósitos de la generación a la que pertenece Roa Bastos en esa «literatura sin pasado del Paraguay» [17].

---

[15] Entrevista de Beatriz Rodríguez-Alcalá en «Comentarios sobre *Yo el Supremo*», en Rubén Barreiro Saguier: «Trayectoria narrativa de Augusto Roa Bastos», en *Texto Crítico,* No. 4 (1976), p. 45.

[16] Cuando se revisan los textos historiográficos que entran en el juego imaginativo de *Yo el Supremo* se entiende su formalización como «repetición» de parte del compilador. De aquellos se extrae el material informativo que permite la inscripción de escenas (sus relaciones con el padre, la peculiaridad de su adolescencia en el colegio; el destaque del hombre político), la configuración de una sicología del Dr. Francia (gusto por la astronomía; la relación de sus humores con el estado del tiempo; sus lecturas preferidas, pasión por el poder, su soledad), o la inserción de objetos de museo que conservan la memoria del Supremo (aerolito, sus textos, sus vestidos), su visión de política exterior.

[17] Nos dice Roa Bastos, en «La poesía de Josefina Plá», en *Alcor* (marzo 1964), p. 2:

> En esta «literatura sin pasado» —como la define Josefina Plá en un memorable ensayo sobre la cultura paraguaya de nuestro siglo— había que reencontrar los módulos perdidos y restablecer las conexiones esenciales excavando en la espesa capa de convencionalismo, de falsedades, de tabúes, de la tierra muerta, en fin que se había acumulado sobre sus manantiales. Y esto sólo se podía lograr mediante un lento, arduo, tenaz empeño en reajustar el ritmo casi dete-

Lo cierto es que en las letras más parecidas, en los puntos aparentemente más redondos, existe siempre alguna diferencia que permite compararlos, comprobar esa cosa nueva que aparece en el follaje de las semejanzas. (p. 69)

En esas idas y vueltas, continuas y repetitivas donde se mueven los textos, en particular en ese discurso mayor del Supremo, nos movemos con premeditación en la ambigua frontera del referente histórico y el ejercicio de la imaginación. Ha señalado, en cierta ocasión, el propio Roa Bastos que «en la obra de ficción, los hechos históricos, el escenario mismo de la historia constituyen el marco de una nueva realidad: la realidad imaginaria. Y esta realidad cristaliza o, mejor dicho, se dinamiza y vivifica en símbolos y en mitos que reflejan otra historia no necesariamente igual o parecida a la que nos repite la historiografía documental» [18].

La raíz latina de compilar *(compilare)* significa «plagiar» o «despojar» [19]. En el ejercicio compilatorio, el registro de los acontecimientos, como línea argumental o textual, se logra a través de citas directas e indirectas, glosas, notas y comentarios al calce buscando otro nivel de coherencia para esa realidad fragmentada. Aunque un poco extensas, convendría citar a Roa Bastos en un juicio autocrítico sobre ese compilador con respecto a esos materiales que, al fragmentar la realidad, la despojan de su sustancia.

Lo hace a sabiendas de que no «crea», de que no saca algo de la nada. Trabaja las materias últimas de lo que ya está dado, hecho, escrito. Éstas son sus materias primas. Compone una nueva realidad con los desechos de la realidad. Pero, por supuesto, este artesano es un señor exigente, armado de paciencia, de la tenacidad de un insecto recolector, de una selectividad insobornable. Sabe tomar lo bueno donde lo encuentra, y lo mejor se le da por añadidura. Manipula materias primeras, segundas y terceras, en busca, él también, de la cuarta dimensión: ese viejo sueño que es más vale un insomnio perpetuo e incurable. Es en el roce eléctrico del olvido y la memoria donde se puede encontrar tal vez ese resplandor furtivo: el rayo de luz que, según Kafka y otros visionarios, alguien ve de pronto donde estuvo siempre, pero donde nadie lo había visto antes. El compilador se oculta y actúa porque sabe que, paradojalmente, la verdad no

nido de esa literatura al ritmo del desarrollo de la literatura en América, sacándola de su marasmo, reavivando sus atrofiadas fuentes de creación.

[18] Entrevista de RAQUEL CHÁVEZ, en *Diálogo,* Asunción, 5 de junio de 1974. Citado en RUBÉN SAGUIER: *Trayectoria narrativa de Augusto Roa Bastos,* p. 44.
[19] *Enciclopedia Universal Ilustrada,* tomo 14 (España: Editorial Espasa-Calpe, S. A., 1978), p. 798.

puede ser revelada sino ocultándola y que lo importante es que la palabra no busque tanto reflejar lo real como que la palabra misma sea real [20].

La compilación provoca un complicado choque intertextual, donde ella misma ha quedado implicada. En este espacio polivocálico, irónicamente, adquiere su dimensión documentalista. Al colocarnos frente a la mirada intertextual de los documentos resuena su denuncia no sólo como fuentes historiográficas que permiten nuestra percepción del hilo argumental, sino como las marcas de unos lenguajes que a nombre de la verdad de los hechos han forjado su propia ficción. Por ello, el recurso compilatorio propicia la ambigüedad genérica de *Yo el Supremo*. Consigna elementos escriturales que proceden desde los de una antigua tradición en Hispanoamérica hasta aquellos que en el siglo xx se han mostrado como novedosos, pero que en el lenguaje sentencioso del Supremo son simples prolongaciones de los primeros o «viejos trucos de la retórica que ahora vuelven a usarse como si fueran nuevos».

Este espectro de tonalidades dirige su mirada crítica a la «lápida termidoriana de la historiografía liberal» [21]. Tiene su cuerpo verbal en la compilación que mide, observa y cuestiona su(s) objeto(s) con relación a los problemas técnicos y del lenguaje, así como vinculados a la movilidad histórica. No nos extraña que al nivel de la poética de la repetición resuenan los ecos de esos documentos historiográficos cuya intervención hace que nuestra lectura oscile entre lo histórico y lo imaginario [22]. Desde la perspectiva de su auténtico productor (Roa Bastos), el «proyecto novelesco fue escribir precisamente una contra historia; al menos una réplica subversiva de la historiografía oficial» [23].

Es entonces cuando en ese laberinto subterráneo que parece sugerir la escritura en las resonancias de ultratumba del texto, en las reverberaciones sombrías y funerarias del intertexto, comienza

---

[20] AUGUSTO ROA BASTOS: *Aventuras y desventuras de un compilador,* p. 2.

[21] Entrevista con Alain Sicard: «Augusto Roa Bastos sobre *Yo el Supremo*», en *Inti, Revista de Literatura Hispánica,* No. 9 (primavera 1979), p. 12.

[22] La referencia al *Ensayo histórico sobre la revolución del Paraguay y el gobierno dictatorial del Dr. Francia,* de los británicos RENGGER y LONGCHAMPS, ocupa un lugar considerablemente extenso en la novela. Constituye un modelo de la literatura de viajes que, aunque cotizados como productos historiográficos, se hacen eco del manejo retórico de técnicas ficcionales de representación características de la literatura decimonónica. Para un análisis de este tipo de literatura, véase JEAN FRANCO: «Un viaje poco romántico: viajeros británicos hacia Sudamérica», en *Escritura* (enero-junio 1974), pp. 129-142.

[23] Entrevista con Alain Sicard, p. 10.

el sordo tumulto de la demolición de este espectro recubierto por el halo rojo del Poder Absoluto. Aquí tal vez habría que buscar el origen de esa profusión de piedras, de fragmentos volcánicos de la explosión, sembrados a todo lo largo de la novela [24].

Aunque la experiencia histórico-social que representa el Supremo tiñe toda la temporalidad fáctica e imaginaria de la compilación, dirá Augusto Roa Bastos que su personaje central es el compilador que confiesa la historia de un parricidio a través de ese «personaje que para el pueblo paraguayo es su padre» [25]. Construye su trabajo «a partir del supuesto de que la historia escrita, es decir, la historiografía es una de las formas más burdas y bastardas de ficción» [26]. Quizá por ello, el parricidio tiene como una de sus expresiones el desenmascaramiento de los distintos modos discursivos que asientan la figura del Supremo. La compilación los maneja colocándose en el terreno de estas situaciones comunicativas como paso previo a la denuncia y a la demolición de ese «espectro». Diríase que el compilador busca atravesar ese «ojo insomne y tenaz», «sombra del Karaí Guasú» que igualmente atormentaba al personaje central, Miguel Vera, de *Hijo de hombre* (1959). Recordemos que es el Supremo el que funda el universo ficcional y denotativo de la novela por el que asoma el compilador desde el juego retórico que hemos esbozado.

C) *Conclusión*

En resumen, diríase que la compilación que leemos se recorta como identidad y diferencia del lenguaje y modelos historiográficos que maneja. Accedemos a su análisis textológico por extensión del nivel sistemático con que se estudia el pasquín en «la lección de escritura». Ante la imposibilidad de restaurar la materialidad de los sujetos históricos que descansan en esos archivos difusos, oscuros, recurre al juego intertextual que los desenmascara y donde se espejea su propia problemática. Revitalizando todas sus claves la compilación espiga como un nuevo contexto cuyo momento histórico está igualmente signado por la dictadura, el olvido, la represión, el exilio.

Inserto en un mundo de múltiples convergencias históricas se produce una obra de intensidad poética, donde se rescata la voz de un pueblo y las zonas que lo definen. Intentar agotar esta ri-

[24] Entrevista con Alain Sicard, p. 12.
[25] Luis Vélez Serrano: «*Yo el Supremo*: Reseña», en *Cambio,* Nos. 13-14 (diciembre 1978-marzo 1979), p. 92.
[26] Entrevista..., p. 11.

queza resulta de entrada imposible. No obstante, nuestra lectura queda con el sabor y aliento vivencial que encierran las palabras de Julio Cortázar cuando confiesa que cada día le parece más lógico y necesario que «vayamos a la literatura —seamos autores o lectores— como se va a los encuentros más esenciales de la existencia, como se va al amor y a veces a la muerte, sabiendo que forman parte indisoluble de un todo, y que un libro empieza y termina mucho antes y mucho después de su primera y de su última palabra» [27].

[27] JULIO CORTÁZAR: «Realidad y Literatura en América Latina», en *Revista de Occidente*, No. 5 (abril-junio 1981), p. 28.

YO EL SUPREMO: UN ENIGMA HISTÓRICO

CONNIE GREEN

Wayne State University

Con la aparición en 1974 de *Yo el Supremo,* de Roa Bastos, se plasma artísticamente un problema perpetuo de la realidad latinoamericana —el de la dictadura—. Roa Bastos vuelve la mirada atrás al tiempo de la dictadura de José Gaspar Rodríguez de Francia, el Dictador Supremo del Paraguay entre 1814 y 1840 —al momento de la Independencia de la Colonia española—. Pero más que el problema de un dictador histórico, la novela propone la mitificación de ese dictador que encarna la voluntad de un pueblo que lleva consigo la memoria de «El Supremo» hasta el día presente. El problema en sí no es nada nuevo, pero sí lo es la manera de recrear o construir la historia de un dictador y un pueblo no solamente en los aspectos socio-políticos e históricos, sino desde el interior mismo del personaje, o sea, desde su conciencia, de donde emana toda una ideología universal ubicando esta novela entre las obras de la llamada modernidad.

Utilizando las técnicas literarias modernas de la nueva narrativa a su alcance, Roa Bastos traspasa los límites de una mera exposición histórica de «El Supremo» y entra en el reino mítico o imaginario de la misma Historia creando otra Historia, fusión de la conjunción novelesca de lo mítico y lo histórico. El autor mismo nos dice: «Francia es una figura que ha trascendido a lo largo de la historia del Paraguay, tan azarosa, y se ha convertido en uno de los mitos centrales de un país muy encerrado en sí mismo» [1]. Lo que sigue será una exposición de este proceso moderno de la escritura que maneja Roa Bastos para darnos su visión de esta figura enigmática.

Roa Bastos nos dice que lo que lo sedujo más que el «tema del dictador» fue el «mito del Poder Absoluto» [2] y que aprovechó «la

---

[1] Citado en SHARON EL UGALDE: «The Mythical Origens of El Supremo», en *Journal of Spanish Studies, 20c.,* 8, No. 3 (Winter, 1980), p. 302.

[2] De «Entretien avec Augusto Roa Bastos», en *Les Langues Modernes,* 71, No. 1-2 (1977), p. 61.

historia como materia prima para construir una narración enteramente imaginaria: hacer la historia de un hombre que *hizo* la historia de su época de lo real, que *hace* la historia de lo real imaginario en la novela. Así, ésta hace de la historia una novela que a su vez es una historia, una *otra* historia cuyo mito central es el mito del Poder Absoluto...»[3]. De esta manera, el autor refleja al dictador dentro del proceso de «crear» una o múltiples historias en una especie de desdoblamiento, aunque Roa Bastos escribe que no cree en la función creadora del artista que «saca algo de la nada»[4], sino que, como el compilador, sólo trabaja con materias ya escritas, dichas y hechas. También tenemos que inferir aquí que no solamente lo sedujo el mito del Poder Absoluto político, sino también el mito del Poder Absoluto de las Palabras —ambos ficticios en cuanto a su fracaso para encontrar un significado absoluto como veremos más tarde.

Roa Bastos construye su obra sobre la base de la conjunción de lo histórico y lo mítico producida por sostener el espejo de la realidad histórica contra su imaginación creando otra realidad imaginaria de la «irrealidad» de la historia de manera semejante a la construcción borgesiana del cuento «Tlön, Uqbar, Orbis Tertius»: «Debo a la conjunción de un espejo y de una enciclopedia el descubrimiento de Uqbar»[5]. El espejo que deforma la imagen real y la enciclopedia que por definición es un libro de hechos que no son en general discutibles, pero que resulta en este cuento una falsedad creada por los hombres con su imaginación. La historia que utiliza Roa Bastos como «materia prima» para crear una ficción que contiene elementos históricos no se ve tampoco como una verdad eterna, sino como una imagen deformada y oculta que deja transparentar el espejo —«el espejo de la Historia»—[6]. Se dio cuenta de que tenía que trabajar «contra la historia oficial, contra el sentido de la historia a secas... y contra el personaje histórico mismo...»[7], y por extensión, contra los mismos documentos históricos que nota el compilador para dar verosimilitud histórica a la narración. El resultado es que escribe una «contrahistoria»[8]. Como el autor, el dictador mismo lucha contra las historias enemigas escritas sobre su persona: «Los llamarán Libros de His-

   [3] «Entretien avec Augusto Roa Bastos», p. 59.
   [4] AUGUSTO ROA BASTOS: «Algunos núcleos generadores de un texto narrativo», en *Escritura*, 4 (julio-diciembre 1977), p. 186.
   [5] JORGE LUIS BORGES: «Tlön, Uqbar, Orbis Tertius», en *Ficciones* (Buenos Aires: Emcée Editores, 1956), p. 13.
   [6] AUGUSTO ROA BASTOS: *Yo el Supremo* (Buenos Aires: Siglo XXI, 1974), p. 169. Todas las siguientes referencias a esta edición serán citadas en el texto.
   [7] «Entretien avec Augusto Roa Bastos», p. 59.
   [8] «Algunos núcleos generadores de un texto narrativo», p. 177.

toria, novelas, relaciones de hechos imaginarios... Profetas del pasado, contarán en ellos sus inventadas patrañas, la historia de lo que no ha pasado... Historiadores y novelistas encuadrarán sus embustes y los venderán a buen precio. A ellos no les interesa contar los hechos...» (p. 38). Una auto-crítica si pensamos en lo que dice el compilador en la Nota Final: «La historia que debió ser narrada no ha sido narrada» (p. 467). La verdadera Historia yace detrás de lo visible de la palabra escrita; pero, como escribe el dictador, «las mentiras no se borran» (p. 339) y quedan en la mente del pueblo que las convierte en mito.

Muchos críticos admiten la relación entre la Historia como «supuesta» exposición de una realidad real y lo mítico como leyenda. Lévi-Strauss, por ejemplo, escribe: «... a clairvoyant history should admit that it never completely escapes from the nature of myth» [9]. O estos pensamientos de Albert Guérard: «History, as presented by historians, is a well-made play... History is legend, symbol and myth... Between history and fiction... there is a profound identity...» [10]. Si es así, podemos decir que el autor no trabaja tanto *contra* la historia como dice, sino *con* la historia misma. Descartando la idea de mímesis en la construcción de su historia, el historiador, como cualquier escritor, estudia los documentos, selecciona los elementos pertinentes, abandona otros y los organiza para producir un «texto» coherente haciendo imposible una narración completamente objetiva o imparcial. Hayden White escribe: «The events are made into a story by the suppression or subordination of certain of them and the highlighting of others, by characterization, motific representation, variation of tone and point of view... —in short, all the techniques that we would normally expect to find in the emplotment of a novel or a play» [11]. Como el novelista, el historiador, en el acto de recrear una historia, está metido en el proceso de crear otra historia artística a través de su interpretación personal de los acontecimientos. El propio proceso de re-crear una historia implica el uso de la imaginación si aceptamos la idea de una imaginación creadora y no de un simple proceso de redescripción.

Por eso, no podemos aceptar todo lo que dice el compilador en la Nota Final: «En lugar de decir y escribir cosa nueva, no he hecho más que copiar fielmente lo ya dicho y compuesto por otros» (p. 467). «El Supremo» repite la idea cuando dice que el hombre «nada sabe hacer sin copiar, sin imitar, sin plagiar...»

---

[9] Citado en HAYDEN WHITE: «The Historical Text as Literary Artifact», en *The Writing of History* (Madison: The University of Wisconsin Press, 1978), eds. Robert H. Canary y Henry Zozicki, p. 45.

[10] Citado en LIONEL GOSSMAN: «History and Literature», en *The Writing of History*, p. 19. Nota al final de la página.

[11] HAYDEN WHITE, p. 47.

(p. 145); y: «...no es posible decir nada, por absurdo que sea, que no se encuentre ya dicho y escrito por alguien en alguna parte, dice Cicerón...» (p. 445), explicando la intertextualidad del texto y la idea repetida de muchos escritores modernos que no hay nada nuevo que expresar, quitando toda originalidad de cualquier texto. Pero tampoco podemos negar que la interpretación o reinterpretación de una realidad imaginaria requiere una habilidad artística que la hace muy nueva a los ojos del lector.

La hermenéutica, como ha señalado Ángel Rama [12], es un tema principal en la novela de Roa Bastos y entra en distintos niveles. El dictador mira con desconfianza a los copiadores de textos (aun reprocha al corregidor de sus escritos por interpretar mal sus escritos) y los textos mismos que escruta con los ojos de redactor para darnos su visión de la historia verdadera según su misma interpretación. Él sabe que no escribe la historia, sino que la hace y puede «hacerla según mi voluntad, ajustando, reforzando, enriqueciendo su sentido y verdad» (pp. 210-211); y por eso no tiene que atenderse a las fechas cronológicas, porque «el orden de las fechas no altera el producto de los fechos» (p. 211). Aunque tiene el poder de engendrar los propios acontecimientos, se da cuenta de que la verdad siempre es problemática y que los «hechos no son narrables» (p. 91), o que «ninguna historia puede ser contada» (p. 15), desconfiando de su propio poder de crear una historia verdadera.

Si la verdad no se puede comprender si uno no mira detrás de las palabras escritas, entonces la tarea del dictador y el autor/compilador es la de adivinar el significado de los hechos y dictar el misterio de los hechos para que las generaciones posteriores de lectores puedan estudiarlos y tratar de descifrarlos según su propia interpretación. El dictador se esfuerza en descifrar los enigmas de su existencia y los de su nación como el autor en descifrar los «jeroglíficos» de lo escrito para llegar a una «verdad», aunque sólo sea una «verosimilitud vacía de las imágenes en el espejo» [13]. El dictador mientras escribe *su* historia, escribe un texto, y el autor, ese «acopiador de cenizas» (p. 54), hace un texto mientras reinterpreta la historia del dictador. El compilador lee los textos, los reinterpreta y los reproduce de una manera nueva y subjetiva y deja la obra abierta a la interpretación de los lectores. No es una tarea fácil y Roa Bastos, admitiendo la irrealidad historiográfica, nos dice que

> ...la manera de leer la Historia exige una serie de exploraciones nuevas a cada lectura... Creo que la Historia está compuesta por procesos y lo que importa en ellos son las estructuras

---

[12] Véase ÁNGEL RAMA: *Los dictadores latinoamericanos* (México: Fondo de Cultura Económica, 1976), p. 38.
[13] «Algunos núcleos generadores de un texto narrativo», p. 177.

significativas: para encontrarlas, hay que cavar muy hondo y a veces hay que ir contra la Historia misma... sin destruir o anular del todo los referentes históricos, pudiera sí, limpiarlos de las adherencias... a veces hechas con buena voluntad, pero con mucha ceguera [14].

El autor mira la información que tiene enfrente de sus ojos y selecciona los hechos y las ideas que van a explicar mejor la peculiar actitud que desea comunicar a los lectores usando un método de «decodation and recodation» [15], aunque admite una multiplicidad de lecturas y de interpretaciones de una pluralidad de sentidos.

La historia que encuentra y nos presenta el novelista está llena de contradicciones, de enigmas con lo más enigmático siendo el dictador mismo. Vuelve al origen de la serie de dictaduras que han regido Latinoamérica desde los tiempos de la Independencia. Es un momento de ruptura histórica y cultural cuando los latinoamericanos, con un espíritu crítico y racional y con una fe y optimismo en el progreso material y en las organizaciones socio-políticas, cuestionan los valores europeos frente a los americanos en su búsqueda de auto-definición. Pero el desaliento no tarda en aparecer con las innumerables guerras civiles que siguen la Independencia y aquí entra el Dr. Francia para establecer orden en el Paraguay y crear la Primera República del Sur, donde su misma voluntad es capaz de poner en práctica sus teorías avanzadas. La figura que recrea Roa Bastos es paradójica. Este hombre intelectual, roussiano, que encarna los ideales de la Ilustración francesa y del positivismo, establece paz y orden en el país a costa de la cultura y la libertad. En completo aislamiento físico, espiritual y cultural, el dictador crea un país independiente y auto-suficiente.

Ésta es la figura histórica contradictoria [el Supremo Pelicano que «ama tanto a sus hijos... que los mata» (p. 142)] que encontramos en la Historiografía —una figura que mantiene control absoluto sobre las vidas de su nación como «Persona-Muchedumbre»—. Pero hay un momento, cuando este poder absoluto empieza a declinar y el auto-justificación del dictador se convierte en auto-denunciación, en absoluto desengaño. El punto en que lo absoluto empieza a «tomar del revés la forma de la historia» (p. 441).

El Yo-histórico del dictador se desdobla en Él y es este Él-mítico eterno que atrae al autor como representación de la conciencia colectiva y el destino del pueblo de donde recibe su verdadero poder. El dictador «no existe sino como voluntad soberana del pueblo, fuente del Poder Absoluto, del absolutamente poder»

---

[14] Citado en Mario Benedetti: «El recurso del supremo patriarca», en *Revista de Crítica Literaria Latinoamericana,* No. 3 (1976), p. 65.
[15] Hayden White, p. 58.

(p. 47); y, sin embargo, no puede renunciar a su individualismo extremo. El crítico Gerald Martin escribe: «In order to justify his right to such absolute power over the objective reality of the nation, the Perpetual Dictator in a sense renounces his claim on humanity and converts himself into a totally abstract self-creation» [16]. «Quiero nacer en pensamiento de hombre» (p. 165), expresa el dictador, y en otro lugar: «Yo he nacido de mí y Yo solo me he hecho Doble» (p. 144). Esta auto-creación, este doble nacimiento se refleja en la naturaleza doble de todas las cosas que tienen un lado de verdad y otro falso. «Todos los seres tienen dobles. Las ropas, los utensilios, las armas. Las plantas, los animales, los hombres. Este doble se presenta a los ojos de los hombres como sombra, reflejo o imagen. La sombra que cualquier cuerpo proyecta, el reflejo de las cosas en el agua, la imagen vista en un espejo» (p. 183).

Pero no todos tienen la habilidad de distinguir entre lo real y lo imaginario y sólo ven la mezcla de los dos como un ser completo —el Yo/Él juntos; el individuo y la colectividad—. Es en esta mezcla que vemos el verdadero poder del dictador y por esta razón se puede decir que la Historia no termina el 20 de septiembre de 1840 porque continúa viva en los libros y leyendas del pueblo eterno y en las prácticas de los dictadores de nuestra época. Simbólicamente, el dictador lo explica: «Crece. Se convierte en un árbol inmenso. El gigantesco árbol del Poder Absoluto. Alguien viene con el hacha. Lo derriba. Sobre el gran aplastamiento crece otro. No acabará... hasta que la Persona-Muchedumbre suba en derecho de sí...» (p. 290).

El dictador se sabe eterno —si no ha tenido un principio no puede tener un término porque todo se repite en un tiempo circular—. Su tiempo es el de todos los hombres que han vivido y vivirán. Un tiempo subjetivo que le permite saber y hablar del futuro porque habla de la muerte con toda la sabiduría de los muertos. Vive en completa «sola-edad», un vivo-muerto en un país de vivos-muertos. «Solo. Sin familia. Solo. Sin amor. Sin consuelo. Solo. Sin nadie. Solo en país extraño, el más extraño siendo el más mío... Lleno de mi desierta persona» (pp. 348-349). Se siente solo en el propio país que ha creado de su propia voluntad empuñando un poder absoluto ilusorio que no puede controlar totalmente a causa del elemento del azar de leyes «casi tan inflexibles como las mías» (pp. 110-111) que trata en vano de captar en forma del meteoro-azar que tiene amarrado a su silla. «... el azar dicta sus leyes anulando la vértice-calidad de tu Poder Absoluto. Escribe las dos palabras con mayúsculas para mayor seguridad. Lo único que revelan

---

[16] GERALD MARTIN: «*Yo el Supremo:* The Dictator and His Script», en *Forum for Modern Language Studies,* 15, No. 2 (abril 1979), p. 177.

es tu inseguridad» (p. 111), escribe el corregidor anónimo a sus espaldas —otro doble del narrador.

La inseguridad que siente ante un mundo en constante metamorfosis, en que nada es estable, explica su «amor sobre todo por lo fijo, enraizado» (p. 317). Su posición insegura y de crítica ante este mundo en crisis no es ajena a lo que sentían y sienten escritores en el período de la modernidad que se hallan «en el centro de un universo inestable... [y que] ... da origen a una literatura de ambigüedad, angustia, enajenación, antítesis kinética y metamorfosis constante» [17]. El dictador siente la angustia, el aislamiento, el «horror al vacío» (p. 111) de estos artistas que buscan respuestas en un mundo que parece vacío de valores constructivos. Tratará de llenar ese vacío con palabras, con «fementiras verdades» en su necesidad mítica de explicar el universo y su mundo interior; lo cual es la misma necesidad que el autor siente de explicar la figura del dictador. Ambos buscan una identidad en una escritura mítica esforzándose para explicar lo desconocido, lo misterioso que son en realidad «futile attempts at grasping the incomprehensible» [18].

Pues ya hemos dicho que Roa Bastos también es atraído por el Poder Absoluto de las Palabras que cree tan ilusorio como el del Poder Absoluto político: «... engañado por la ilusión de un falso conocimiento, el novelista pequeñoburgués cree que el también ilusorio poder de la escritura... puede negar y anular el poder objetivo y real de las fuerzas de dominación y opresión» [19]. Sin embargo, así como el dictador se siente forzado a escribir para comprobar que existe, el autor también experimenta lo mismo. Las letras los persiguen, «pero es necesario amarlas a pesar del abuso que de ellas se hace...» (p. 445). Es un mal necesario, pero es su única arma de ataque, de crítica.

La escritura que predomina en la novela es una escritura metafórica, que es «perhaps the central assertion of the modern novel —no thing is simply one thing; it is an assertion for which metaphor is the natural means of expression» [20]. Más que una escritura metonímica, es una escritura llena de símbolos, de signos que aspiran a algún significado que no siempre es presente y visible. Característico de la escritura barroca, hay una proliferación de significantes, un laberinto de signos, una superposición de imágenes, una variación

[17] Evelyn Picon Garfield e Ivan A. Schulman: *Las entrañas del vacío* (México: Ediciones Cuadernos Americanos, 1984), p. 11.

[18] David William Foster: *Augusto Roa Bastos* (Boston: Twayne Publishers, 1978), p. 105.

[19] «Algunos núcleos generadores de un texto narrativo», p. 175.

[20] David Lodge: «The Language of Modernist Fiction: Metaphor and Metonymy», en *Modernism 1890-1930* (Middlesex, England: Penguin, 1976), eds. Malcolm Bradbury y James McFarlane, p. 485.

7

que conduce a una multiplicidad de significados. De la obra barroca, Sarduy escribe:

> Espacio del dialoguismo, de la polifonía, de la carnavalización, de la parodia y de intertextualidad, lo barroco se presentará, pues, como una red de conexiones, de sucesivas filigranas, cuya expresión gráfica no sería lineal, bidimensional, plana, sino en volumen, espacial y dinámica. En la carnavalización del barroco, se inserta, trazo específico, la mezcla de géneros, la intrusión de un tipo de discurso en otro... [21].

Roa Bastos emplea exactamente estas técnicas barrocas para traspasar los límites de la escritura historiográfica, ya que ésta adopta un lenguaje limitado para ser entendido por todos. De este modo su novela entra en la escritura mítica de lo simbólico, lo poético que requiere un «lector-cómplice» capaz de descifrar las transgresiones, anacronismos, juegos de palabras, contradicciones que «estructuran el lenguaje mítico y la escritura mitográfica de "El Supremo" en la novela» [22].

En su esfuerzo por aclarar la figura del dictador, el autor tenía que penetrar en las obsesiones, los sueños, las racionalizaciones de aquél, y lo hace con el objeto de convertir al Supremo Dictador en El Supremo Personaje, construyendo la novela en forma semejante al cuaderno privado del dictador: «Se descubrió que, hacia el final de su vida, El Supremo había asentado en estos folios, inconexamente, incoherentemente, hechos, ideas, reflexiones, menudas y casi maniáticas observaciones sobre los más distintos temas y asuntos... De este modo, palabras, frases, párrafos, fragmentos, se desdoblan, continúan, se repiten...» (pp. 22-23). Es una escritura de «metáforas y metáforos», de espejismos, de signos, de anagramas, compuesta del diálogo continuo de El Supremo consigo mismo.

A pesar de esta escritura poco tradicional, hay una crítica implícita en la novela de los escritores modernos que emplean «viejos trucos de la retórica... como si fueran nuevos» (p. 64); y que «escriben Historias de entretén-y-miento... en que el escritor presume el carácter sagrado de la literatura. Falsos sacerdotes de la letra escrita hacen de sus obras ceremonias letradas» (p. 65). La ciencia escritural no es, según el dictador, «el arte de la floración de los rasgos, sino de la desfloración de los signos» (p. 66). Su propósito es el de leer entrelíneas y el de descubrir lo oculto detrás de la palabra visible, el «sentido del sin-sentido» (p. 28); lo cual no significa que va a descubrir alguna verdad porque la palabra en sí sólo revela una realidad parcial. El Supremo escribe: «Escribir dentro

---

[21] SEVERO SARDUY: «El barroco y el neobarroco», en *América latina en su literatura* (México: Siglo XXI, 1972), p. 175.
[22] «Algunos núcleos generadores de un texto narrativo», p. 181.

del lenguaje hace imposible todo objeto, presente, ausente o futuro»
(p. 219).

El problema parece ser la palabra misma. Susan Sontag nos
dice: «It's not just that words, ultimately, are inadequate to the
highest aims of consciousness; or even that they get in the way.
Art expresses a doble discontent. We lack words, and we have too
many of them» [23]. Las palabras, que son un medio de comunicación,
de expresión, fracasan porque ocultan exactamente lo que buscan
expresar, «se cansan, se borran, desaparecen» (p. 249). Entonces,
aunque no puede confiar en las palabras, está condenado a escribir
desde que no puede actuar. Su arma «es la frase no la espada»
(p. 119). Los libros pueden ser olvidados, falsificados, pero los hechos no. La escritura es «negar lo vivo. Matar aún más lo que ya
está muerto» (p. 103), porque la escritura tiende a petrificar las
palabras, y el destino del dictador será «sepultarse» en las letras.
Aún su pluma-recuerdo que reproduce la imagen visual y acústica
de la palabra en su deseo de reproducir la palabra hablada, «el
tiempo hablado de esas palabras sin formas» (p. 214) no le da el
poder absoluto de la escritura, siendo imposible porque se borran
al mismo tiempo de escribirlas. La tradición oral en un estado puro
existe en un tiempo primordial, y Sontag escribe: «A good deal of
contemporary art is moved by this quest for a consciousness purified
of contaminated language...» [24]. Tal vez es esta búsqueda que conduce «El Supremo» al silencio, aunque es un silencio llenado «con
un lenguaje abundante de significantes centrífugas y auto-referen-
tes» [25]. Llega a la mudez absoluta después de pasar por la «ceguera
verbal», la «sordera verbal», la afasia cuando ya no tiene memoria
de las palabras y ahora que una mano ajena (la del autor) guía su
escritura y sus fuerzas «flaquean del Absoluto Poder a la Impotencia Absoluta» (p. 439). Su lucha con las palabras termina por fra-
casar. Es una lucha auto-destructiva como la escritura misma, que
no llega a un significado absoluto. Los signos se dan vueltas hasta
quedarse en el vacío de lo absoluto —en una negación total—. Sin
embargo, hay algo en el vacío que queda a salvo de la destrucción
y es el texto mismo que existe todavía por el puro estado de su
autonomía.

El poder del dictador, al fin y al cabo, lo deja solo en el vacío
de un universo en que no ha sabido penetrar sus secretos más íntimos; en un país que había traicionado por haber traicionado los
ideales de la Revolución y vive sólo en la memoria de las gentes
que lo recuerdan como «Gran Oscuridad». La figura del dictador

---

[23] SUSAN SONTAG: «The Aesthetics of Silence», en *Styles of Radical Will*
(New York: Farrar, Straus and Giroux, 1969), p. 22.
[24] SUSAN SONTAG, p. 22.
[25] EVELYN PICON GARFIELD e IVAN A. SCHULMAN, p. 71.

ha sido interpretada por Roa Bastos en una forma mítico-histórica escrita utilizando técnicas modernas de la escritura para lograr una verdadera creación poética. Combinando distintos niveles de narración, distintos puntos de vista que convergen y divergen, produce un texto total, autónomo. El resultado es una novela simbólica en que la forma poética y el contenido americano se juntan en un sincronismo perfecto. Describe una realidad concreta poblada de voces de un pueblo que narra su historia a través del dictador que la interpreta y la narra para ser copiada y reinterpretada por el autor para que más tarde los lectores no sepan «si se trata de fábulas, de historias verdaderas, de fingidas verdades. Igual cosa nos pasará a nosotros [dice El Supremo], que pasaremos a ser seres irreales-reales» (pp. 74-75). Sólo podemos decir que es una versión de una historia verdadera, que, mediante la imaginación, va más allá de la simple narración histórica de puros hechos y que vive en la conciencia del pueblo y del lector como mito y, por tanto, reserva su derecho de pura ficción.

LA CUARTA DIMENSIÓN DE LA ESCRITURA DEL SUPREMO

VICTORIO AGÜERA
George Mason University

I

Aquellos que con entusiasmo y energía han participado en el maratón de la crítica literaria, durante los últimos años empiezan a dar señales de cansancio. Es un cansancio provocado por la asfixia de la cárcel del lenguaje que impide toda comunicación con el exterior. A sistemas formalistas suceden otros todavía más severos, afirmando que el exterior está ya en el interior y que todo, por consiguiente, es una textualidad. Por todas partes, dice David Carroll, se oyen gritos pidiendo una vuelta al historicismo (65). Si *Yo el Supremo* tiene un extraordinario interés para la crítica en estos momentos es porque abre esa cárcel del lenguaje y la salida es tanto más heroica y prometedora en cuanto que la fortaleza de la prisión parecía invencible. Es decir, la lengua y la escritura se someten a una crítica de tal manera exhaustiva en el texto de Bastos que el acceso a cualquier realidad histórica parece repetidas veces inasequible. Si, al final, «el tejido de las palabras está cruzado por la cadena de lo visible», y si la escritura «recoge los gritos, los ruidos, las voces de los armadores, de los artesanos, ...» (218-219), tales voces parecen haber escapado de la cárcel del lenguaje y de la muerte que supuestamente conlleva la escritura.

Para que el historicismo sea posible, es necesario una lingüística diferente de la saussuriana, de la que se origina en gran parte la crítica formalista. Una lingüística que privilegie el habla sobre el sistema de la lengua, que no dé a la escritura la función secundaria de representación y muerte del habla y que restituya para el tiempo el puesto usurpado por el espacio. Tal lingüística no es otra que la de Bajtin, especialmente su teoría sobre el dialogismo. Pero una vuelta a la historia no significa el encuentro de un terreno firme y seguro del concepto tradicional de historia. Esto sería monologismo que proclama para sí la verdad exclusiva. El dialogismo sólo aspira a un proceso continuo de interpretación a través de un conflicto intertextual de voces e ideologías. Pero, como afirma Carroll, es esta relación viva con el otro en toda operación de leer y escribir lo que abre las puertas de la cárcel del lenguaje (58). Es verdad que el texto de *Yo el Supremo* equipara repetidas veces escritura a muerte: el diccionario es «el cementerio de las palabras» (12), «el diccionario es un osario de palabras vacías» (15), «vas cavando tu propia fosa en el cementerio de la letra escrita» (405). Pero la muerte que conlleva la letra escrita no se debe al paso del habla a la escritura, sino al hecho de considerar la lengua (habla y escritura) no como un habla destinada a la comunicación dialógica, sino como un sistema de formas abstractas (diccionario, gramática, sintaxis). La lengua como sistema tuvo su origen, según Bajtin, en una lingüística que estudiaba lenguajes completamente ajenos, lenguas muertas preservadas en monumentos escritos (Voloshinov, 71). En las lenguas vivas, sin embargo, la palabra muerta del diccionario recobra vida y sentido al ser usada en un contexto determinado.

Antes de pasar adelante conviene distinguir aquí entre lectura y escritura porque son dos operaciones que se distinguen claramente en la novela. El compilador dice al final del texto que «éste ha sido leído primero y escrito después» (467). El compilador no dice en qué consiste la operación de leer y escribir, sino que, según Marcos, «se ha imaginado instalado en la conciencia del Doctor Francia después de muerto, para desde allí contar su historia» (43). Se deja, pues, para el Supremo la operación de leer primero y escribir después. La novela empieza con la lectura del pasquín. De la actividad del Supremo como lector y escritor se puede concluir que, aunque son operaciones distintas en cuanto que leer consiste en «desflorar signos», mientras que escribir en «tejer signos», ambas, sin embargo, coinciden en la búsqueda del enunciado y su contexto, en ser creación por llevar consigo una ruptura de modelos anteriores, en ser una presentación nueva y viva (re-presentación) y no una repetición o representación muerta.

II

Mediante la lectura dialógica el Supremo es capaz de traer a la vida a un personaje de ficción. Voltaire «envió al Paraguay a Cándido, cuyo mucamo, el mulato tucumano Cacambo, tomé después a mi servicio, liberándolo de la letra escrita» (224). El Supremo acusa al lector Roa Bastos por su operación de leer, de ser un «acopilador-copilador de cenizas» (54), pero se trata precisamente de eso, de juntar primero las cenizas para después encender el fuego: la paradoja bajtiniana, según la cual, como afirma Carroll, la voz viva del presente está hecha de las voces de los muertos (72). Esta paradoja sólo deja de serlo si atendemos al dialogismo de la lengua que no es otra cosa que la socialización del discurso, del enunciado y hasta del sujeto mismo, todo ello resultado del hecho obvio de ser la lengua un medio de comunicación y no un sistema abstracto de formas, como afirma la lingüística saussuriana. Así, la socialización del discurso obliga a los lectores (Roa Bastos, el copilador y el Supremo) a ver en sus lecturas una pluralidad discursiva de lenguajes sociales siempre en interacción vital, a veces en lucha y guerra. Esta pluralidad discursiva quedará después reflejada en la novela *Yo el Supremo*. Bajtin expresa la heterogeneidad del discurso de la siguiente manera:

> Una estratificación interior, de una lengua nacional unificada, en dialectos sociales, modos de ser de grupo, jergas profesionales, lenguajes de géneros y discursos literarios, lenguajes de generaciones y edades, lenguajes de corrientes ideológicas, políticas, literarias, lenguajes de círculos y modas de un día, lenguajes de días y hasta horas socio-políticas (cada día tiene su consigna, su vocabulario, sus acentos) [1].

Para liberar hechos o personajes de la letra escrita y sacar de las voces de los muertos la voz viva del presente, el lector debe rastrear hasta el día, las horas y los acentos de enunciados que entran en comunicación con otros de igual o diferentes grupos, ideologías, géneros literarios, modas. Enunciados ya socializados, contagiados y mutuamente influidos por el otro, por el contexto. Roa Bastos ha dicho en su artículo «El texto cautivo» que «el flujo del habla homogéneo y unitivo se realimenta y transforma constantemente en el cruce de las voces de muchas culturas; su trabajo es casi de carácter fisiológico; su suelo raigal, la pulsión del inconsciente colectivo, en todo caso, la intersubjetividad social» (6). Un ejemplo de la pluralidad discursiva son «los pasquines» que el Supremo y Patiño leen con el fin de identificar a sus autores. El Supremo dice a Patiño:

> «Podrás saber exactamente a qué hora del día o de la noche fue emborronado ese papel. Coge la lupa. Rastrea los rastros... (70). Ahora estoy seguro de reconocer la letra del anónimo. Escrito con la fuerza torcida de una mente afectada. [...] Las mismas palabras expresan diferentes sentidos, según sea el ánimo de quien las pronuncia.» (71)

---

[1] Esta cita está tomada del artículo de Titiana Bubnova (92-3) y es traducción del ruso hecha por la autora. Otras citas tomadas de la bibliografía en inglés están traducidas por mí.

Según esta cita, poca diferencia existe entre habla y escritura. Ambas están respaldadas por una paternidad y cargadas de una intención concreta para significar en un contexto determinado. Véase lo que se dice del habla: «Lo hablado vive sostenido por el tono, los gestos, los movimientos del rostro, las miradas, el acento, el aliento del que habla» (64). Debe, entonces, el lector remontarse diacrónicamente en la búsqueda del enunciado y su contexto, consciente del dialogismo o contagio entre ambos. El contexto social, cultural e histórico es, como el del habla, irrepetible y único; podrá ser citado, pero nunca repetido. Es la repetición lo que lleva a la muerte. Bajtin:

> El enunciado en su totalidad [es] irrepetible, históricamente único e individual [...]. Las entidades de la lengua estudiadas por la lingüística son por definición repetibles en un número ilimitado de enunciados. De hecho es a través de esta capacidad de ser repetidas por lo que pueden ser entidades de la lengua y asumir su función [...]. Las entidades de la comunicación verbal (aunque pueden ser citadas) no son reproducibles y están unidas entre sí por relaciones dialógicas. (26)

Si el Supremo llama a los autores de los pasquines «letricidas» es porque son repetidores. Los Peñas, los Molas, e incluso los Patiños, poseen igualmente una memoria repetitiva, pasiva, «memoria de masca-masca. Memoria de ingiero-digiero. Repetitiva. Desfigurativa» (10). Pero el contexto histórico del enunciado no es repetible; sólo son repetibles las formas abstractas de la lengua, el cementerio de las palabras. Dice el Supremo:

> Al reo Manuel Pedro de Peña, papagayo mayor del patricidio, los desblasoné. Descuelguelo de su heráldica percha. Lo enjaulé en su calabozo. Aprendió allí a recitar sin equivocarse desde la A hasta la Z los cien mil vocablos del diccionario de la Real Academia. De este modo ejercita su memoria en el cementerio de las palabras. (10)

Y lo que repiten estos letricidas es la lengua colonizada, inservible, muerta: «no mentan, aunque sea por decoro a su lengua colonizada...» (8).

El lector (Roa Bastos, el compilador) establecen una relación dialógica con los textos escritos. Su función es profanar esos textos sagrados, muertos. En búsqueda del contexto histórico del enunciado, o las estructuras significativas de la historia como le llama Roa Bastos. Éste afirma su trabajo dialógico en sus lecturas para la escritura de la novela en una entrevista citada por Turton:

> Yo creo que la manera de leer la historia exige una serie de exploraciones nuevas a cada lectura... Creo que la historia está

compuesta por procesos y lo que importa en ellos son las estructuras significativas: para encontrarlas, hay que cavar muy hondo y a veces hay que ir contra la historia misma. Eso es lo que he intentado hacer y es lo que más me costó en la elaboración del texto: este duelo un poco a muerte, con las constancias documentales, para que sin eludir o anular del todo los referentes hsitóricos, pudiera, sí, limpiarlos de todas las adherencias que van acumulando sobre ellos las crónicas... (21)

El Supremo, a su vez, lee y rompe, o mejor la lectura siempre supone una ruptura. Así, manda a Patiño romper los «pasquines»: «Mutila el papel en trozos muy pequeños hasta hacerle perder el sentido» (30). El dialogismo contradice la propiedad de las palabras, el monologismo, el sentido unívoco. Si el Supremo dice: «sé que no estoy escribiendo lo que quiero» (57) y «uno se siente siempre otro al hablar» (430), no se debe a la desaparición del sujeto derridiano o lacaniano, a la influencia de la *langue* sobre la *parole,* sino a esa dialogización de la palabra y del sujeto mismo. Bajtin dice que la lengua «no es un medio neutral que pasa fácilmente a ser propiedad privada de las invenciones del que habla, sino que está habitado —recargado— por las intenciones de los otros [...] yo «soy yo» en la lengua de otros, y «soy otro» en mi propia lengua (315). Peña y Molas «se creen dueños de sus palabras», por ello, el Supremo profana el carácter sagrado de autoría y quiere dejar constancia de que su novela está escrita por todo un pueblo (74). Más significativo todavía es el hecho de que el Supremo quizá por su figura mitológica es lector de piedras, piedras que igualmente rompe. Anteriormente, el enfrentarse con los pasquines, el Supremo había dicho: «Impriman sus pasquines en el Monte Sinaí» (8). Ahora, con la ruptura de las piedras, se enfrenta con esa tradición mitológica procedente de la tradición oral o de las crónicas [2]. Blanchot ha dicho que hubo que romper primero las Tablas de la Ley, la escritura divina, para empezar la escritura humana (157).

III

Cuando en el texto se habla de los orígenes, el Supremo recibe la noticia de que su padre, «don Engracia acaba de morir». Y él responde: «Pues bien, yo acabo de nacer» (309). Ha sido necesaria la transformación y ruptura, incluso de la escritura divina, llevada a cabo por la lectura para que empiece la escritura.

[2] Golluscio de Montoya ha estudiado la función de la piedra en *Yo el Supremo.* La autora desarrolla los temas de la búsqueda, ruptura y lectura de la piedra por parte del Supremo.

Ésta no es repetitiva; los enunciados y su contexto no son reproducibles. No otro sentido tiene la afirmación del Supremo: «yo he nacido de mí mismo [...] por la fuerza de mi pensamiento» (144). La escritura no es ni repetición ni representación. Es creación, pero de acuerdo con el principio dialógico, el autor pierde su propiedad y derecho de paternidad. El Supremo enseña a escribir a Patiño: «Escribir es despegar la palabra de uno mismo. Cargar esa palabra que se va despegando de uno con todo lo de uno hasta ser lo de otro [...] olvida tu memoria. Escribir no significa convertir lo real en palabras, sino hacer que la palabra sea real» (67). Escribir no significa convertir la realidad en palabras, pero sí tiene una función de comunicación dialógica. Sin embargo, la escritura fonética no existe y puede fácilmente convertir lo real en irreal: «Raptaron a Macario de la realidad, lo despojaron de su buen natural para convertirlo en la irrealidad de lo escrito» (102). Si la lectura buscaba el enunciado y su contexto, su tiempo y espacio, la escritura debe igualmente trasladar al papel ese acto de comunicación único e irrepetible históricamente. Si la letra escrita podía denunciar al autor mostrando el día, la hora, el acento y el ánimo de quien lo escribió, la escritura debe preservar una realidad viviente. Se trata, en fin, de un imposible expresado así por el Supremo:

> «Tendría que haber en nuestro lenguaje palabras que tengan voz. Espacio libre. Su propia memoria. Palabras que subsistan solas, que lleven el lugar consigo. Un lugar. Su lugar. Un espacio donde esa palabra suceda igual que un hecho.» (16)

El Supremo conoce bien las aporías a que lleva el tiempo en el espacio de la escritura: «Nos vamos deslizando sobre un tiempo que rueda también sobre una llanta rota [...] el tiempo está lleno de grietas. Hace agua por todas partes» (214). Pero el Supremo lejos de seguir la línea desconstructiva de Derrida, intenta conjugar el texto hablado y el escrito en una cuarta dimensión coincidiendo así con la teoría del «crono-topo» de Bajtin. Se trata sencillamente de salir de la cárcel del lenguaje en que sólo entra el espacio. Bajtin ve el tiempo y el espacio como los dos elementos necesarios para procesar artísticamente en la narrativa aquellos aspectos de una realidad histórica. El «crono-topo», dice Bajtin, ha sido empleado en matemáticas e introducido como parte de la teoría de la relatividad de Einstein. Bajtin llama al tiempo la cuarta dimensión de la escritura (84). He aquí la definición de «crono-topo»:

> «Literalmente significa tiempo-espacio. Es una unidad de análisis para estudiar textos de acuerdo con la proporción y naturaleza de las categorías temporales y espaciales representadas. Lo

específico de este concepto, en oposición a otros usos del tiempo y del espacio en el análisis literario, consiste en el hecho de que no se privilegia ninguna de las dos categorías: mantienen entre ambas una relación absoluta. El "crono-topo" da una lectura óptica del texto; es como un rayo-X que deja ver las fuerzas en acción en el sistema cultural de donde se origina el texto.» (425)

El «crono-topo» sirve para ver una realidad histórica y permite que los aspectos esenciales de la realidad queden incorporados en el espacio artístico de la narración. Es hacerse el tiempo espacio, hacerse concreto. De aquí que para Bajtin «el material de una novela no está muerto, sino que habla, significa. No sólo lo vemos y percibimos, sino que en él oímos siempre las voces (aunque lo leamos en silencio) [...] el texto nunca puede aparecer como algo muerto; siempre llegamos al final del análisis a la voz humana, que es lo mismo que decir a la persona humana» (253).

El Supremo pretende llegar igualmente a una cuarta dimensión de la escritura. Su esfuerzo tiene lugar cuando «intenta retomar la visión de lo que ya ha sucedido». Para ello hace uso de una pluma con lente-recuerdo (espacio-tiempo) que «permitió al Supremo conjugar los tres textos en una cuarta dimensión». La pluma del Supremo se convierte así en un crono-topo que concretiza el tiempo en un momento dado del espacio de la escritura y que permite «borrar descripciones con la superposición de otras más visibles, pero más secretas [...] reproducir el espacio fónico de la escritura, el texto sonoro de las imágenes visuales; lo que podría haber sido el tiempo hablado de las palabras...». La pluma lente-recuerdo, por consiguiente, «recoge los gritos, los ruidos, las voces de los armadores, de los artesanos, el brillo aceitoso del sudor de los operarios negros. De repente, silencio» (318-319).

IV

Y de repente, silencio. No se vaya a creer que el crono-topo puede totalizar y reflejar una realidad histórica. Sólo nos da unidades de acá y de allá, concreciones de tiempos que nos dejan ver por momentos esa realidad. Al contrario, en la novela se da una batalla contra la representación de modelos anteriores (la lengua colonizada, la repetición letricida) que proclaman ser lenguajes de la verdad. En vez de representación, el texto es una refracción de la realidad producida por el choque de diferentes enunciados o discursos. La novela establece una serie de relaciones sociales, políticas, filosóficas y formales entre lector, actor y escritor de una manera dinámica, de tal modo que el lector pasa a ser escritor y el escritor pasa a ser personaje de la escritura. El YO del lector-Supremo dialoga con el EL, con el otro de la lectura y que después pasa a ser el EL de su propia escritura. El YO queda absorbido por el EL cuando se termina la escritura, desaparece la propiedad del escritor y el libro pasa al patrimonio común. La experiencia del escrito Roa Bastos será irrepetible. Nuestra lectura de *Yo el Supremo* será una ruptura para que así continúe la circular perpetua.

BIBLIOGRAFIA

BAKHTIN, MICHAEL: *The Dialogic Imagination,* ed. Michael Holquist, Austin: University of Texas Press, 1981.
BLANCHOT, MAURICE: *The Gaze of Orpheus,* trans. Lydia Davis, Barrytown: Station Hill Press, 1981.
BASTOS, ROA: «El texto cautivo», en *Hispamérica,* 30 (1981), 3-28.
— *Yo el Supremo,* Argentina: Siglo XXI Editores, 1974.
BUBNOVA, TATIANA: «El espacio de Mijail Bajtin: Filosofía del lenguaje, filosofía de la novela», en *NRFH,* 29 (1980), 87-114.
CARROLL, DAVID: «The Alterity of Discourse: Form, History and the Question of the Political in M. M. Bakhtin», en *Diacritics,* 13 (1983), 65-83.
GOLLUSCIO DE MONTOYA, EVA: «Presencia y significación de la piedra en *Yo el Supremo*», en *Cahiers du Monde Hispanique et Luso-Brésilien,* 29 (1977), 89-95.
MARCOS, JUAN MANUEL: *Roa Bastos: Precursor del post-boom,* México: Editorial Katún, S. A., 1983.
TODOROV, TZVETAN: *Michail Bakhtin. The Dialogic Principle,* trans. Wlad Godzich, Minneapolis: University of Minnesota Press, 1984.
TURTON, PETER: «*Yo el Supremo:* Una verdadera revolución novelesca», en *Texto crítico,* 12 (1977), 16-60.
VOLOSHINOV, V. N.: *Marxism and the Philosophy of Language,* trans. L. Matejka y I. R. Titunik, New York: Seminar Press, 1973.

LO FEMENINO Y LO ABSOLUTO
EN *YO EL SUPREMO*

MARÍA ELENA CARBALLO
Brandeis University

La plurisignificación inagotable de *Yo el Supremo,* de Augusto Roa Bastos, hace que esta novela ocupe un lugar especial dentro de la complejidad de la literatura iberoamericana actual. El libro encamina a su lectura por múltiples direcciones contradictorias deliberadamente. La crítica, al analizarla, siente el peso de su modo de operar: dentro del tejido de infinitos sentidos ha de limitarse a algunos, con la alternativa, no obstante, de respetar la multivocidad textual. Esta pluralidad ha sido tratada como fenómeno general que afecta a la obra [1], pero la repercusión de ella sobre aspectos más circunscritos queda aún pendiente. Por eso este ensayo se propone examinar el tratamiento textual de la mujer como forma de resistencia al discurso ideológico de lo absoluto, así como también elucidar las actitudes del Supremo hacia sus orígenes familiares, al ponerlas en relación con la tendencia dictatorial que, en la búsqueda de lo absoluto, impide el reconocimiento del otro, sea éste mujer, texto o extranjero: elementos que apuntan a la heterogeneidad que el déspota quiere negar. A la vez, este trabajo se detiene en cómo la negación de lo plural y lo distinto por parte del dictador afirma, en su interior, la resistencia de la pluralidad a ser destruida. Así, se llega a ver cómo la mujer de *Yo el Supremo,* vedada en el mundo de lo absoluto, se vuelve, por ello, signo oscuro y silencioso de lo irreductible a él y del combate contra el imperio monolítico del poder despótico.

---

[1] Para un estudio de la novela que destaque las relaciones plurales del texto con teorías contemporáneas del lenguaje y la escritura, ver DAVID W. FOSTER: «*Yo el Supremo:* The Curse of Writing», en *Augusto Roa Bastos* (Boston: Twayne Publishers, 1978), 101-112; JUAN MANUEL MARCOS: «*Yo el Supremo* como "reprobación" del discurso histórico», en *Roa Bastos, precursor del post-boom* (México: Katún, 1983), 63-80; ÁNGEL RAMA: «El dictador letrado de la Revolución latinoamericana», en *Los dictadores latinoamericanos* (México: Fondo de Cultura Económica, 1976), 36-41.

La soledad parece ser la condición ineludible del poder. Desde *Cien años de soledad* el problema ha tomado dimensiones descomunales en la tradición literaria latinoamericana. Las novelas del dictador de los años setenta presentan al tirano rodeado de un vacío: el de la soledad. Para el personaje de *Yo el Supremo* no existe el prójimo, aun cuando éste pueda tener una relación de sangre con él. El déspota duda sobre su conexión familiar: «Por encima de las sangres. ¿Qué tengo yo que ver con ellos? Confabulaciones de la casualidad» [2]. El reconocimiento de la hermana como su doble femenino lleva al Supremo a la condena de su estirpe por «la malvada taciturnidad de los França. ¡Ah malditos!» (13). Reaparece entonces la problemática de *Cien años;* los Buendía, como los Francia, cargan con un castigo hereditario y el Supremo consume la parte de él que le ha tocado: «Si hay infierno es esta nada absoluta de la absoluta soledad... No acabará esta especie maligna de la Sola Persona hasta que la Persona-Muchedumbre suba...» (290). Pero si la estirpe de García Márquez es borrada del mundo por un viento de destrucción [3], la de la Sola Persona, la unívoca, recomienza (426-428). De este modo el linaje, como el de los tiranos en América Latina, sí tiene una segunda oportunidad sobre la tierra, como la ha tenido en la historia del continente.

La soledad radical en que vive el Supremo es consecuencia del poder absoluto. El dictador que lo persigue ha querido negar su origen, su vinculación con el resto de los mortales, comenzando por su familia. La problemática mestiza ilumina la negación del padre; el doble origen, del cual se siente vergüenza y ante el cual no se define la identidad, ha perturbado al hispanoamericano desde que éste se percibe como tal [4]. El oprobio de ser el producto de dos razas enemigas, agresora una y violadora la otra, crea un problema profundo de definición del ser. El Supremo, al contemplarse, no se reconoce: «Yo, aquí, hecho un espectro. Entre lo negro y lo blanco. Entre el gris y la nada, viéndome doble en el embudo del espejo. ... si yo mismo no me reconozco en el fantasma mulato que me mira!» (102). La maldición del «mestizo de dos almas» (108) persigue a la Sola Persona, doble en su identidad y nunca única, pero sí sola. Consecuentemente, esta ironía muestra el carácter ilusorio de lo absoluto; la voluntad de reducir el todo a lo único, su vanidad.

---

[2] Augusto Roa Bastos: *Yo el Supremo* (México: Siglo XXI, 1978), 13. En adelante, las citas y paginación (entre paréntesis) correspondientes irán incorporadas al texto y provendrán de esta edición.

[3] Gabriel García Márquez: *Cien años de soledad* (Madrid: Espasa-Calpe, 1983), 448.

[4] Octavio Paz: «Los hijos de la Malinche», en *El laberinto de la soledad* (México: Fondo de Cultura Económica, 1970), 59-80.

Octavio Paz es evocado en la novela por un testigo que acusa al Supremo: «Pero construiste sobre ese laberinto otro más profundo y complicado aun: el laberinto de tu soledad. ... Llenaste, viejo misántropo, ese laberinto de tu horror al vacío con el vacío de lo absoluto» (109). El mundo mestizo, solo y bastardo que Paz describe se reviste de autoritarismo; la vergüenza del origen («¡No soy más que la calavera de alguien que fue un calavera hideputa!» 163) se cubre con su negación; el padre se vuelve un sujeto atribuido, nunca reconocido: «El que dicen que es mi padre...» (162), «... el que pretende ser mi progenitor...» (163), son las formas con que Francia se refiere a su ancestro más cercano. Además, una nota del texto habla del resentimiento producido por su origen mestizo y bastardo. Se trata de la correspondencia de fray Bel-Asco con Díaz de Ventura. En ella se consigna el apuro del tirano por proporcionarse una falsa genealogía al igual que su preocupación por «el estigma de su oscura tez» (311).

Tal como Carlos Fuentes lo notó, la novela latinoamericana sigue presentando un «mundo de la bastardía, de los hijos de puta», en el cual la madre es anónima y el padre afirma su nombre con la violencia, repitiendo la historia de la Conquista, ese «gigantesco atropello, ese fusilico descomunal» [5]. Para el Supremo, la solución es desconocer su ascendencia, invirtiendo la situación del hijo que no es reconocido por su padre: «¿No es de este modo como las criaturas salvajes son engendradas, sin necesidad de una madre? ¿Menos aún de progenitor?» (165).

Negado el padre, queda la madre como la marca de la vergüenza: «Yo he nacido de mí y Yo sólo me he hecho Doble» (144). El absoluto tiene origen en él mismo y la negación de la concepción y el nacimiento lo es también de la mujer y de las múltiples dimensiones humanas que no son razón pura: «Yo he podido ser concebido sin mujer por la sola fuerza de mi pensamiento» (144). El dictador convierte lo masculino y el intelecto en fuente de vida; su autoridad le permite solucionar el problema de su origen de forma falogocentrista [6] y convertir en uno de los *leitmotives* de su texto la negación de la madre: «¡Yo no tuve madre!» (157); «No quiero ser engendrado en vientre de mujer. Quiero nacer de pensamiento de hombre» (165). No obstante su autoritarismo, la afirmación no pasa de ser intento, pues la novela también consigna la incertidumbre de origen que acongoja al Supremo en su propia

[5] CARLOS FUENTES: *La nueva novela* (México: Joaquín Mórtiz, 1969), 45-46.

[6] Para un análisis del modo de ejercer el poder dentro de la cultura patriarcal y de sus asociaciones con la monosignificación, el autoritarismo y la obsesión de esclarecimiento de los orígenes, ver JONATHAN CULLER: *On Deconstruction: Theory and Criticism after Structuralism* (New York: Cornell UP, 1983), 58-61.

voz, hasta en sus propias preguntas (294-295); además, habla de la perplejidad del dictador que lo condena al propósito vano de establecerse como su propia génesis.

«Nunca he amado a nadie, lo recordaría» (299), dice el déspota solo. Las mujeres que pasan por su vida apenas si se le acercan; pero la fuerza potencial de lo femenino es siempre presentida o temida por el personaje. A menudo la mujer es lo inalcanzable, la «Estrella del Norte» (301) que se relaciona vagamente y a veces con una mujer concreta (60, 409), aunque su imagen tenga como función principal destacar cuán lejano y qué tan ajeno está lo femenino para el déspota.

La Andaluza desencadena una crisis —que hasta lo hace escribir una noveleta (59)— en la vida célibe del Supremo. Es la mujer destructora del orden de lo absoluto, trastocadora, hasta en el género, de la escritura suprema y autoritaria: «Desparrama todo lo escrito» (60). La solicitud de ella para ser recibida por el presidente da pie a un discurso paranoide de éste; sin hablar con ella, el tirano le atribuye la determinación de asesinarlo (56). Al observarla tras una puerta la transforma en Deyanira, por quien Hércules se pierde, aunque ella conserva sus connotaciones de ignota, lejana y huidiza, pues es Estrella del Norte y barca en el puerto (54). El orden y el encerramiento del Paraguay del Supremo se enfrentan a su opuesto: la mujer pirata, viajera, móvil, foránea; el puritanismo del déspota —para quien el olor de sexo es «... deshonesto, impúdico, lascivo, fornicatorio» (58)— antagoniza la sensualidad vital femenina.

El siglo xx ha tendido a definir a la mujer por la privación del falo [7]. La aparición de la Andaluza en la novela no se acompaña de carencias sino que de la fuerte presencia de un elemento unido a la sexualidad femenina y a la vida, la sangre: «Entre dos lunas [las mujeres] se desangran, pero no mueren» (55). Lo que para el hombre está asociado con la violencia y la muerte (el supuesto intento de asesinato al presidente, la muerte de Hércules por su túnica ensangrentada-envenenada) tiene aquí otra cara, sin perder ésta; para la mujer, sangre y vida son compañeras en la pubertad, en el primer amor y en el alumbramiento.

La diferencia de ambos sexos es vivida por el Supremo como amenaza: la mujer es «[s]eñuelo para el trabucazo» (56) o «fénix-hembra de la humedad» (57); pero es, ante todo, la desconocida, innombrable y anárquica, que conmina con su asomo toda la «verbomanía» [8] del tirano: «Enviada-extraviada a contramarcha de lo posible. Ya no estás navegando el río Paraguay, ni surcando

---

[7] CULLER, 167.
[8] FOSTER, 95.

el Estrecho bajo las nubes de Magallanes. Navegas por detrás de las cosas sin poder salir de un espacio sin espacio» (56). El déspota siente terror ante la sexualidad femenina; ésta se transforma en una sensación olfativa que todo lo penetra —en lugar de ser penetrada— y que se adueña de la ciudad y del Supremo: «Tufo carnal a sexo. ... Sus vaharadas se expanden, llenan el aposento. ... Debe de estar invadiendo la ciudad entera. La náusea me paraliza al borde de la arcada» (58). Declararla sucia, llamarla «la puta de la Andaluza» (59), por medio del desdoblamiento en Sultán [9] no es más que una respuesta del miedo a lo desconocido, a lo incomprensible, a lo que escapa de la suprema voluntad, que se ve menoscabada con ello. El dictador necesita someter a la Andaluza a las leyes de su discurso y, por eso, esta parte de la novela es la reescritura de una noveleta del Supremo: «Lo que prolijamente se repite es lo único que se anula» (59). Sin embargo, ella está allí, como un «significante tutor» [10] por el cual cruzan las significaciones. Ni el Supremo ni el compilador la han apresado en un significado definitivo, en una imagen de contornos recortados; ella es punto de apoyo de la lectura en la ambigüedad del plural. Signo ante todo, nadie la ha visto salvo el tirano que ahora duda de su visión (59-60). La realidad de este personaje es incierta y opaca [11] porque ella apunta hacia lo inaprensible de lo real. Lo único seguro es que la mujer es principio de desorden, revuelco de signos y de categorías mentales absolutas para el Supremo quien, habiendo querido rehuirla, la encuentra en los asaltos de la fantasía al logos absolutista.

Al final de la vida del déspota una mujer casi rompe su aislamiento. La ahijada montonera del dictador es «la única migrante que ha vuelto» (350) porque el Supremo intenta excluir de su mundo todo lo de afuera. No obstante, la aparición es tardía y el tirano no puede ser rescatado de su soledad: «Sólo ahora lo sé. ¿Por qué sólo ahora cuando el ahora ya no es más?» (348). Esta mujer hace al anciano (o al muerto) soñar con una etapa paradisíaca de fusión con la otra en la que aún se desconocen, como en la fundación de Macondo, los nombres de las cosas (349). La escritura es, por esto, doble: ha roto el paraíso de alianza entre las palabras y las cosas, pero expresa el anhelo de unidad a través de la misma división. Lo mismo sucede con la mujer. El recono-

---

[9] Para el estudio de la función del perro como desdoblamiento de la conciencia del tirano, en otros momentos de *Yo el Supremo*, ver FOSTER, 98.

[10] Para el concepto del texto como cruce de múltiples significaciones, ver ROLAND BARTHES: *S/Z*, trad. Nicolás Rosa (México: Siglo XXI, 1980), 9-15.

[11] Para el planteamiento de la incertidumbre y la opacidad de la realidad en otra obra de Roa Bastos, ver FERNANDO ALEGRÍA: «Cigarrillos Máuser», en *Homenaje a Augusto Roa Bastos,* ed. Helmy Giacoman (Madrid: Anaya, 1973), 13-18; FOSTER, 65-90.

cimiento de su enorme diferencia no le impide ahora añorar la unión. Con esta añoranza el texto abre camino a la conversación con la mujer, en un original ejemplo de lo que Juan Manuel Marcos ha descrito como estrategia dialógica de la novela [12]. Su voz femenina de silencio puede oírse en el discurso del Supremo:

> Tómalo [un juguete-reloj]. Quizá tú puedas componerlo. Lo deja suavemente donde estaba. No lo quiere. Tal vez para ella el tiempo transcurre de otra manera. La vida de uno da siete vueltas, le digo. Sí, pero la vida no es de uno, oigo que ella dice sin mover los labios... Los paraguayos son los únicos que entienden, dijeron nuestros peores enemigos. ¿Eh? ¿Dices que no? Ya verás. Aquí tenemos la única Patria libre y soberana de América del Sur; la única Revolución verdaderamente revolucionaria. No te noto muy convencida. Para ver bien las cosas de este mundo, tienes que mirarlas del revés. Después ponerlas del derecho. ¿Que a eso has venido? Bueno, ah, bueno. Aquí yo debería escribir que me río con un poco de sorna. Sólo para disimular mi balbuceo. (350-351)

El narrador no le cede la palabra y ella no la toma; ella toma el silencio y lo carga de la autocrítica del tirano. La mujer —el silencio— se opone a la verbomanía despótica; es capaz de develar la crítica al hombre. La eficacia del silencio se enfrenta a la impotencia del presidente para constituir un discurso absoluto. En la palabra autoritaria del dictador irrumpen su opuesto y su cuestionador: el silencio que abre paso a la crítica, al plural de otras voces. De nada servirá que el escrito del Supremo convierta a esta mujer en prostituta, pues su acción seguirá teniendo la característica de un ejército opositor (358).

La mujer se ha presentado como peligro para el absoluto deseado y perseguido. Su silencio lo devora: «¿Qué significa la vulva-con-dientes si no el principio devorador, no engendrador, de la hembra?» (151). A pesar de que el personaje se encierra en su casa, la locura del extraño amor de Juana Esquivel y Juan Robertson lo penetra, le impide trabajar (150). Vuelve lo femenino a roer la concentración absoluta, a traer el desorden irreductible a la autoridad; el miedo a ella explica el odio que se materializa en la figura de la *old hag,* por medio de la cual ha logrado crear una imagen repulsiva y temible de Juana Esquivel, según un arquetipo inverso al de la mujer como principio de vida (150). En realidad, la repulsión por lo femenino tematiza el temor masculino a la castración —a la que aluden los dientes y la acción de devorar—, así como el resentimiento contra la mujer como ser completo

---

[12] Marcos, 70.

y autónomo que no puede ser castrado [13]. El envidiarla hace que el Supremo la niegue: «¿No puede uno acaso nacer de uno mismo?» (144). Además, el absolutismo es hacer del todo uno y por medio de esta operación excluir a la mujer [14]. El Supremo quiere parirse a sí mismo porque procura vehementemente reducir lo plural a lo absoluto. La reducción implica negar lo diferente, la otredad, sea ésta extranjera o mujer. No obstante, la novela no intenta ni condenar ni reivindicar la figura de Francia [15], sino «aprovechar el misterio que rodeó siempre a su figura» y los «elementos extraños, contradictorios y ambiguos» que la componen [16], para llevar a cabo una indagación en lo real. Así, expone al dictador como al poseedor de una conciencia desdichada sobre la vanidad de la empresa que lo ha ocupado.

La obra exhibe las rendijas por donde la otredad se cuela y con ello logra ir del misoginismo de Francia al reconocimiento de lo femenino: históricamente el poder dictatorial es un «negocio de hombres» [17] y en *Yo el Supremo,* tanto la Andaluza como la ahijada Isasi quedan fuera del negocio. El patriarca supremo trata de negar su existencia pero ellas permanecen ahí, fuera de la esfera de su poder, cuestionándolo. A diferencia de la Mayorala Elmira del Primer Magistrado de Carpentier [18] y de los cientos de concubinas del patriarca de García Márquez [19], en el texto de Roa Bastos la mujer no se acerca al poder para servirlo. Con ello se hace aquí justicia a la mujer latinoamericana. En el inagotable ciclo de tiranos del continente no aparece la mujer. El poder despótico es un producto de la sociedad patriarcal y por eso la excluye. Colocarla en la novela fuera de él parece un acto de sentido histórico. Se ha afirmado que en la obra de Roa Bastos anterior a *Yo el Supremo* la mujer es activa [20]. Aquí parece haber cambiado la situación; sin embargo, su silencio y lejanía son activos, atentan contra el poder absoluto y, por esto, no pueden entenderse dentro del estereotipo de lo femenino como pasivo.

---

[13] CULLER, 169.

[14] «Thus, for male-dominated society, man is the founding principle and woman the excluded opposite of this.» TERRY EAGLETON: *Literary Theory: an Introduction* (Minneapolis: U of Minnesota P, 1983), 132.

[15] Para un estudio de la complejidad de la dialéctica entre redención y condena en Roa Bastos, ver FOSTER, 88-93, y TERESA MÉNDEZ-FAITH: *Exilio e imaginación: la novelística paraguaya del destierro,* diss., The U of Michigan, 1979, 108-112.

[16] MÉNDEZ-FAITH, 110.

[17] GARCÍA MÁRQUEZ: *El otoño del patriarca* (Buenos Aires: Sudamericana, 1975), 21.

[18] ALEJO CARPENTIER: *El recurso del método* (México: Siglo XXI, 1974).

[19] GARCÍA MÁRQUEZ.

[20] CLARA PASSAFARI DE GUTIÉRREZ: «La condición humana en la narrativa de Roa Bastos», en *Homenaje,* 25-45.

La negación de la mujer es una instancia de la del otro; el tirano lleva esto a consecuencias tan radicales que se hunde en la soledad suprema, en la cual el otro no existe ni siquiera para darle muerte. La novela se abre con la sentencia a muerte del Supremo y con la búsqueda de su redactor; pero el mismo personaje escribió su sentencia. ¿Qué más absoluto que escribirla? El absoluto se vuelve sobre sí mismo porque es la nada. El déspota se busca a sí mismo porque en su pasión por lo único se ha perdido, como ha extraviado su sentido de lo otro y de la diferencia, lo cual, no obstante, arremete contra su discurso. Tal y como fue observado en la obra anterior a *Yo el Supremo,* el victimario se convierte en su propia víctima [21], en perseguidor y asesino de sí mismo. La «monstruosa suma de poder acaba siendo una resta: la tremenda disminución del no poder» [22].

El intento de reducir la pluralidad a lo único ha fallado y el mundo que el dictador ha querido crear sufre del asalto constante de lo multivalente; lo femenino está allí para recordarlo. La irrupción del silencio plurisignificativo dentro del supremo discurso mengua su poder para constituirse como único y afirma la heterogeneidad esencial del otro que es, claramente, la otra.

---

[21] Hugo Rodríguez Alcalá: «Jorge Luis Borges en "La excavación" de Augusto Roa Bastos», en *Homenaje,* 221-235.
[22] Mario Benedetti: *El recurso del supremo patriarca* (México: Nueva Imagen, 1979), 28.

PROLEGÓMENOS A UNA LECTURA CONTEXTUAL DE *YO EL SUPREMO*

JOHN KRANIAUSKAS
Centre for Latin American Cultural College
Kings' College

> «Es que os pesa la memoria
> del desastre sin nombre.»
>
> (R. BARRETT)

En un continente donde los aparatos represivos del Estado son movilizados con regularidad alarmante para silenciar a los que en cualquier forma cuestionan las estructuras dominantes, toda discusión de la 'guerra de posiciones' ideológicas implicada en el concepto de 'hegemonía' parecería ser casi superflua[1]. Sin embargo, dentro de la dialéctica siempre particular del dominio por coerción y/o consenso, hasta aquellos gobernantes que recurren a la pistola más que otros para salvaguardar un poder imperial sienten la necesidad de una 'legitimación' ideológica; y de hecho, no tienen que ir muy lejos para encontrar a los funcionarios-intelectuales que producirán lo requerido[2]. Es en este sentido que hablaremos de una obra literaria, *Yo el Supremo*[3], la cual en uno de sus niveles de significación está involucrada en esa lucha ideológica. Una lucha que incluye una ética particular de la escritura —por lo menos para un crítico constituye un ejemplo de «una forma estética adecuada al problema ético que se les plantea a todos los escritores latinoamericanos»[4]— y, lo que subrayaremos aquí, una 'postura' interpretativa: una retórica. Se trata entonces, en alguna medida, de una noción de 'compromiso', aunque en ella el escritor es visto no como la 'conciencia' de una sociedad, sino más bien como parte constitutiva del todo social: un sujeto que ejerce el poder de la escritura de narrar.

---

[1] A. GRAMSCI: *Selections from Prison Notebooks,* Londres, 1978.

[2] R. BAREIRO SAGUIER: «Estructura autoritaria y producción literaria en Paraguay», en *Caravelle. Cahiers du monde Hispanique et Luso-Brésilien,* No. 42, 1984.

[3] A. ROA BASTOS: *Yo el Supremo,* México, 1977.

[4] J. LEENHARDT: «La escritura ensayística de la novela latinoamericana», en D. VIÑAS, A. RAMA *et al.: Más allá del boom,* México, 1981.

De hecho, algunos de los críticos que se han ocupado de las diferentes modalidades de la narración, y de sus diferentes soportes, han argumentado que la actividad de 'contar un cuento' fue una vez una muestra del poder de la palabra hablada cuya función predominante era la de reproducir un sentido de valor y moral comunales, un sentido de historia sin Historia, un re-torno en el que la comprensión del pasado era codificada y transmitida por la memoria del narrador [5]. En las sociedades de clase modernas la narrativa escrita, sea en su forma novelada o historiográfica, tiene este papel —«memoria de archivo»— en torno a la cual se condensan las relaciones con lo falso y lo verdadero, con la ficción y la historia: cómo fueron las cosas, cómo pudieron ser (o, cómo podrían ser!) [6]. De ahí las siguientes proposiciones sobre la relación de una obra de 'ficción' con la historia, o más precisamente, con la construcción del sentido de la historia de una formación social.

> ... qué partícula de pensamiento, qué resto de gente viva o muerta quedará en el país, que no lleve en adelante mi marca. La marca al rojo vivo de YO-ÉL [7].

Cuando hablamos del 'sentido de la historia' lo que se está destacando es una relacin valorizada entre el pasado, presente y futuro; esa relación articulada y objetivizada en aquellas narrativas en los cuales individuos sociales se sitúan frente a ese 'otro' campo de representaciones constituidas dentro de los diversos 'aparatos históricos' de una formación social. Un campo que, en cuanto es instituido (particularmente por el Estado, el capital multi-nacional, etc.) en una esfera pública en los contextos de la dependencia, de las contradicciones de clase, y otros antagonismos socio-económicos y políticos, construye y representa una tradición histórica —en los términos predominantes de una continuidad, pero también de ruptura—, dentro del cual sujetos sociales pueden sentirse 'en casa', o no (dado que no es un todo coherente y unificado

---

[5] Cabría añadir aquí también que, según J. Natalicio González, R. Bareiro Saguier y H. Clastres, la capacidad retórica era altamente apreciada en las sociedades guaraníes antes de la conquista. Señalan, por ejemplo, que se designaba al jefe guerrero según su éxito en una lucha simbólica (de palabras) que tomaba lugar precisamente anterior a la guerra «concreta» en contra de alguna tribu enemiga. Véase J. Natalicio González: *Proceso y formación de la cultura paraguaya* (vol. 1), Asunción, 1938, y R. Bareiro Saguier y H. Clastres: «Aculturación y mestizaje en las misiones jesuíticas del Paraguay», en *Aportes*, No. 14, octubre 1969.

[6] W. Benjamin: «The Storyteller», en *Illuminations*, Londres, 1970; J. Franco: «Narrador, autor, superestrella: la narrativa latinoamericana en la época de cultura de masas», en *Revista Iberoamericana*, Nos. 114-115, enero-junio 1981.

[7] A. Roa Bastos: *Yo el Supremo*, p. 278.

y por eso siempre en proceso de constante organización y reelaboración). A este ámbito, a través del cual operan prácticas hegemónicas en la producción de una ideología unificante e intersubjetiva, podríamos llamarle 'memoria dominante'. Opuesto, y en parte localizado fuera de éste —relegado a la 'esfera privada'—, habría representaciones históricas basadas en la comunidad y lugares de trabajo (la vida cotidiana), caracterizadas predominantemente por su transmisión oral, la no-conceptualización (en el sentido 'científico') y la representación de experiencias y 'mitos'-'memoria popular' (por lo menos en una primera instancia) [8].

Si estas formulaciones teóricas —que señalan más bien un punto de partida que de llegada— pueden ser aplicadas al Paraguay contemporáneo, podríamos decir que el efecto fundamental de la memoria/sentido de la historia dominante sería, en su momento unificante, el interpelar al 'paraguayo' como sujeto *nacional,* satisfecho en su comunidad *imaginaria,* en base a la construcción de un *lugar histórico común y unificado* [9]. Y dado que la operación/ función de la hegemonía depende de la representación exitosa de intereses particulares como generales al nivel del estado, veremos que en el intento de construir esta unidad nacional ciertos elementos de los relatos populares serán apropiados y movilizados para estos propósitos. De aquí, por ejemplo, la posibilidad de que, por un lado, el doctor Francia simboliza un intento de nacionalismo 'revolucionario' (en una de sus inflexiones populares) y, por el otro, el intento de un gobierno totalitario y anti-popular de apropiar este símbolo como el suyo.

Tengo una carta muy conmovedora, que para mí es realmente un testimonio que ha justificado, por lo menos, que me ha hecho

---

[8] Véase POPULAR MEMORY GROUP: «Popular Memory: theory, politics, method», y M. BOMMES y P. WRIGHT: «"Charms of Residence": the public and the past», en *Making Histories,* Centre for Contemporary Cultural Studies, Birmingham, 1982.
Al sugerir que los paraguayos deberían «volver al surco profundo, escuchar la voz de la tierra, *estudiar en español y hablar en guaraní...*» (subrayado mío), J. P. Benítez subraya esta división entre las experiencias «públicas» y «privadas»: *El Solar Guaraní,* Buenos Aires, 1959, p. 19.

[9] B. ANDERSON discute la nación como comunidad imaginaria y real en *Imagined Communities. Reflections on the Origin and Spread of Nationalism,* Londres, 1983.
Agregaremos aquí que para J. P. Benítez y J. Natalicio González no es la mujer o el hombre paraguayo los que son sujetos de la historia, sino es, o debería ser, en mayor o en menor medida, la Nación Paraguaya. Además de los textos arriba mencionados, véase J. P. BENÍTEZ: *Formación social del pueblo paraguayo,* Buenos Aires, 1967, y J. NATALICIO GONZÁLEZ: *Cómo se constituye una nación,* Asunción, 1949. Aunque los discursos de los dos escritores comparten ciertos «tópicos» comunes, cabe destacar sus diferentes ideologías: el primero «liberal progresista» y el segundo «oligárquico-populista».

sentir que había valido la pena escribir *Yo el Supremo*. Me escribió un grupo de jóvenes paraguayos que estaba preso en el penal de Arecutacuá, un viejo castillo de la época de la Colonia un poco al norte de Asunción. Me cuentan que habían leído, que habían discutido *Yo el Supremo*. Me dicen: «Ahora sabemos que tenemos detrás a un país.» Bueno, esto puede interpretarse de diversas maneras [10].

Admitiendo, por un lado, que los contextos de lectura de una obra pueden ser múltiples (dando lugar a lecturas múltiples), por el otro, en su relación con el Paraguay, una de sus operaciones sería, como se sugiere aquí, bastante específica: en el sentido de la configuración de un país o *nación*. Así que, al verificar este 'efecto textual' es posible ser más preciso en cuanto a la nación de la cual hablaremos. Esto es, sin embargo, una tarea ardua y difícil como testifican los pocos documentos disponibles —nación 'misteriosa', 'que delira', o 'camufleada'— especialmente para aquellos que *a)* no la han visitado, y *b)* se encuentran con esas dificultades del conocimiento del país a través de la palabra escrita —aun a ese nivel tan mundano, pero por eso tan relevante, de la información—. Por lo tanto, y sin poner en tela de juicio la validez del hecho que el valor estético de una obra como *Yo el Supremo* trasciende los contextos paraguayo y latinoamericanos, es quizá importante subrayar su especificidad cultural. Esos rasgos que nos permiten decir que es un ejemplo de la literatura paraguaya —esa 'literatura sin pasado'— [11]. Y así, paradójicamente, empezar a subvertir los términos de un debate cuyo ideologema estructurante es la oposición 'localismo-universalismo', recurriendo a, por lo menos, algunas de esas historias que atraviesan y hacen que un texto literario sea histórico.

Pasado y Presente

Una de estas historias sería la de la figura cuya voz predomina en la narración, y que es identificable, dado ciertos efectos de verosimilitud o más bien de legibilidad, como la de José Gaspar Rodríguez de Francia: dictador perpetuo de Paraguay, entre 1814 y 1840. Objeto de mucho debate político-ideológico e historiográfi-

---

[10] S. Sosnowaki y P. Urbanyi: «Augusto Roa Bastos: exilio y escritura», en *Plural,* vols. XI-XII, No. 143, agosto 1983, p. 13.

[11] A. Roa Bastos: «La narrativa paraguaya en el contexto de la narrativa hispanoamericana actual», en *Discurso Literario,* vol. 1, No. 1, otoño 1983. En relación a nación-camuflaje-realidad, véase Teresa Méndez-Faith: «Reflexiones en torno a textos-contextos paraguayos: rescate de una realidad camuflada», en *Discurso Literario,* 1.1 (1983). También, A. Roa Bastos: «Entrevista», en *Caravelle.* Cahiers du Monde Hispanique et Luso-Brésilien, 17 (1971).

co: «Soy una figura indispensable para la maledicencia» [12], dice. Prescindiendo, sin embargo, de sus deseos 'auráticos', trataremos de reconstruir a grandes rasgos su historia, contraponiéndola, como 'memoria' en 'un momento de peligro' [13], a la de la dictadura actual —que la evoca, tratando de apropiarla como 'suya'—.

El doctor Francia llegó al poder en un primer momento como miembro del triunvirato gobernante pos-independentista; en 1814 fue nombrado dictador en una asamblea popular de más de mil delegados provenientes de toda la República, particularmente del campo. En 1816 sus poderes fueron ampliados cuando en otra asamblea popular —con participación más limitada— fue nombrado dictador perpetuo y 'supremo'. Su base de apoyo lo constituían los 'chacreros', quienes, en el transcurso de la época colonial, sufrieron tantos problemas de competencia extranjera que socavaron sus ventas, como los costos de la exportación de sus excedentes por los 'puertos precisos' a lo largo del Río Paraná y del Río de la Plata; y la dirección fundamental de su política fue la lucha en contra del capital mercantil en defensa de la producción local. Sus estrategias básicas fueron las siguientes: tomar bajo el control estatal a todo comercio internacional, la mayor parte del cual era hecha a base del trueque sin mediación monetaria (en el país no había una economía monetaria); la reestructuración de las fuerzas militares bajo su control personal —así los grados superiores fueron abolidos—; el control de la Iglesia, negándole su autonomía en relación con el Vaticano —como institución tenía que jurar lealtad al Estado Independiente—, y la apropiación de sus tierras; a través de impuestos y multas empobreció a las familias aristocráticas y criollas; aboliendo la educación superior, la extendió para todos a nivel primario. En tales políticas es posible observar las bases de un proyecto destinado a desruir los fundamentos económicos e ideológicos de una naciente burguesía comercial —la 'Civilización', según Sarmiento—, cuyo polo de acumulación era externo al país (Buenos Aires).

Junto a los 'chacreros' se crearon las 'estancias de la patria', usadas para la cría de ganado y también distribuidas a campesinos —la renta se pagaba en especie—. Los excedentes generados por estas formas de producción se usaban en la compra de bienes necesarios y armas en el mercado internacional (controlado estrictamente por el Dr. Francia), en la construcción de obras públicas, o fueron simplemente acumulados o distribuidos a los necesitados. Muy poco fue reinvertido en nuevos medios de producción, más

---

[12] A. ROA BASTOS: *Yo el Supremo,* México, 1977, p. 8.
[13] W. BENJAMIN: «The Work of Art in the Age of Mechanical Reproduction» y «Theses on the Philosophy of History», en *Illuminations,* Londres, 1970.

113

bien fue acumulado como riqueza y no como capital. Así que, no sólo se abolía la pobreza en términos relativos, sino que también se echaron las bases de un mercado nacional integrado y protegido —aunque dado el poco desarrollo de los medios de producción permaneció en cierta medida estancado [14].

Desde la Guerra de la Triple Alianza (1865-1870) no se ha movilizado hasta ahora con éxito a ningún bloque hegemónico en el país. Por lo tanto, una nación donde el Estado 'excepcional' ha sido la norma, y el poder político mantenido y perdido a través de la movilización constante de la 'ala armada' de los aparatos del Estado. Desde la misma guerra, el sistema latifundista ha sido reestablecido: gobiernos sucesivos vendiendo más y más del patrimonio nacional, particularmente al capital extranjero. El fracaso de las reformas y 'revoluciones' democrático-radicales que se han dado desde las movilizaciones sociales surgidas a raíz de la Guerra del Chaco (1932-1935) —especialmente la Revolución de Concepción en 1947— han resultado en la continuación de un Estado oligárquico tecnocratizado.

Se puede describir la llegada del General Stroessner a la presidencia del Paraguay como una *inversión* del proceso francista. Llevado al poder por un golpe militar en 1954, inmediatamente profundizó, a través de purgas, la reestructuración del Partido Colorado comenzado en los gobiernos de Morínigo y Natalicio González: primero como base de apoyo de tipo populista-reaccionario; y segundo, en sus modalidades de inserción en la sociedad civil (persecución, corrupción, espías, etc.). En base a este proceso ha sido reelegido desde entonces. (El hecho de que muchas de las agrupaciones y partidos políticos alternativos son declarados ilegales y reprimidos, también ayuda a explicar esta continuidad.) Sus políticas han conllevado a la creciente penetración del capital multi-nacional en el país, particularmente en el campo. Y los intentos de resolver los resultantes problemas de la tierra han sido en las formas de colonización de la tierra —en vez de reforma agraria—, provocando el aumento de la pobreza en el campo, migración interna y externa, y la especulación de tierras. El conocido Tratado de Itaipú, firmado en 1973 con Brasil, ha tenido como resultado el proyecto de la construcción de la presa más grande del mundo; pero al ser financiado a través de préstamos brasileños significa que el Paraguay contribuirá a la industrialización de Brasil mientras que estorbará al desarrollo nacional —por ejemplo, la capacidad de absorción de energía de la incipiente industria en Paraguay

---

[14] Véase, particularmente, R. A. WHITE: *Paraguay's Autonomous Revolution. 1810-1840,* Alberquerque, 1978.

es todavía muy baja—. En otras palabras: la nación está en peligro de ser 'des-nacionalizada'[15].

Aunque de hecho recurre al uso constante de las fuerzas armadas y la policía para mantenerse en el poder —añadido al hecho de que la nación está bajo permanentes 'estados de emergencia/sitio' (la excusa es la defensa de la nación contra la subversión comunista, cuyos orígenes se encuentran en su 'exterior')—, el régimen stroessnista trata de legitimizarse evocando una estirpe. Dotándose de una tradición, una historia, en sus discursos evoca los nombres de Francia (el 'constructor' de una nación independiente), Carlos Antonio López (dictador después de Francia, el 'modernizador'), y a su hijo Francisco Solano López (quien murió como dictador, al mando del ejército nacional, durante la Guerra de la Triple Alianza; el 'defensor de la patria'), y, finalmente, a Bernadino Caballero (fundador del Partido Colorado). Como se puede adivinar, sin embargo, la relación de la política de Stroessner con cada una de estas figuras históricas (con la excepción de Caballero, con quien se puede establecer cierta continuidad) es de una inversión radical: más que 'constructor', 'destructor'; más que 'modernizador', fomentador del subdesarrollo; y más que 'patriota', 'nacionalista anti-nacional'[16].

Aunque trazados a muy grandes rasgos, creo que estos dos contextos son necesarios para hacer una lectura verdaderamente contextual de *Yo el Supremo,* por lo menos en su nivel histórico e ideológico. Así podemos empezar a apreciar lo que, en relación con la evocación dominante, es un conflicto interpretativo y retórico alrededor de una figura histórica —que no sólo está vivo, como memoria dominante, sino también como mito popular—. Esto lo aclaran bastante bien no sólo los enunciados biográficos de Roa Bastos, sino también su propia historia literaria desde *Lucha hasta el alba,* pasando por *Hijo de hombre,* en donde Francia aparece como 'tirano' a la vez que 'padre'/protector. Son los contextos que permiten al lector ver la táctica narrativa fundamental de la novela: sus dos niveles conflictivos de representación: el discurso de la historia de El Supremo, y el discurso del autor como compilador *dentro* del texto —el pasado de Francia y el presente de Stroessner—. Dos polos temporales entre los cuales oscila la narrativa del dictador, pero que predominantemente desborda su 'pre-

---

[15] O. Díaz de Arce: «El Paraguay contemporáneo (1925-1975)», en *América Latina. Historia de medio siglo,* México, 1982, y D. Salinas: «Movimiento obrero y procesos políticos en Paraguay», en *Historia del movimiento obrero en América Latina,* vol. 3, México, 1984.

[16] Esta continuidad también se da en J. Natalicio González: *Cómo se construye una nación,* Asunción, 1949, desde su punto de vista de entonces «ex-presidencial». En cuanto a Stroessner, puede consultarse *Paraguay. Presidente. Mensajes y discursos,* Asunción, 1970.

sente' pasando al presente de la escritura del texto. Así articulando otra, o hasta otras historias en contra de las representaciones históricas de la dictadura actual —desarticulándolas en conflicto hegemónico para tratar de producir una nueva relación con el pasado, desplazando a la dominante: quizá una nueva memoria para el futuro.

Escritura y Oralidad

Pero debería subrayarse que *Yo el Supremo* no presenta al lector otra tradición histórica de manera cerrada y monológica. Esta posibilidad es negada en primera instancia por su composición en base a fragmentos; y en segunda, por la articulación escriturística de otros relatos y experiencias. Parafraseando a Bajtin en su descripción de la 'menippea' podríamos decir que sus palabras son 'palabras con una mirada de reojo' ('words with a side-ways glance'). Sus discursos no son solamente referenciales, sino también, como hemos tratado de señalar arriba, 'dirigidos' ('addressed'): incluyen 'otros' [17].

En este sentido no hay duda que *Yo el Supremo* constituye un ejemplo dramático de heterogeneidad en su composición. Esto se destaca de tal manera que las estrategias interpretativas tradicionales se vuelven sumamente difíciles: al entrar a la obra el camino del crítico se ve constantemente bloqueado; tropieza con otros textos (poética de la citación). Éstos no sólo están inscritos en el mono-diálogo del dictador —así disturbando la idea del dictador como autor/fundador del texto/nación [18]—, sino que también existen 'independientemente' como notas historiográficas o apéndices y contra-textos, notas del compilador, 'la mano desconocida', etc. Estos discursos también conlleva sus propios antagonismos: no existen uno al lado del otro como libros en una biblioteca; al contrario, se establecen relaciones de conflicto, parodia, o por lo menos ambigüedad. Los elementos más dramáticos de esta relación son los antagonismos lingüísticos entre una cultura basada en la escritura y la cultura oral de la población guaraní, entre una lengua popular y una lengua dominante es, también, el conflicto aparente en cualquier lucha por la hegemonía [19]. Aquí, en el texto, se desplaza, dis-

---

[17] M. BAKHTIN: *Problems of Dostoevsky's Poetics,* Manchester, 1984. (Traducción mía.)

[18] J. FRANCO, en *Memoria, narración y repetición: la narrativa hispanoamericana en la época de la cultura de masas,* señala que en este sentido *Yo el Supremo* es una parodia de las concepciones «adánicas» subyacentes a algunas obras de la «nueva narrativa latinoamericana». En *Más allá del boom, op. cit.*

[19] «Toda vez que de una manera u otra aflora la cuestión de la lengua, significa que se están imponiendo una serie de otros problemas; la forma-

loca y se abre constantemente la significación para que las relaciones convencionales entre el significante y el significado sean subvertidas y forzadas a tener relaciones dialógicas con otros significantes re-semantizados: 'historias de entretén-y-miento'. Y es a través de esta articulación del guaraní en un texto escrito en español, el idioma dominante de una nación formalmente bilingüe, donde se revela y se señala otras experiencias e historias. Narraciones que han sido reducidas al silencio por la historiografía dominante, y en el caso de los indígenas guaraníes mismos, Historias que han sido condenadas. En su inflexión ensayística, como lo señala J. Leenhardt[20], *Yo el Supremo* retoma, como texto literario, una 'segunda naturaleza' (cultura) como 'naturaleza', pero también cabe subrayarlo, es organizado de tal manera que revela algunos de sus orígenes en el debate sobre el bilingüismo en el Paraguay y sus efectos sobre la producción cultural, especialmente la literatura 'ilustrada' escrita en español. Los ensayos importantes escritos por R. Bareiro Saguier[21] en este campo han mostrado cómo A. Roa Bastos ha trabajado este problema desde *El trueno entre las hojas* hasta *Yo el Supremo.* Cómo se ha desarrollado la relación del autor hacia las dos lenguas, desde la táctica no del todo satisfactoria, donde palabras y frases guaraníes eran incluidas con traducciones a pie de página (una relación de exterioridad), después con explicación y dilucidación en unidades sintagmáticas contiguas, hasta una táctica en donde los elementos incluidos (sonido, ritmo, aglutinación, etc.) eran internos a los significantes escritos en español —así alterando su campo semántico— produciendo neologismos, etcétera. Esta última modalidad no sólo recupera los códigos guaraníes, sino que también a estos mismos en su *relación* con la cultura dominante basada en la escritura y caracterizada por su univocidad.

Así, llevado a cabo este proceso en el terreno de la literatura 'ilustrada', el texto puede movilizar dentro de la esfera pública (no importa cuán limitada) otra, posiblemente inquietante, narrativa y su cosmología. El texto entonces no sería meramente el 'lugar de encuentro' o 'rendezvous» de dos culturas (pre-capitalista y

---

ción y la ampliación de la clase dirigente, la necesidad de establecer relaciones más íntimas y seguras entre los grupos dirigentes y la masa popular-nacional, es decir, de reorganizar la hegemonía cultural.» A. GRAMSCI: *Literatura y vida nacional,* México, 1976, p. 225.

[20] J. LEENHARDT: «Essai et récit: à propos de l'ouvre de Augusto Roa Bastos», en *Perspectivas de comprensión y de explicación de la narrativa latinoamericana,* ed. S. M. López de Albaida, J. Peñate Rivero, Bellinzona, 1982.

[21] Remitimos, una vez más, a los trabajos de R. Bareiro Saguier. Este punto está desarrollado especialmente en «Estratos de la lengua guaraní en la escritura de Augusto Roa Bastos».

capitalista dependiente) en términos de una interpenetración; sino que funcionaría también como la confrontación de las mismas en un proceso cuyos horizontes ideológicos rebasarían a ambas.

Yo el Supremo, entonces, cuenta su historia de un modo particular: usando materiales particulares en los que se apoya como contra-historia, y subvirtiéndose como escritura. Una escritura en solidaridad con el habla.

SIN RAZÓN DE LA RAZÓN:
YO EL SUPREMO COMO PARADOJA

J. BEKUNURU KUBAYANDA
The Ohio State University

La paradoja es una figura retórica que se remonta a la literatura greco-romana, medieval, renacentista como a la prosa y la poesía de Europa occidental. La paradoja, por ejemplo, es explotada por Cervantes, Shakespeare, Donne, Dryden, Pope, Chesterton, y otros escritores. La importancia de la paradoja para la poesía y para el análisis literaro moderno fue acentuada hace más de treinta años por Cleanth Brooks, de la escuela de la «Nueva Crítica». Brooks escribió: «Hay un sentido en el que el uso de la paradoja es el lenguaje apropiado e inevitable en la poesía: Es el científico cuya verdad requiere un lenguaje catártico de toda clase de paradoja; aparentemente, la verdad que el poeta exhala puede ser lograda solamente en términos de la paradoja» [1]. Considerada de este modo, la paradoja representa una búsqueda de la verdad, es decir, alguna verdad por sí misma, aunque sea algo absurda o aparentemente auto-contradictoria en relación a formas aceptadas por el raciocinio o por el discurso. Brooks insiste, paradójicamente, que la paradoja es la lengua tanto del alma como del intelecto; que puede llevarnos a formar conceptos e inferencias del más alto grado, y aun así, puede ocasionarnos una variedad de decepciones y aticismos.

La paradoja es memorable en cuanto a los elementos fundamentales de fuerza y sorpresa que casi siempre la acompañan. Como lectores generalmente nos impresiona tanto el poder de una oración paradójica que casi inevitablemente comenzamos a buscar la reconciliación de lo que aparentemente es en extremo opuesto. Tra-

---

[1] CLEANTH BROOKS: *The Well Wrought Urn* (New York: Harcourt and Brace, 1947), p. 3. Traduzco el original. Para definiciones similares de paradoja, ver *Princeton Encyclopedia Poetry and Poetics,* ed. Alex Preminger *et al.* (Princeton, N. J.: Princeton University Press, 1974), p. 598, y el *Dictionary of World Literary Terms,* ed. Joseph T. Shipley (Boston: The Writer, Inc., 1970).

dicionalmente la paradoja ha sido de dos clases: una verbal, la otra filosófica. La paradoja verbal está relacionada con las ambigüedades del discurso hablado o escrito; éste refleja una proposición indirecta, incongruente o contradictoria; no es una proposición directa simple. La paradoja filosófica por lo general se relaciona con una idea, especialmente una idea aparentemente ilógica, o con «una declaración o proposición que, desde una premisa aceptable y a pesar de un raciocinio ortodoxo nos lleva a una conclusión que está contra el sentido...». De acuerdo con el Diccionaro Inglés de Oxford, una paradoja de ideas es normalmente descrita por el nombre de su autor, por ejemplo, la paradoja de Russell [2].

Mi objetivo principal en este artículo es mostrar que la paradoja, ya sea filosófica o verbal, es esencial en la novela *Yo el Supremo* [3]. También intento demostrar que esta novela es una paradoja histórico-cultural, que es una parábola del Paraguay independiente, una exposición compleja por uno de los más agraciados paradojos de la literatura moderna. Mi título es, pues, deliberadamente paradójico: en él la locura, que generalmente es producida por la sin razón, coexiste con el método cuya premisa es la razón. *Yo el Supremo* me sacude como una estructura masiva de contradicciones, como un monumento de ambigüedad que, como toda ambigüedad, es «efectiva en varias formas al mismo tiempo» y su intención es la de significar varias cosas [4].

Yo el Supremo es un discurso escrito de modo irregular; está compuesto de extensas y casi irreconciliables formas del discurso, escenarios, y esquemas de formatos de diarios privados, de modelos epistolarios y memorias, de comentarios al margen y notas al pie de la página; de fragmentos de crónicas históricas y formas narrativas de los más complicados tipos. Éstas incluyen narraciones póstumas, quizá en la tradición de *Pedro Páramo,* de Rulfo, una combinación de voces narrativas en primera y tercera personas, un predominio de diálogos dramáticos e inserciones de pedazos de poesía. Lingüísticamente, esta confusión de géneros en una sola obra representa un sistema comunicativo laberíntico que demanda una gran concentración del lector; sin embargo, el lector no siempre puede analizar el contenido del discurso del escritor en parte porque el texto explota muchísimas variedades formales. No obstante, la comprensión puede ser facilitada por el hecho de que

---

[2] *A Supplement to the Oxford English Dictionary,* ed. R. W. Burchfield (Oxford, Eng.: Oxford University Press, 1982).

[3] AUGUSTO ROA BASTOS: *Yo el Supremo* (Buenos Aires: Siglo XXI Argentina Editores, 1974). Todas las referencias de las páginas de acuerdo a esta edición.

[4] WILLIAM EMPSON: *Seven Types of Ambiguity* (London: Catto and Winders, 1963), p. 2.

la novela puede ser leída con provecho de casi cualquier orden . Al nivel de la oración me atrevo a decir que no siempre podemos asumir plena coherencia; en este sentido, los siguientes fragmentos del discurso sirven como pruebas fehacientes:

Siento que no siento. (67)

Olvida tu memoria. Escribir no significa convertir lo real en palabras, sino hacer que la palabra sea real... (67)

La imaginación carece del instinto de la imitación, pero el imitador carece totalmente del instinto de la imaginación. (83)

Pidiendo sin pedir. (90)

Lo que sucede es que tu maldita memoria recuerda las palabras y olvida lo que está detrás de ellas. (91)

Esto sucedió sin suceder. (113)

El poder real ya no era real. (116)

Estas y otras unidades similares del discurso ocurren en la novela en la mayoría de las conversaciones entre el dictador y su secretario, o durante los soliloquios del dictador. Como actividades comunicativas de una clase mínima, encuentro algo ingenioso y falso en ellas, pero su verdadero significado propuesto puede ser tanto para sorprender como para convencer. Después de todo, difícilmente se podría encontrar significado en *Yo el Supremo* independientemente del paradójico.

Como dije anteriormente, el dictador-narrador en *Yo el Supremo* manipula las paradojas verbales para demostrar su superioridad retórica pero al mismo tiempo usa la paradoja como una forma alternativa para conceptualizar el mundo. No hay duda de que realmente juega de modo consciente con las posibilidades de la paradoja, especialmente sabe que la apariencia de los dos opuestos, por ejemplo, demencia y lucidez, cohabitan en su persona. Según la leyenda popular, de la cual el dictador es conocedor, lleva en sus poderosos hombros «la piedra-demente» (112) en vez de su cabeza. El sentido común, pues, parece estar invertido, sin embargo, el mismo «cabeciduro demente», para parafrasearlo, hace algunas de las reflexiones más profundas sobre la naturaleza y función del poder en una joven república. Dos de estas reflexiones son dignas de mención.

Primero, la elocuente distinción que hace el dictador entre sus dos personalidades —las nominaciones el «yo» y el «él»— que corresponden a su apariencia física (su «persona corpórea») y a su

---

5 Juan Manuel Marcos: «Estrategia textual de *Yo el Supremo*», en *Revista Iberoamericana*, Nos. 123-124 (abril-septiembre 1983), pp. 433-448.

9

espiritual, entidad simbólica (su «figura impersonal») (112). En otros términos no alegóricos, ellas son las facciones perecederas e imperecederas de un soberano. Esta dualidad «yo-él» del caudillo, le dicen al lector, constituyen los pulmones palpitantes del Estado (124); el ser físico del soberano es, metafóricamente, un pentágono, una compleja estructura de defensa de y para el país; es, además de eso, «cabeza, corazón, estómago, voluntad y memoria de la nación» (128). Esto, por supuesto, aparece como una forma extraordinariamente paradójica de asegurar la supremacía del dictador.

Segundo, el dictador, como manipulador de su propio discurso, tiene éxito al proyectar en la página escrita una relación peculiar entre el poder y el azar. De este modo, mientras medita en los comentarios anónimos al margen de su manuscrito (comentarios que socaban el pensamiento de la narrativa principal», el dictador percibe la sobrecogedora presencia del azar en «el más mínimo hecho» (107). El poder, como cualquier otra cosa, se debe, pues, a la casualidad, a lo ilógico, como la voz dictatorial reflexiona:

> La fuerza del poder consiste entonces, pensé, en cazar el azar; re-tenerlo atrapado. Descubrir sus leyes: es decir, las leyes del olvido. Existe el azar sólo porque existe el olvido. Someterlo a ley del contra-olvido. Trazar el azar. (107)

Luego, en una creciente desesperación, la misma voz narrativa reitera:

> Por ahora Dios no me ocupa. Me preocupa dominar el azar. Poner el dedo en el dado, el dado en el dédalo. Sacar al país de su laberinto. (109)

Hay un fuerte elemento de lo inesperado; la pregunta es, ¿cómo o por qué el gobernante absoluto de un pueblo cobarde puede estar preocupado de un fenómeno tan efímero como el azar? El punto parece ser que en todas estas alucinaciones hay una ineluctable resurrección de debilidad mezclada con el poder, una trivialidad de la realidad, un tipo de mentalidad quijotesca operando al lado de una inescrutabilidad hitleriana o napoleónica. Toda lógica, todo orden, parece escapar al dictador en este momento; todo es posible incluso su propia derrota y su propia muerte. El enigmático e irónico carácter de las líneas anteriores se hace por ello claro. Y debe enfatizarse que aquel enigma, esa búsqueda perpetua por «la secreta ley del azar» (228), es la paradoja del dictador paraguayo vista por Roa Bastos; es, en efecto, la metafísica del poder del dictador Francia.

Además de lo metafísico, parece operar en *Yo el Supremo* una paradoja de naturaleza socio-histórica y cultural. Varios elementos de interés público interfieren con los cánones de consistencia lógica delineados por el dictador; éstos tienen que ver con el abismo físico e intelectual entre el dictador y sus vasallos, la separación entre la colectividad y la individualidad, y la aparente disparidad entre un razonamiento general y una marcada demencia.

Por ejemplo, el juramento del dictador al tomar posesión del cargo está apoyado en una aparentemente fuerte abigarrada igualdad, y una sensibilidad anti-colonialista (92). Esto en esencia refuerza la creencia y la fe de un pueblo que apenas está emergiendo de un gobierno colonial y preocupado por las limitaciones de una cultura colonial.

Una situación conflictiva pronto se desarrolla, porque el dictador, como individuo, cree en las palabras de las voces burlonas, de que «la revolución es obra de uno-solo-en-lo-solo» (109). La «Utopía real» (326) que el dictador ha predicado no se puede llevar a cabo en parte como resultado de una neurosis neo-colonial, anti-minoritaria que se desarrolla como un modelo reconocible; en este modelo el dictador odia y se aleja de los indios, de los negros y del *pueblo,* en otras palabras, la «masa» colectivizada. Así, el *pueblo* es metafóricamente clasificado por el dictador como «vulgo pueblo», «la bestia de la plebe», «la inmensa, poderosa bestia», y como las «irracionales especies» (93-94); los negros, especialmente las lavanderas y sus niños están reducidos a «volúmenes y volúmenes de ignorancia», a objetos sexuales y criminales, quienes a pesar de todo saben que «ese yo no es El Supremo, a quien temen-aman» (98). En esta escena, el dictador ha aparecido delante de las lavanderas a la orilla del río, pero ellas no lo reconocen, para hacer honor al amo *Karaí Guasú,* como lo llaman los indios. La situación es de por sí paradójica; la relación entre amo y esclavo, opresor y oprimido sugiere la antítesis, y la práctica discursiva en el trabajo «dialéctico». Yo empleo el término dentro del contexto del pensamiento fanoniano, por ejemplo, la idea de que los «objetos» neo-coloniales están limitados a las mismas etiquetas anticuadas a menos que tengan el coraje de convertirse en «sujetos» de su destino [6]. Ese astuto coraje de romper con el pasado es el secreto fundamental que busca sistemáticamente desmentir la pretensión de la superioridad del dictador.

Sin embargo, para comprender con claridad las complejidades y paradojas de *Yo el Supremo* debemos mirar la realidad desde la perspectiva del dictador anónimo. De hacerlo así, se notará que la novela refleja un temor real en la condición de Paraguay como es-

---

[6] Esta idea fue desarrollada por FRANTZ FANON entre 1950 y 1960 principalmente en *Peau Noir, Masques Blancs* (Paris: Editions du Seuil, 1952) y en *Les Damnés de la Terre* (Paris: Editions François Maspero, 1961).

tado soberano. Paradójicamente, el dictador es quien aparentemente entiende con suficiente claridad (no se debe olvidar que él monopoliza el uso del idioma) el peso de la historia paraguaya.

> ¡Aquí al monarca lo hemos puesto en el arca!, grité. ¡Aquí, en el Paraguay, la Tierra Firme es la firme voluntad del pueblo de hacer libre su tierra desde hoy y para siempre! La única cuestión a decidir es cómo debemos defender los paraguayos nuestra soberanía e independencia contra España, contra Lima, contra Buenos Aires, contra el Brasil, contra toda potencia extranjera que pretenda sojuzgarnos. (105)

Es como si el «cómo» de la historia paraguaya, el método de desarrollo de Paraguay, se hubiera dejado determinar por una sola angustiada alma. ¿Qué va a hacer esa alma ante una amenaza extranjera, por ejemplo, el deseo de Bolívar de destruir al dictador de Paraguay, y la interminable rivalidad de Brasil y Argentina sobre la política y el territorio paraguayos?[7] ¿Qué se va a hacer sobre la fragilidad de la situación interna, una condición indicada por una deslealtad comprendida, una ruptura en las comunicaciones reflejada en la negativa del dictador de dialogar con su moribundo padre, y por un letargo generalizado? Aquí el discurso literario y el histórico se encuentran y se enlazan; observamos una paradoja muy clara en la que tanto el poderoso como el desapoderado padecen de la debilidad de entendimiento de la alienación. Al escribir sobre Paraguay, el historiaor del siglo XIX, Charles Washburn, comenta:

> Un pueblo tan inepto para organizar un gobierno como el de los paraguayos de ese entonces (1811) escasamente podemos imaginarlo (...). Aunque el pueblo sabía que quería la independencia, y que quería quitarse la onerosa carga de los tributos que se les había impuesto por tan largo tiempo, aun así, no supo cómo aprovecharse del cambio de sus circunstancias[8].

---

[7] El dictador ficticio de Roa Bastos parece conocer su historia muy bien. Brasil y Argentina siempre habían rivalizado por anexar a Paraguay a su territorio; Bolívar amenazó desestabilizar al dictador paraguayo Dr. Francia; por varios años después de la independencia, España no reconoció la autonomía de sus antiguas colonias incluyendo a Paraguay. La literatura sobre todo esto es enorme, pero véase a HARRIS GAYLORD WARREN: *Paraguay and the Triple Alliance: The Postwar Decade, 1869-1878* (Austin, Texas: University of Texas Press, 1978), y a WILLIAM SPENCE ROBERTSON: *Rise of the Spanish American Republics* (New York y London: Appleton, 1918).

[8] CHARLES A. WASHBURN: *The History of Paraguay*, vol. 1 (Boston: Lee and Shepard, 1871), p. 159. Ver también HARRIS GAYLORD WARREN: *Paraguay and the Triple Alliance*, ibíd., p. 29, donde se dice que «muchísimos» paraguayos, después de la independencia, tenían «poco sentido de patriotismo, de nacionalismo». (Traduzco el original.)

La elección del Dr. Francia para asumir el poder absoluto en Paraguay desde 1814 ocurrió principalmente como resultado de este vacío político. Por eso podemos ver, como la voz del narrador y la voz del autor parecen sugerir, un vínculo evidente entre la violencia y la oscuridad cultural. Este «hecho» hace de la demencia de los métodos del dictador circunstancialmente comprensibles, aunque moralmente censurables; esto parece ser la razón por la cual se justifica la arbitrariedad. Esta posibilidad sorprenderá los valores morales del lector, pero la realidad paraguaya, como la reflejada en la novela, no puede ser juzgada por la lógica solamente, por el simple hecho de que es una realidad que nos deja confusamente perplejos.

Yo creo que esa perplejidad se observa en el desarrollo de la conciencia del dictador; suyo es un estado de conciencia que se nutre no sólo con la aprehensión metafísica, como lo hemos visto, sino también por la experiencia cognitiva de angustia histórica real. Siguiendo estas reflexiones se puede considerar *Yo el Supremo* como una rebelión en contra de la historia y como una celebración de utopía histórica. Roa Bastos, casi de una manera reminiscente a la de *Les mots et les choses,* de Michel Foucault, escribe de la historia, la historia de su tierra natal, para volverse contra ella. Eso parece explicar por qué al dictador Francia no se le llama por su nombre en la novela; eso puede ser la razón, tal vez, de un estilo narrativo no ortodoxo; eso sin duda puede ser la clave de su ruptura del tiempo cronológico y su preferencia por un aparente discurso caótico. Sin embargo, en *Yo el Supremo,* a nosotros como lectores, casi siempre se nos empuja hacia terrenos resbaladizos porque la imaginación de Roa Bastos parece estar obsesionada con lo paradójico; las paradojas emergen de la naturaleza indirecta del lenguaje de Roa Bastos, de sus ideas y del trato paradójico de la historia de su país.

A este respecto, el final de la novela parece resumir más apropiadamente todas las dimensiones de la paradoja de Roa Bastos que he intentado explorar. El lector está atrapado otra vez, como si estuviera en la red del *compilador* de la ambigüedad. ¿De qué se trata esta novela? ¿Quién es el dictador? ¿Cuál es su imagen después de más de un siglo después de su muerte? El *compilador* no ayuda a clarificar este enigma encantado. Todo lo que aprendemos de él es que la imagen del dictador se ha convertido en el pretexto de una intensa controversia entre la gente de Paraguay y los eruditos de la historia y la sociedad paraguaya. La leyenda es variada y confusa: consciente de que es culpable, los restos del pecador El Supremo pudieron haber sido removidos de la catedral por sus póstumas órdenes; el cuerpo del dictador probablemente fue exhumado y lanzado al Río Paraguay por los familiares de aquellos que fueron asesinados por él; los restos del dictador están, concebiblemente, en un museo de Buenos Aires; los indios guaraníes podrían haber excavado y roto todos sus huesos como un acto común de venganza. El tono satírico que emerge de la paradoja es evidente en este instante, pero nunca sabemos la verdad y el *compilador* no intenta entregarnos un significado definitivo: «En consecuencia, los personajes y hechos que figuran en ellos han ganado, por fatalidad del lenguaje escrito, el derecho a una existencia ficticia y autónoma al servicio del no menos ficticio y autónomo lector» (467). Yo creo que esta mística peculiar, este esfuerzo por entender la historia a través del discurso literario, realiza a la paradoja. Nada en el plano extrínseco de la novela *Yo el Supremo* parece ilustrar más convincentemente la relación entre lo escrito y lo paradójico que las siguientes palabras de Hayden White:

> Cuando tratamos de explicarnos tópicos tan problemáticos como la naturaleza humana, la cultura, la sociedad y la historia, nunca decimos con precisión lo que deseamos decir. Nuestro discurso siempre tiende a escapar de nuestros datos hacia las estructuras del subconsciente con las cuales tratamos de retenerlas; o, lo que es igual, los datos siempre resisten la coherencia de las imágenes que estamos tratando de crear de ellas [9].

---

[9] HAYDEN WHITE: *Tropics of Discourse: Essays in Cultural Criticism* (Baltimore y London: Johns Hopkins University Press, 1985), p. 1. (La traducción me corresponde.)

EL SUPREMO YO Y SUS RÉPLICAS:
BOSQUEJO DE UN PERFIL CARISMÁTICO

EDUARDO GONZÁLEZ
The Johns Hopkins University

> Por encima de todo, ellos hablaban, ellos me-
> morizaban, ellos escribían.
>
> (JONATHAN Z. SMITH: *Wisdom
> and Apocalyptic*)
>
> Resulta curioso que Federico viviera en la Era
> de la Escritura, en la mañana de esa extraña
> Edad que ha crecido a tal mediodía con
> nosotros, y que su compañía, durante todo el
> reinado, fuese de especie literaria y de escri-
> tores.
>
> (THOMAS CARLYLE: *History of Friedrich II
> of Prussia*)

A punto de concluir el proemio a su vasta *Historia* de Federico el Grande, Carlyle se citará a sí mismo en la persona ficticia
del historiador teutónico *Sauerteig:* «Toda la Historia es una Épica
aprisionada», habría sentenciado el *agrio* autor de la *Mandrágora
(Springwurzein)*. Es la historia como «una profecía y un salmo
prisioneros». La escritura del tiempo vive *sometida* por haberse
refugiado en la *ficción;* han desaparecido aquellos poetas —«Sal-
mistas e Iliadistas»— de terrible veracidad y hoy en día, en lugar
de su obra, se descubre «un alarmante parentesco entre ficción y
mentira». Ni Shakespeare («el más apto de los historiadores») ni
Goethe hacen ahora «la función de Historia», sino que el sentido
trascendente y la interpretación de los hechos corren por cuenta
de un *Polvoseco (Dryasdust)* cualquiera, de un plumista incapaz
de nada que sea «cósmico y noble». Semejantes cronistas y traga-
polvos jamás podrían entender el significado apocalíptico que llegaría a alcanzar el Siglo de las Luces, «el Siglo de la Hipocresía»;
el cual, según el tortuoso radicalismo conservardor de Carlyle, no
dio nunca nada de grande, «excepto ese gran Suicidio universal llamado la Revolución Francesa» [1].

---

[1] *History of Friedrich II of Prussia Called Friedrich the Great,* vol. I,
p. 21. *Dryasdust* (seco cual polvo) fue la denominación inventada por Sir

Tras haber abandonado la biografía a escala mayor de Oliver Cromwell, Carlyle se demoraría catorce años en cernir sobre papel la vida del monarca inventor de Prusia; del que fuera «el último de los antiguos Dioses y el primero de los Titanes modernos», como dijo una vez el conde de Mirabeau. Carlyle veía en la figura de *Vater Fritz* al líder *capaz; capaz de ver, de vaticinar,* de cumplir con la virtud épica escocesa de ser *canny (sagaz, prudente).* Dando fe de su empecinado talento filológico, Carlyle discerniría en las voces de *King* y *Köning* las cifras ancentrales del poder que se ejerce *conociendo, capacitando, conteniendo (canning),* dando *cabida;* como lo hace aquel que *puede y contiene* («he who *cans* or *kens»),* y que de tal manera *vaticina* y *atina* [2]. Se sabe que, hacia la primavera de 1843, Carlyle se hallaba desesperado ante las dificultades que le imponía el trabajo sobre Cromwell, y que fue entonces que, venciendo su desprecio por la escritura de artículos, hizo el compromiso de confeccionar uno sobre el recién fallecido doctor Francia, regente de la remota *China americana,* también conocida como el Paraguay.

Para Carlyle, Francia hubo de ser un Cromwell moderno, un líder capaz de emplear la fuerza en defensa del derecho nativo, de la misma manera en que Cromwel —el *Señor Protector*— lo hubiese hecho de haber reencarnado por aquel entonces para sacar a Inglaterra de las miserias políticas y morales que la ahogaban apenas comenzado el reinado de doña Victoria [3].

Walter Scott para dedicar algunas de sus obras; la voz llegó a designar el saber árido y cierto abuso del conocimiento estadístico.

[2] *Capaz* se aproxima a los significados del vernáculo escocés que Carlyle favorece, pero no abarca las importantes connotaciones de *vaticinar* y de crear un *enclave* o dominio con la mirada (como en la frase «I have you in my ken») ni tampoco goza del sabor arcaico y regional de que gustaba Carlyle, fiel a la estirpe bárbara de sus reyes. Philip Rosenberg destaca la importancia del *mirar* y de la *visión* en el carácter heroico celebrado por Carlyle: Mahoma «tenía un ojo para el mundo», porque la realidad «le lanzaba su destello» («glared-in upon him»); *The Seventh Hero. Thomas Carlyle and the Theory of Radical Activism,* p. 191.

[3] FRED KAPLAN: *Thomas Carlyle. A Biography,* p. 317. Carlyle hace el retrato de Francia aplicándole los ácidos de su ironía al *Essai Historique,* de RENGGER y LONGCHAMP, y a las *Letters,* de los ROBERTSON; adopta para ello un estilo condescendiente, a la vez burlón y elevado *(mock heroic),* como cuando glosa la *carta* XXI del menor de los Robertson, donde se describe la costumbre de dormir en plataformas: «In the damp flat country parts, where the mosquitoes abound, you sleep on high stages, mounted on four poles, forty feet above the ground, attained by ladders; so high, blessed be the Virgin, no mosquito can follow to sting.» En general, la actitud de Carlyle hacia el pueblo paraguayo y su gobierno se podría reducir a esta sentencia: «The Guacho population, it most be owned, is not yet fit for constitutional liberty»; «Dr. Francia», en *Miscellaneous Writings. Essays* (New York, 1871), p. 556.

Carlyle le exigió a la escritura la suprema ficción del retrato, de la transparencia carismática. Pero el grabado heroico dependía de una doble y recíproca impresión, de un encaje entre el rostro del héroe y el del poeta que lo retrataba. Por eso, cuando recuerda en el proemio de su *Historia* que Schiller había pensado una vez componer un poema épico sobre Federico el Grande, Carlyle declara que él, en lugar de haber escrito aquel poema irrealizado, lo que ha querido obtener de *su* Schiller («from my Schiller») no ha sido la falsa e imaginaria pintura de un hombre y su vida («the untrue imaginary Picture of a man and his life»), sino la verdadera y natural *Semejanza* («the actual natural Likeness»), tan verdadera como la cara misma, o más verídica aún («true as the face itself, nay truer»). Pero no hay que olvidar que tal exigencia de fidelidad la declara el sabio polígrafo Sauerteig, persona inventada por alguien que, a su vez, ya había también compuesto un retrato biográfico del poeta Schiller.

Antes de convertirse en labor tiránica y en necrópolis de ocho volúmenes, la *Historia* de Federico se esbozaba en sus comienzos como un retrato similar al de aquella biografía de Schiller. Además, el núcleo del cual crecería el compulsivo proyecto de escritura se debió concentrar en su origen según la incapacidad que Carlyle expresó de no poder escribir la biografía sin poseer dibujos o retratos fieles de Federico [4]. Es preciso imaginarse a Carlyle cernido sobre los dibujos del monarca, oteando las réplicas de su fisonomía con ánimo forense antes de reducirlas al polvo de una escritura que pudo muy bien ser perpetua. La persona biografiada se desprende así del reducto de sus retratos, de su retraimiento, e ingresa en los volúmenes de lo historiable, en el régimen de sucesión donde le tocará disipar sus dones carismáticos.

Porque el género *historia* hace rutina del género *retrato,* lo economiza, le confiere un valor parecido al monetario; lo hace transmisible y heredable. Entre historia y retrato existe tal vez una especie de magnetismo adverso, el cual se hará capaz y solvente en tanto se transforme en objeto de conocimiento genealógico. La historia intentará así depositarse, plasmarse en el retrato, pero al lograrlo inaugura cierta sucesión de trucos bastardeantes a costa de un carisma que la herencia no garantiza. Según Max Weber, el destino del poder carismático fue el de irse asimilando a las instituciones estables de la comunidad, y el de ceder ante los poderes de la sabiduría tradicional y luego ante la socialización de carácter

---

[4] Kaplan: *Thomas Carlyle,* pp. 384-395, para la génesis de la *Historia.* En varias oportunidades Carlyle llamó *necrópolis* al reino de Prusia, y a «esa región intrincada y anfibia» de Postdam. Para el biógrafo que lucha por ser historiador, el reino de Prusia se convertirá en el de Egipto; la vida de Friedrich yacerá bajo «montes de polvo».

racional. La mengua del carisma «indica por lo general la disminución de la importancia que haya tenido el proceder individual». La autoridad carismática se halla «específicamente fuera del ámbito de las rutinas cotidianas y de la esfera de lo profano»; de aquí que «el carisma puro» sea, en lo específico, «ajeno a las consideraciones económicas». Lo que distingue a la persona que porta las señas de los dones carismáticos es el repudio que hace de la explotación económica de dichos dones de *gratia infusa* como fuentes de ingreso; lo que se desprecia, «siempre y cuando uno se adhiera al tipo carismático genuino, es la economización cotidiana, tradicional o racional, y la adquisición de ingresos regulados por una actividad económica dedicada a tales fines» [5].

Aunque sean antagónicas en muchos otros sentidos, las estructuras burocráticas y las patriarcales tienen en común una peculiaridad determinante: la *permanencia a la cual aspiran*. Weber consideraba que «la estructura burocrática es sólo la contra-imagen del patriarcalismo transpuesta al orden de la racionalidad». En ambos casos se habrán ido imponiendo soluciones rutinarias y sistemáticas al prestigio heterogéneo y ultrapersonal que ostentaban los líderes *naturales* y aquellos individuos que poseyeron dones específicos de poder trascendental. Entre los varios medios de reducir el carisma a sus precipitados consuetudinarios, Weber destacaría el nombramiento de un sucesor, ya sea por acción directa del líder carismático o mediante la autoridad de algún concilio ejecutivo constituido para encauzar la deseada sucesión. Alejándose de sus orígenes mágicos y trascendentes, el carisma se desvincula de cualquier individuo en particular y se convierte en una instancia *transferible;* lo que se puede heredar entonces es el *character indelibilis* perteneciente al oficio o cargo en el cual reside el carisma; la legitimidad ejecutiva radicará entonces en la réplica indeleble de una semejanza transferida, de una semejanza que será ajena y en principio inmune a las incidencias señaladas en el registro biográfico o en la figura de cualquier individuo en particular. Todos los reyes de un mismo sintagma dinástico debían de responder, de replicar ante los rasgos místicos de un solo retrato [6].

La avasallante efervescencia del regalo carismático en sus instancias primitivas determina la inestabilidad y la condición siempre precaria del régimen que suele imponer. El entusiasmo que despierta obedece al logro reiterado de las conquistas realizadas a través de su eficacia; entre el líder y sus adherentes no existen ni obligaciones

---

[5] Max Weber: *On Charisma and Institution Building*, pp. 28, 51 y 52.
[6] El estudio clásico, en el marco de la teología política medieval, es la obra de Ernst Kantorowitcz: *The King's Two Bodies* (1967); de lo más reciente sobresale la síntesis comparativa de Reinhard Bendix: *Kings or People. Power and the Mandate to Rule* (1978).

legales o de derecho ni costrato alguno que se sobreañada a la voluntad colectiva; se le obedece al líder según la coacción de los hechos que él mismo impone al cumplirse como persona elegida. En su evolución política, el carisma se manifiesta en las figuras primitivas del Señor de la Guerra y en la del Rey Divino. Según Weber, la monarquía no es la forma evolucionaria más antigua de la dominación política. Por este último concepto Weber entendía la acción del poder que va *más allá,* que excede la autoridad doméstica y se distingue de ella. Se distingue porque «no se dedica a conducir el bregar del grupo en su lucha por extraer sustento del ámbito de la naturaleza, sino que se empeña en dirigir los conflictos violentos de una comunidad humana con otra» [7].

El fenómeno de escisión dual define a la persona del héroe trágico en general [8]. En dramas como *Siete contra Tebas,* el protagonista no es el héroe, sino la ciudad misma, sus actitudes y leyes. Etéocles gobierna de modo ejemplar hasta que aviva en él la enemistad latente con el hermano, Polinices. La vigencia del hermano causa que Etéocles caiga bajo el influjo de las maldiciones ancestrales que pesan sobre el linaje de Ládbaco. Etéocles cae preso de la *manía,* de un *miasma* engendrador de los peores crímenes. El carácter *(ēthos)* habitual del personaje se ve impelido por el *numen* siniestro del *daimón* o espíritu maligno. En el *daimón* perviven los poderes sobrehumanos de épocas arcaicas muy anteriores a la formación del orden cívico. De esta manera, el drama de Esquilo representa la crisis de cómo el carácter o *ēthos* del personaje central funciona como sostén del orden y de la conducta política del buen gobernante hasta que, cambiando de registros, la tragedia trae a escena las vigencias arcaicas, desplazándose «de la psicología política a la mítica, implícita en la leyenda de los labdacidas acerca de la muerte mutua de los dos hermanos [9]. El dilema trágico radica, pues,

---

[7] *On Charisma,* p. 25.

[8] Nuestro acceso a la problemática de la tiranía en la Grecia antigua se ha valido del frecuente diálogo con los colegas Frank Romer y Lowell Edmunds. De una extensa bibliografía, nos limitamos a citar el trabajo de MARCEL DETIENNE: «Entre Bêtes et Dieux», en *Nouvelle Revue de psychanalyse,* 6 (1972), pp. 231-246, recogido más adelante en *Dionysos mis à mort* (1977), y el célebre ensayo de JEAN PIERRE VERNANT: «Ambiguïté et renversement: sur la structure enigmatique d'*Oedipe Roi*», en *Mythe et tragédie en Grèce ancienne,* pp. 43 y ss. Desde un punto de vista tradicional, BERNARD KNOX, en *Oedipus at Thebes. Sophocles Tragic Hero and his Time,* formula e interpreta el furor utópico en la concepción del *antrôpos tyranos.*

[9] Según la tesis de Vernant sobre las tensiones y ambigüedades en la tragedia griega, *Mythe et tragédie,* pp. 21-40: «A tout moment, la vie du héros se déroulera comme sur deux plans dont chacun, pris en lui-même, suffirait à expliquer les péripéties du drame, mais que la tragédie vise précisément à présenter comme inséparables l'un de l'autre: chaque action apparaît dans la ligne et la logique d'un caractère, d'un *êthis,* dans le

en que el héroe tenga que sostenerse, como ejemplo excepcional del destino humano, permaneciendo sujeto a las exigencias duales y antagónicas dictadas por dos órdenes diferentes de la conducta, el político y el religioso.

La semejanza entre el héroe tirano, la tiranía de la heroicidad trágica y la figura del líder carismático no se limita sólo al hecho de que sea posible aducir la presencia de algo análogo al carisma en la hechura del héroe griego; ya que, en definitiva, el dominio político se constituyó en contra de la exaltación *hubrística* de los tiranos. Pero a la vez que héroes como Edipo y Etéocles no se logran como tales sin que se active en ellos el poder enajenante del *daimón*, el discurso de la política no parece capaz de ejemplificarse ante sí mismo y de imponerse a otros grupos extraños y marginales sin adueñarse, sin hacerse beneficiario de la infusión de energía figurada presente en la persona del *anthrôpos tyrannos*[10].

Colocados en relación histórico-antropológica, los respectivos arcaismos del líder carismático y del tirano parecen ambos empeñados en conservar la condición atávica del Regidor, condición singular e insólita, propia de un ser único, el cual se reconocerá en la réplica y no en la mera sucesión. Téngase en cuenta además que, a medida que los grupos sociales crecen y se diversifican, surgen en su seno prácticas y disciplinas nuevas; van naciendo nuevos oficios y pericias, y se fundan, en fin, técnicas particulares que disuelven o reorganizan los antiguos dominios del trabajo en general. Como ya hemos apuntado, Weber sostuvo que el carisma legítimo repudiaba toda anexión de soberanía a los resortes del intercambio y del lucro e, inclusive, que negaba el criterio de transmisión por herencia. En cuanto a la tiranía, ya hemos notado también cómo representaba un corte, una interrupción del espacio homogéneo de la *isonomía*. Pero el régimen isonómico no representaba por eso un paso hacia la indiferenciación, sino que, al contrario, instituía un nuevo orden

---

moment même où elle se révèle la manifestation d'une puissance de l'au-delà, d'un *daímōn*»; p. 30.

[10] La *politeia*, o ámbito del discurso político, se atendería, según Vernant, al siguiente programa: «Cómo crear un sistema institucional que permita unificar los grupos humanos separados todavía por estatutos sociales, familiares, territoriales, religiosos, diferentes; cómo arrancar los individuos a las antiguas dependencias, a sus subordinaciones tradicionales, para constituirles en una ciudad homogénea, formada de ciudadanos semejantes e iguales...»; el poder político *democrático* aspira al ideal programático de la *isonomía*: principio de equivalencias y valores homogéneos que resultan contrarios al régimen tiránico. Vernant dice que en la época de Solón, «las ciudades en crisis llaman a un personaje cualificado por algunos dones excepcionales: árbitro, legislador extranjero a menudo designado por el oráculo, tirano. El ideal de *isonomía* implica por el contrario que la ciudad resuelva sus problemas merced al funcionamiento normal de sus instituciones, mediante el respeto a su propio *nomos*»; *Mito y pensamiento en la Grecia antigua*, pp. 219-220.

de las cosas cuyo principio era el de facilitar los intercambios entre nuevos y diferentes órdenes prácticos. Vernant contrasta el antiguo «tiempo religioso, ritmado por fiestas que cortan el ciclo del año en trozos temporales cualitativamente diversos, a veces incluso netamente opuestos», con el nuevo orden político, en el cual «todos los períodos del tiempo cívico son equivalentes, intercambiables». Lo que define las nuevas organizaciones político-sociales «no es una cualidad temporal particular, sino una homología en relación al conjunto. Se pasa de un sistema temporal a otro, que es, en muchos aspectos, el contrario» [11].

Entre los nuevos dominios prácticos ubicados en la isonomía cívica habría que incluir el representado por la difusión de la moneda, el cual lleva «a la necesidad de una contabilidad escrita». «Es preciso recordar —agrega Vernant— el papel que la escritura ha jugado en los orígenes de la ciudad.» «Puesta bajo la mirada de todos —concluye Vernant—, por el hecho mismo de su redacción, la fórmula escrita sale del dominio privado para situarse en otro plano: llega a ser bien común, cosa pública; de ahora en adelante concierne directamente a la colectividad tomada en su conjunto; participa en alguna manera de lo político» [12]. Para resumir: la diseminación isonómica pone en juego valores y recursos afines al intercambio generalizado dentro de un espacio virtualmente o en principio libre de impedimentos hierocráticos y de accidentes demónicos, los cuales obstaculizarían el flujo de las diferencias imponiéndoles a éstas algo así como el suplemento heterogéneo de una diferencia tan arcaica como intramitable, tan ancestralmente local como ajena al curso de la economía en su inflexión monetario-escriptural.

La figura del tirano, tal y como comparece en la tragedia, se presta a una especie de lectura numismática, pues la dualidad que conforman su *ethos* (o carácter político) y su *daimón* (o numen siniestro) es semejante a la dualidad heurística que divide el signo lingüístico —tanto el escrito como el hablado—. Al igual que la *diacrisis* propia del signo, la persona del tirano se escinde en dos caras que son tan adversas como inextricables, estando en disyunción analítica. Pero ha de observarse que la dualidad paradigmática del tirano —entendida según el modelo del signo— entra en circulación precisamente para ejemplificar el doble rostro de un valor suyo que se resiste al cambio. La doble cifra del tirano sería el signo inaugural de una lengua, o el cuño de una nueva moneda, pero lo sería para repudiar ambas nociones de equivalencia generalizada. El retrato monetario del tirano y su máscara —hablada o escrita—

---

[11] *Mito y pensamiento*, p. 224, y M. I. FINLEY: *Politics in the Ancient World*, cap. II, «Authority and Patronage», pp. 24-49.
[12] *Mito y pensamiento*, p. 224.

nos remiten así a una instancia de la diferencia que se niega a circular: entender al tirano representa, pues, comprender la fundación de las arbitrariedades del intercambio retratada en el marco personal de un *Yo* en crisis [13].

*   *   *

> La manía de escribir parece ser el síntoma de un siglo desbordado.
>
> *(Yo el Supremo)*
>
> Emparedado durante años en una cripta o caverna escriptural, algo se aprende sobre la muerte con el pretexto de ejercitar en el texto las probables resurrecciones de la negatividad a que lo somete el delicado e imprevisible mecanismo de la escritura.
>
> (AUGUSTO ROA BASTOS)

El perpetuo estado insurrecto de que goza el tirano en el discurso político se debe, en gran medida, a que con su figura resuciten los ardides primigenios del signo, la magia del grafismo, el volumen conminatorio de las voces arcaicas; como si todo ello no hubiese sido ya, como desde siempre, el producto de las técnicas y pautas del saber rutinario. La vigencia política del tirano no está ni en los gastados colores de su retórica ni en el lujo con que coacciona, reúne o dispersa los ánimos del grupo. Su inagotado ingenio excede la conciencia y la voluntad de acción que lo han colocado en la sede central de las cosas públicas. El genio del tirano nace de su autopsia misma; de él nos siguen fascinando la ostentación, el descaro con que proclama la autoscopia primitiva, donde se confunden los órganos orales con los cloacales retratados en un mismo escudo. No es sólo, pues, que el tirano haya nacido de sí mismo, que no tenga madre o que se haya servido de muchas, ni tampoco que su padre sea la paternidad misma mancillada y trabajada con alardes de masoquista. Lo importante es que nos engañe haciéndonos creer

---

[13] En *The Economy of Literature*, MARC SHELL da una lectura del *Edipo Rey* basada en la yuxtaposición de la génesis monetaria y la sexual (pp. 96-101); nos parece que Shell no estima lo suficiente la contradicción que el *tyrannos* encarna, contradicción entre el prestigio arcaico (*hierático-daimónico* y pre-monetario) y su actual solvencia económica (su *leyenda,* su dejarse leer mediante cálculos numismático-políticos).

que todo eso es extraño a nosotros mismos: que no hemos sido el ciego antes de fingirnos lazarillo. El tirano exagera y lleva a un punto de anulamiento pletórico los temas y falsos enigmas de la genitura y sus primeros lugares; el voraz tirano es capaz de digerirlos a todos. Este metabolismo genésico-canibalista hace del tirano un cuerpo siempre tibio aún, aún demasiado familiar, demasiado vivo para así corresponder mejor a nuestra búsqueda un tanto abyecta de esa olvidada semejanza con él que nos enajena y deleita. Nos enajena porque no es sino la conquista simbólica de una figura nuestra postergada e irrealizable que hubo de existir, nos interesa creer, antes de hacerse una con el recuerdo o el olvido que se hace efectivo en nosotros mediante las facilitaciones del hábito. Porque no busca ni encuentra al tirano sino aquél que cree haberlo perdido para sí mismo: al crecer uno, al uno ser razonado y disciplinado por el tiempo de los demás, al irse acomodando uno a determinada existencia, o al aprender uno, en fin, dándose ante los congéneres de uno, dándose como respuesta y no como reto y sobresalto.

La aprehensión ética del tirano no será genuina si pacta prematuramente con el superyo, o si se contenta con la necia ilusión de un triunfo que desconoce la disyuntiva trágica de que la persona del tirano siempre haya sido y sea aún posible en cada uno de nosotros mismos. Tanto los efectos de escritura como el magisterio del habla programada se han encargado de incomunicar al déspota del resto del cuerpo social. La elocuencia de tales medios de propaganda consagran y perpetúan el hermetismo que insulariza los diferentes modos de existir que integran la persona del tirano. Su persona ostentada llega a ser distinta de la que funciona más allá de la curiosidad pública. Aquel que intente ir más allá de ese su hermetismo intrínseco tendrá que hacerlo valiéndose de toda una gama de resortes tipológicos provistos por el saber determinista que los haya elaborado. Entre las diferentes modalidades de la sabiduría pertenecientes a la antigüedad ya hemos hablado de la dualidad *ético-daimónica* operante en la concepción griega del tirano trágico. A esa dinámica esencialmente especular debemos añadir ahora la evolución del carisma en el género de escritura apocalíptica en su acepción judeo-cristiana. El referente tiránico y el apocalíptico nos permitirán retratar los rasgos esenciales del Yo supremo.

Al comparar los esquemas apocalípticos que se conocen de la antigüedad, emerge un modelo narrativo-ideológico que es el siguiente: *alguien cuenta la historia del cosmos y la de un pueblo en particular, desde la creación hasta la catástrofe final, siguiendo las pautas dictadas por el determinismo astrológico*[14]. Se cree que

---

[14] Reflejamos la tesis formulada por JONATHAN Z. SMITH, en «Wisdom and Apocalyptic», en *Map is not Territory*, pp. 67-87. En el panorama re-

los encargados de propagar tales narraciones hubieron de ser en su mayoría intelectuales de origen babilónico, los cuales mantenían en curso la remota tradición exegética que fuera establecida en Sumeria más de dos mil años antes de Cristo, y que llegaría a perdurar hasta la época del estoicismo filosófico de estirpe helénica. *Intelectuales:* entiéndase una élite de trotamundos encargados del flujo transcultural de la *Sabiduría.* Tratábase de abogados, doctores, astrólogos, adivinos, magos y nigromantes, funcionarios de estado, lingüistas, exégetas, etc. Estos sabios tenían por mejor empeño el amor al estudio de ellos mismos, lo cual acumulaban para luego diseminarlo mediante la escritura de biografías, fábulas hagiográficas y demás prototipos de la existencia premeditada. Así proyectaban estos hombres su vida *hacia lo alto,* hacia la Deidad que había creado la Ley según un plan escrito. Dicha élite intelectual hipostasió al escritor y sus tareas de escribanía, transformándolos en la noción trascendental de la *Sabiduría Divina* [15].

El vehículo elemental de composición para esta tarea fue la *Listenwissenschaft,* el catalogar y clasificar los hechos según precedentes soteriológicos articulados mediante los mecanismos de la repetición. La fe que guiaba a estos escribas se apoyaba en la pertinencia de un grupo limitado de paradigmas aplicables con buena dosis de ingenio a cada nueva situación. Fue así que se llegaron a desarrollar técnicas muy complejas de exégesis y de hermenéutica para con ellas tramitar y salvar la distancia entre paradigma e instancia singular, entre pasado proverbial y presente. Lo que hoy en día entendemos por *Sabiduría* y *Apocaliptismo* tuvo sus orígenes en la labor de estos sabios babilónicos, en la cual Borges veía el florecimiento definitivo de la Literatura Comparada [16].

El personaje supremo inventado por la Sabiduría fue el Rey Divino, situado por los escribas en el centro del orden cósmico y social. Las anécdotas y fábulas compuestas y calculadas por la tradición eran cuidadosamente incorporadas a los formularios dinásticos, en los cuales habrían de funcionar en beneficio del monarca reinante, alternando, según las pautas canónicas, sus expresiones de lamento y de júbilo. El texto apocalíptico más antiguo que se conoce corresponde al sabio egipcio Neferti (1991 a. C.). En él, como en los que le siguen, el escriba emplea *vaticinia ex eventu* para así na-

---

visonista de tiempos recientes, la tesis de un contexto *internacionalista* o cosmopolita para la sabiduría antigua es presentada por Glendon E. Bryce, en *A Legacy of Wisdom. The Egyptian Contribution to the Wisdom of Israel* (1979); conviene consultar el resumen de J. A. Emerton: «Wisdom», en *Tradition and Interpretation* (1979), pp. 214-238.

[15] «Wisdom and Apocalyptic», p. 71.

[16] Para una contribución a la antropología de la *Listenwissenschaft,* puede consultarse la obra de Jack Goody: *The Domestication of the Savage Mind,* cap. V, «What is a List?», pp. 74-111.

rrar la subida al trono del Rey, quien ha logrado vencer al Caos, poner coto a los disturbios cósmicos y, sobre todo, vencer y subyugar la dominación de una potencia extraña que hubo de avasallar su tierra. Ahora bien, este tipo de narración no será apocalíptica en un sentido extricto hasta que sus vaticinios y su propaganda no lleguen con el pasar de las eras a desvincularse de la figura y del reinado de un rey en particular. Semejante eventualidad se hará posible en Egipto, y luego en Neo-Babilonia y también en Judea, durante el período en que se desvanecen sus regímenes locales o autóctonos. En lo sucesivo, el apocaliptismo se irá transformando en *la expresión escrita de la Sabiduría carente de patrocinio real o dinástico* [17].

En resumen, producidos por generación tras generación de escribas, los relatos propios de la Sabiduría y del Apocaliptismo representan modalidades específicas de la búsqueda de paradigmas que resulten aplicables a una crisis o a una situación histórica en particular; aplicable según el empleo de recursos deterministas de carácter tipológico-astral. Más tarde, cuando se incorporen dichos elementos narrativos y diagnósticos a una determinada programación de lamentos y de júbilos, a una catástrofe cosmo-política y a la subsiguiente acción restituidora de un rey local, entonces quedará inscrito, *estelado,* registrado, el dispositivo inaugural de una futura re-inscripción apocalíptica. De manera que, en lugar de ser un fenómeno expresivo directamente emanado de las vicisitudes político-religiosas de un pueblo, el tipologismo apocalíptico habrá sido formulado y calculado por una élite de intelectuales puesta al servicio de un rey a quien ella sabrá muy bien *cosmologizar.* Por otra parte —y ya en un futuro bastante lejano—, el trauma ocasionado por la aniquilación de las formas locales o nativas de soberanía política hará las veces de suceso-mediador entre la fase inicial circunscrita a los referentes propagandísticos o dinásticos, y otra, más tardía y ya plenamente apocalíptica, la cual *habrá de perdurar reinscribiéndose a niveles cada vez menos sujetos a vicisitudes particularistas o locales.* Por tanto, *en su fase plenamente desarrollada, el discurso de apocalipsis podrá desempeñar un papel ideológico-religioso de verdadera eficacia transcultural.*

Ya en el contexto más familiar de la tradición judeo-cristiana, vemos cómo, desde la época en que el primer templo quedó arrasado (587 a. C.), el llamado movimiento deuteronómico insistirá en

---

[17] Es esta la tesis de JONATHAN Z. SMITH: «Wisdom and Apocalyptic», p. 71. Para un resumen del estado actual de los estudios sobre las diferentes corrientes apocalíticas de la antigüedad, del judaísmo pos-exílico y de la primera época del cristianismo, véase el trabajo de MICHAEL A. KNIBB: «Prophecy and the Emergence of the Jewish Apocalypses», en *Israel's Phophetic Tradition,* ed. de R. Coggins, A. Phillips y M. Knibb (1982), pp. 155-180.

que «Israel» ha ocasionado la muerte de los profetas desobedeciendo a Yahvé. El punto de partida de esta corriente suele fijarse en la redacción de *2 Reyes 17:7-20*, donde se pondera la destrucción de los reinos como castigo divino ante la desobediencia del pueblo elegido (*Porque como los hijos de Israel pecasen contra Jehová, su Dios*, etc.). El tema de la traición al escatologismo de los profetas instaura el imperativo salvífico de *girar hacia lo justo* o *metanoia*, que será como el tropismo básico de las aspiraciones soteriológicas judías durante el período helenista y luego bajo la dominación del imperio romano y durante los orígenes del movimiento cristiano [18].

Desde la sublevación macabea (167 a. C.) hasta la época que comienza con la Guerra Judía y la nueva destrucción del Templo (70 d. C.), se irá acentuando la corriente literaria de enunciar y de proclamar el *girar de las edades* hacia el Final redentor. Esto ocurrirá sobre un fondo polémico cada vez más atento, desde el punto de vista rabínico, a la presencia de varios grupos influenciados por la expectativa apocalíptica: saduceos, esenos, zelotas; el fariseísmo posterior a la destrucción del Templo, y por supuesto el variado grupo de adeptos a Jesús, «el Galileo»; sector cosmopolita compuesto por judíos afectados por la cultura helénica y distanciados de la ortodoxia jerusalemita y de la cuna lingüística del arameo. Fue después de la Guerra Judía que se compuso (entre otros) *El Apocalipsis*, de Juan el Teólogo, texto que cifra el desenlace canónico de los cuatro evangelios. El apocaliptismo no deja huellas arameas o hebreas debido a que la ortodoxia rabínica (que data del segundo siglo de esta Era) lo fue borrando según criterios ortodoxos llamados a separar el judaísmo de su desvío cristiano [19].

Lo cierto es que ya en los contextos de redacción pseudográfica y deuteronómica existe una firme cautela ante los enunciados apocalípticos. Como señala Max Weber, el carisma del éxtasis profético partía de antecedentes muy remotos de la tradición pre-exílica. El prestigio chamanista de los profetas primitivos (del *juez* o *nabi*)

---

[18] EDWARD SCHILLEBEECKX: «Jesus. An Experiment in Christology», en *Prophetic and Apocalyptic Penitential Movements is Israel*, pp. 116-126.

[19] Sobre el papel proselitista y heterodoxo de las antiguas tradiciones escatológicas, SCHILLEBEECKX (*op. cit.*, p. 119) dice que: «Fue reaccionando en contra de tal empleo de los libros apocalípticos judíos por parte de los cristianos que, más tarde, en el siglo II, los rabinos atacaron dicha literatura —es esta la razón por la cual prácticamente todas las versiones hebreas y arameas suyas han desaparecido, y sólo se conservan las griegas, etiópicas y eslavas.» Para un tratamiento de esta cuestión desde un punto de vista judaico, puede consultarse el útil resumen de SAMUEL SANDMEL, en *Judaism and Christian Beginnings;* Sandmel cita el escarnio rabínico ante «los calculadores de finales», o propagandistas del mensaje soteriológico-apocaliptista, p. 189. La reciente obra de WAYNE A. MEEKS: *The First Urban Christians. The Social World of the Apostle Paul*, elabora un detenido examen del contexto social y antropológico de las primeras iglesias urbanas fuera de Palestina.

fue obliterado por las redacciones hechas por el sacerdocio hierocrático que controló la congregación religiosa posterior al exilio. De hecho, el único texto de cabal innovación apocaliptista que habría de ingresar en el canon fue el del *Libro de Daniel,* instancia típica del discurso escatológico [20].

En *Daniel* el redactor apocalíptico no es el profeta o *nabi,* sino alguien que es llamado a ser el intérprete de su mensaje y que ha de obrar bajo pseudónimo. Ese alguien propaga la voz carismática por vía escrita; no se trata, pues, de «un predicador u orador público», ya que lo apocalíptico será «esencialmente un género literario, la expresión de una visión especial de la historia» [21]. El discurso apocaliptista emplea un vasto conocimiento de las tradiciones que hoy en día llamaríamos *históricas,* situándolas entre dos extremos: el de la *caída originaria* del prototipo humano y el de un *viraje de las edades* que ha de dividir una Era de otra según determinados advenimientos catastróficos. Tal visión suele concentrarse a veces en una sola imagen (como la de la estatua de los imperios desvanecidos en *Daniel)* o si no en un juego de figuraciones tipológicas permutadas mediante la numeración astrológica. Como fenómeno de composición literaria y también como acto tácitamente historiográfico, el trabajo de redacción apocalíptica representa una ruptura *moderna* con las tradiciones de las cuales ha surgido, a las que se declara capaz de clausurar a través de una especie de asunción *metanoidal.*

No debe confundirse tal gesto finalista y epocal con el primitivo empecinamiento de los mensajes proféticos ni con la sabiduría carismática tradicional, arraigada en la ancestralidad de las vicisitudes territoriales y políticas vividas por las tribus de Israel. Gerhard von Rad lo afirma: «Los apocaliptistas fueron estudiosos e investigadores», en sus manos la sabiduría tradicional que el pueblo de Israel fue elaborando para comprender su existencia, leyes y gobierno alcanzó una solución singularmente historicista. El mensaje o proclama de los profetas respondía a un presente de urgente concreción: la llamada y la denuncia eran de un carácter arraigado e intransferible; eran tentativas de sentido trascendente adheridas a la noción del convenio *(berith)* con Jahvé. El empleo apocalíptico de la historia tiene otros fundamentos: sigue un curso de magistral desarraigo relativo a la matriz territorial y a la crisis histórica de las cuales hubo de emanar. Es por eso que von Rad llega a preguntarse si no será cierto que «la historia ha sido excluida de la filosofía que yace detrás de la idea gnóstica de épocas que pueden ser conocidas y calculadas; una filosofía que ha dispensado del fenómeno de lo

---

[20] MAX WEBER: *Ancient Judaism,* pp. 380-381.
[21] GERHARD VON RAD: *Old Testament Theology II. The Theology of Israel's Prophetic Traditions,* pp. 305-306.

contingente» [22]. Lo que von Rad interpreta aquí es el factor *transcultural* programado en la escritura apocalíptica. El texto escatológico evoluciona sometido al advenimiento de un historicismo abstracto, enrarecido por los efectos de su propio virtuosismo idealizador y epocalmente desubicado: según el discurso del apocalipsis, ha habido una catástrofe fundacional, una *caída originaria* y luego un *viraje de las edades* proclamado por el carismático y programado por el redactor; el carisma singular de una persona que ha sido como elegida y planteada por una ocasión histórica especial quedará entonces asimilado y presto a diseminarse, haciéndose rutina en el escándalo de una incantación.

En fin, la coyuntura apocalíptica nos plantea esta paradoja: la de haber implantado y canonizado el momento *modernista,* la de haber prefigurado sus sucesivos avatares. Lo hizo al consagrar —como técnica textual y como vocación exílica— la oficiosa desubicación del escritor y de su *pseudonimia;* lo hizo transculturando para siempre la *escrituralidad* del programador de textos y ficciones, acción que se posterga a sí misma ante la voz y la actuación decisiva de algún gestor supremo de hechos tan necesarios como aciagos. Lo hizo al perfeccionar los medios textuales de su diseminación por los mundos, por las nuevas lenguas; al convertir relatos dinásticos y mitos autóctonos —la propaganda y la memoria gregaria— en incantaciones y cálculos capaces de ser adoptados, sentidos y celebrados como trascendencias por un público universal. El apocaliptismo supo poner las cosas siempre entre *épocas,* entre paréntesis; situó los hechos narrables en la indeterminación, en lo indecidible que ha de mediar entre el éxodo hacia la ironía y el regreso al seno territorial, donde se seguirán determinando los destinos personales y concretos, las vidas y las muertes de un grupo insustituible, de un pueblo sólo una vez nombrado. De este modo, el definitivo modernismo de lo apocalíptico —y aquí cabe pensar en la obra de Walter Benjamin— consiste en la perenne expropiación de los particularismos culturales e históricos trabajados por las artes de cierto individuo y provistos así de cierta escandalosa autonomía.

* * *

Nuestro propósito inicial ha sido el de contrastar dos instancias de la exaltación soberana; hemos intentado fijar la perspectiva que nos permita entender la proyección carismática y la tiránica en términos del dinamismo concreto que las hace efectivas como expre-

---

[22] *Ibíd.,* p. 305. Schillebeeckx, desde una perspectiva más radical que la de von Rad, expresa su admiración tácita por los factores de *ruptura* y *modernidad* en las figuraciones apocalípticas; *op. cit.,* p. 124.

siones simbólicas del poder. Para entender al tirano como emisor de carisma, y para desprenderlo de ese su centro irradiador de soberanía, es preciso proyectarse, retratarse o encajarse uno mismo en su persona figurada y contrastarla con otras soluciones tipológicas del complejo soberano. Pues tanto en el *Edipo Tirano,* de Sófocles, como en el personaje de Freud, la ejemplaridad del transgresor protagónico no entra en función, no se hace *virtuosa,* sin que el espectador o lector repita en sí mismo la escisión especular que ilustra la elevación del tirano al trono de las figuraciones memorables. El drama bifocal del héroe dividido en dios y en demonio, en soberano y víctima expiatoria, en yo supremo y yo abyecto, nos impone el compromiso de un recorrido *pseudo-biográfico* que sea réplica del suyo.

Pero hay que tener en cuenta los desenlaces banales de tal proceso. Ya que no se trata de que cada uno de nosotros haya sido, sea o pueda ser tiránico; ni tampoco que un tirano en particular sea reducible a cierto malestar tácito en toda persona —solución provisional a que conduce el psicoanálisis doctrinario. Lo que cuenta ante el tirano es que uno se sepa persona sólo tras haber intentado superar la banal tiranía que nos ha obligado a ser persona mediante un saldo de acciones más o menos gratuitas. Más allá de la fascinación primitiva de sus desmanes y proezas, el tirano retendrá el aspecto *agonal* y la intranquilidad contagiosa que superan a los meros antecedentes rituales de la tragedia. Nunca basta con la sátira del tirano, es necesario encontrarse con él como lo hizo Nietzsche con su Dionisio y como lo ha hecho Augusto Roa Bastos con el Yo Supremo que inventa para reemplazar, en el elenco de las figuraciones, al oficioso huérfano de carisma que se llamó don Gaspar Rodríguez de Francia.

«En la novela —en *Yo el Supremo* ha dicho Roa Bastos—, El Supremo (sin nombre y despersonalizado) monologa, es decir, dialoga consigo mismo, cuando trata de *leer* en la inscripción de su destino personal para descubrir el momento en que la positividad de su acción transformadora se ha quebrado y ha comenzado a involucionar negativamente.» El punto de incepción en el cual han de coincidir nuestra mirada y la del autor será semejante a la impresión *tanatográfica* del tirano; punto análogo al de su autopsia, el cual coincide imaginariamente con «ese punto enigmático y fatal en que el poder de Uno-Solo (el culto sacralizador de la personalidad) traiciona la soberanía de la persona-muchedumbre, se aísla y concreta sobre sí mismo bloqueando como una mole de piedra el curso de la acción transformadora» [23].

[23] «Algunos núcleos generadores de un texto narrativo. Reflexión autocrítica a propósito de *Yo el Supremo,* desde el ángulo socio-lingüístico e ideológico. Condición del narrador.» Citamos por el texto de la conferencia

Al llevar a cabo la autocrítica de su novela, Roa Bastos se ve en la necesidad de revisar el complicado trabajo de urdimbre donde *alguien* —ya un tanto irremediablemente abjurado— ha retratado los rasgos alterados y adversos del rostro carismático, de una cara que exige y rechaza con un mismo gesto su resolución gregaria. «El Supremo quiere rescatar su identidad —dice Roa Bastos— en el círculo vicioso del YO al YO, y pone al descubierto el fraude idealizador que este mecanismo inconsciente comporta.» El Yo Supremo «delata la ideología que se ha deslizado y se oculta en su tejido de contradicciones centradas en el Individuo-Persona por oposición a la Persona-Muchedumbre». Porque «El Supremo no tiene poder como individuo-persona en un espacio subjetivo, idealista, solipsista, sino en el espacio histórico concreto de la persona-muchedumbre, la sociedad como fuente natural de poder». De tal forma, «la oposición individuo-colectividad es, pues (...), otro de los ejes significativos en un nivel homólogo a la oposición realidad histórica/realidad imaginaria». A partir de la integración textual de carácter autocrítico, el autor lector de su propia novela se distingue de la alternativa deconstructora, que suele situar en un mismo plano de acción inter-textual todas y cada una de las manifestaciones figurativas que se generen en la significación pluralista del texto.

Hoy en día ya resulta bastante socorrido postular una dimensión pantextualista a nivel de la cual ha de producirse el colapso de la aventura ficticia, así como la entropía de sus mitemas y demás recursos de la representación. La aventura ficticia habría estado siempre encaminada hacia sus propios orígenes y hacia el fundamento representado por la presencia de sus activadores axiomáticos. Ahora bien, aunque nos viésemos obligados a suponer algo así como el apagamiento entrópico o el Gran Final deconstructor de las energías desatadas por la figuración, habría así todo que insistir en que hubo un punto, un núcleo de sujeción donde el deslizamiento del significante insiste en volverse a fijar: hubo y hay una realidad histórico-ocurrencial y otra imaginaria. Y «si esta oposición —entre historia e imaginación— funciona coherentemente, dialécticamente, en la pertinencia del texto (y es lo que el enfoque autocrítico trata de verificar) —dice Roa Bastos— ella debe remitir el intertexto a una dimensión abarcadora del universo popular y del campo histórico: a la triada *sociedad-historia-revolución,* que es también el contexto de El Supremo en la historia y en la novela» [24].

Es así como se define la sujeción, la apuesta ideológica que separaría el proyecto novelístico de Roa Bastos del trabajo colaborador que le pueda ofrecer a su obra el academismo deconstructor.

---

leída en la Universidad de Maryland en 1982, el cual nos fue facilitado por Ana María Codas.

[24] «Reflexión autocrítica», pp. 29-30.

Además de rechazar tal relación parasitaria, la novela se abre, críticamente, ante la doble perspectiva trágica y apocalíptica. Es entonces que el Yo Supremo se declara dionisíaco, correspondiendo al *daimón* tiránico que interviene en el dios creado por Nietzsche. Porque es notable que, a pesar de que la experiencia dionisíaca haya representado para Nietzsche el avasallamiento extático de la *individuación,* ese dios no pueda, en definitiva, expulsar de sí al *daimón,* o aquellos elementos de la personalidad socrática y de la *maldita individualidad* que el interrogatorio dialéctico presumía conquistar, según las artes de las que se valía el filósofo para razonar con el genio personal [25].

Dionisio ocupa en la obra de Nietzsche un lugar análogo al que Platón le reserva al tirano en la suya. En ambos casos no se piensa al individuo si no es recreando su catástrofe arcaica, ya sea ésta de naturaleza religiosa o política. Como lo han demostrado con precisión M. S. Silk y J. P. Stern, Nietzsche no se refiere para nada a los vínculos sociales que podrían existir entre Apolo y Dionisio. En el *Nacimiento de la tragedia,* a pesar de considerársele como de naturaleza comunal, el culto a Dionisio no se explica según el antagonismo entre los valores aristocráticos (representados por Apolo) y los suyos, que fueron de origen humilde. Nietzsche rechaza esta alternativa y dice que «toda la oposición entre el príncipe y el pueblo —es más, la esfera socio-política toda— se excluyen por entero de los orígenes religiosos de la tragedia» [26]. Más allá de soslayar el *menadismo* y la participación tan importante de las mujeres en el culto orgiástico, la interpretación unilateralmente religiosa de Nietzsche suprime el carácter *demótico* que tuvo la religión dionisíaca: *demotikos* y *lusios, libertador,* eran epítetos comunes del dios [27]. Apolo solía ser el dios aristocrático de atletas y guerreros,

---

[25] Designamos por *individuación* el *principium individuationis* de antecedencia délfica e identificado con Apolo. Al razonar con el *daimón,* Sócrates reduce las antiguas ilusiones hierofánicas del culto apolíneo al drama individual del filósofo. A la obra temprana de GEORGES SOREL pertenece *Le procès de Socrate* (1889), ensayo de gran interés político en el cual la figura de Sócrates adquiere el perfil pagano de una personalidad cristológica concebida en términos de crisis *política.* Contrario a lo que suele creerse, Sorel desconocía los escritos de Nietzsche sobre Sócrates; JAMES H. MEISEL: *The Genesis of Georges Sorel,* p. 51. El carácter *político* de los *socráticos* es la imagen especular de la consagración *religiosa* que alcanzará el cristianismo una vez que se extrae de su contexto palestino primitivo: es decir, los socráticos, según Sorel, buscan una solución *teopolítica* del orden social; en este sentido, análogo al programa utópico de los jesuitas, el Paraguay viene a ser «un verdadero estado socrático»; *Les procès de Socrate,* p. 8.

[26] M. S. SILK y J. P. STERN, *Nietzsche on Tragedy,* p. 181.

[27] *Ibíd.,* p. 182; Silk y Stern aluden a la conocida interpretación del *menadismo* que hace E. R. DODDS, en *The Greeks and the Irrational,* páginas 270-280; de gran interés es la interpretación que elabora CHARLES SEGAL, en *Dionysiac Poetics and Euripides' «Bacchae»* (1982), *pasim.*

mientras que Dionisio encontraba sus mejores adeptos entre la plebe y los grupos marginados.

Es en calidad de intruso y de usurpador que regresa a reclamar lo suyo que Dionisio baja de los montes y comparece ante la figura tiránica del incomprensivo monarca Penteo. En *Las bacantes,* ambos van a escenificar el choque trágico entre el dominio político y el marginalismo utópico que representan los prosélitos de la subversiva religión. Dionisio y Penteo exteriorizan el conflicto que, según hemos visto, hace crisis en la persona del héroe trágico y en la del tirano representado en el drama: en ambos casos la persona agonal representa una *polémica (polemos)* entre los factores especulares del *ethos* y el *daimón.* Por eso, porque la tragedia representa un conflicto exteriorizado, o una pugna generalizada y librada más allá del carácter individual del héroe, es que, al rehusarse a tomar en cuenta o debatir el significado político-social del culto a Dionisio, Nietzsche priva al conflicto trágico de uno de los elementos decisivos de su particularismo histórico. Además, al eximir a Dionisio de los conflictos políticos de su época, se hermetiza un aspecto suyo (el religioso) relativo a cualquier otro, creándose en él, en el dios, un sector inmune, *individuado,* ajeno a determinadas coacciones que, por tumultuosas y orgiásticas, no dejarían de concretarse en acción política[28]. El Dionisio de Nietzsche *no es político para no ser tirano;* mientras que al tirano del drama le ha tocado ser *trágico* por no poder renunciar al *doble* reclamo que le imponen la *ética* de la soberanía civil y el arcaico *demonismo* religioso.

El ejemplo del tirano muestra el supremo solipsismo, la soledad axial del Uno-Solo que menciona Roa Bastos, pero no lo hace para quedar incomunicado por el proceso mismo, por la transmisión de entusiasmo y furor característica del líder carismático. Porque en la concepción clásica de Max Weber, *mientras más puro sea el carisma, menos se ha de dar aquél que lo posea al comunicárselo a los demás.* La persona humana del líder se hará cada vez más subalterna a su condición suprema de *vehículo* ajeno a cualquier apropiación voluntaria de los dones de poder que por él se difunden. Por su lado, la persona trágica del tirano representa una crisis de intesidad en el seno de la comunicación: el *tyrannos* refleja esa crisis en la medida en que ésta se hace transmisible a cada persona en su *singularidad individual.* El contraste que nos interesa destacar

---

[28] Según la tesis de Detienne, en *Dionysos mis a mort,* tanto el orfismo como el culto dionisíaco instigaban una interrogación radical de la *politicidad* misma *(politeia)* o de los fundamentos que permitían entenderse en el gobierno de la ciudad-estado. El carácter apolítico del Dionisio de Nietzsche es paralelo a la actuación apolítica del Jesús que él concibe como el tipo de del redentor; aunque permanezcan opuestas en el pensamiento tardío de Nietzsche, el *orgiasta* y el *crucificado* son dos entidades que corren paralelas por el mismo plano de trascendencia idealista.

es éste: *ante el vehículo carismático, todos se hacen Uno; ante el personaje del tirano, Uno —en crisis ostentada— se hace réplica en cada individuo.* Lo que el carisma disemina es algo como esa «soberanía de la persona-muchedumbre» a que se refiere Roa Bastos, mientras que el drama especular que reemplaza al carisma en el *anthrôpos tyrannos* ejemplifica —para cada uno y por la apenas sostenible réplica de lo trágico— una conquista agónica del reducto personal. En el conflicto trágico, la *voluntad* es centinela de la identidad individual; dicha voluntad es enemiga de la trascendencia impersonal del líder carismático, la voluntad *se niega a que nada que ella conozca sea, o le haya sido dado, de un modo gratuito.*

* * *

La exaltación de la soberanía en *Yo el Supremo,* según el conflicto y la atracción entre el sujeto protagónico y la colectividad, nos llega a través de varios registros de significación ubicables dentro de una perspectiva histórico-genealógica que hoy en día debe reconocer la influencia determinante de Nietzsche; sin olvidar el riesgo especulativo en el cual se incurre al ligar la historia al significado imperioso de ciertas fábulas. En juego queda el carácter específico de la escritura situada en la disyuntiva de abreacción de las manías que ella genera e intenta liberar, en tanto asume el mundo como solución, como *heurisma,* y no como desenlace inerte.

En tales términos, el registro trágico nos coloca ante una modalidad específica del vínculo carismático; vínculo especular e *individuante,* pero también sujeción del individuo fascinado por la posibilidad de cierta tanatografía, de cierta agresión satírica a sí mismo como umbral del conocimiento autobiográfico. A partir de esta crisis que nos vincula conflictivamente con el apogeo tiránico de la persona, el sujeto en juego y en ciernes que somos se enmarca en el retrato de sus genios de incepción: el *Yo* ha de reconocerse a sí mismo como *Supremo,* ejerciéndose en polémica con el saldo de identidades que el mundo de los demás le hurta. El triunfo trágico de la persona es el de la voluntad y, en la medida en que ésta resulte ser un empecinado gerundio con la vida, la tragedia será como la reiteración del nacimiento personal a la existencia mutua. Por eso, el registro trágico aplicado a *Yo el Supremo* nos dará acceso a lo más primitivo y agonal de la gesta de ese *Yo;* lo trágico se manifestará como género plural, unas veces satírico, otras teogónico e inclusive épico.

El otro registro de la exaltación soberana que habremos de considerar ofrece una perspectiva profética y apocalíptica del vehículo carismático. En este caso, los factores políticos y los religiosos se refiguran, se prestan ayuda, pero también se coaccionan mutuamente, a medida que el *Yo* reemerge situándose en circunstancias históricas muy precisas; lo cual significa que el *Yo* se efectúa o se fija en la historia según otras modalidades de abreacción: si cual personaje trágico la vindicación del *Yo* se inscribe como voluntad de poder que reconquista los primeros lugares del vivir polémico, su personalidad profética se dibujará en una serie de perfiles por igual voluntariosos y fulgurados por el conflicto, pero serán perfiles plenamente encajados en el destino colectivo de un pueblo y luego en los de una comunidad que intenta hacerse universal como signo de soberanía. Si la abreacción trágica constituye un *heurisma,* una última ficción de la voluntad personal entregándose al mundo, la abreacción profético-apocalíptica constituye a su vez un vencimiento parecido de la insignificancia, de la inercia y de lo absurdo, pero esta vez el *heurisma,* la ficción última habrá intentado transgredir su propia singularidad incorporándose a un grupo que irá hacia el futuro destinado por su política y su religión.

El registro trágico produce un drama *metapersonal,* mientras que el profético-apocalíptico trama una historia *metapolítica.* No podremos, pues, elaborar esto último sin referirnos a las principales manifestaciones contemporáneas de la dominación política y, en particular, al fascismo, como fenómeno metapolítico y como programa de acción apocalíptica. Glosando un apotegma de Nietzsche que reza: «La más perfecta organización del Universo puede denominarse Dios», Georges Bataille escribió (por el año 36) que: «El fascismo que recompone la sociedad a partir de elementos existentes es la forma más cerrada de la *organización,* es decir, la existencia humana más cercana al Dios eterno»[29]. Al subrayar lo de *organización,* Bataille parece referirse en este caso al estado fascista ya establecido con todo el rigor rutinario de sus resortes carismáticos, con lo cual el significado *deificante* del aparato de dominación estatal estaría en línea con los postulados tardíos de Hegel asimilados en este otro escrito de Bataille: «El Ser supremo de los teólogos y de los filósofos representa la intromisión más profunda de la estructura propia de la *homogeneidad* en la exis tecia *heterogénea:* así, pues, Dios encarna en su aspecto teológico la forma soberana por excelencia»[30]. En tanto, por *homogéneo,* Bataille designa los procedimientos racionales y normativos del gobierno, la *organización deífico-estatal* a la que se ha referido anteriormente acentúa el carácter de hipóstasis autoritaria que sin dudas el fascismo refleja; pero no sería el fascismo una forma de

---

[29] «Proposiciones sobre el facismo», en *Obras escogidas,* p. 150.
[30] «La estructura psicológica del facismo», en *Obras escogidas,* p. 104.

dominación singularmente metapolítica si no añadiera a su magisterio burocrático esas cualidades de la *heteroeneidad,* activadoras de la «violencia imperativa» por representar un exceso de irracionalidad inasimilable por las normas de conducta civil. Dicho exceso se encauza hacia la persona del caudillo «como objeto trascendente de la afectividad colectiva». De aquí que «el valor religioso del caudillo» sea «el valor fundamental (sino formal) del facismo». El César fascista, agrega Bataille, «no es, de hecho, más que una emanación del principio de la existencia gloriosa de una patria encumbrada al valor de una fuerza divina (que, superior a cualquier otra consideración concebible, exige no sólo la pasión, sino también el éxtasis de sus participantes)» [31].

Si anticipamos estas consideraciones sumarias es porque no podemos ni tan siquiera esbozar preliminarmente nuestra perspectiva del registro profético-apocalíptico sin hacer explícita su vinculación con los extremos militantes del ejercicio de la soberanía en la dimensión totalizadora en la cual política y religión se sintetizan.

Sin embargo, *Yo el Supremo* comienza por plantearnos un sector más inmediato de la tentativa apocalíptica, el referente a cierta promoción de los lenguajes, de los registros culturales y de las diversas *etnias* que puedan hallarse en determinado radio de acción política. Se trata de un asunto *meta* o *transcultural.* Por ejemplo, cuando Roa Bastos se adentra en su revisión autocrítica de *Yo el Supremo,* él dice que lo «más arduo para el compilador en la producción del texto fue la búsqueda de un lenguaje, de ese único lenguaje en el cual podía expresarse El Supremo con la voz coral única y escritura polisémica; naturalmente, El Supremo novelesco o de la novela, no el Supremo Dictador de la historia real». Pues se ha de insistir, añade, «en que son dos entidades específicamente diferentes y por momentos antagónicas» [32]. Ya ha de notarse en estas palabras el asomo de la tentativa apocalíptica: se busca transgredir o pasar de la voz *personal* a la voz «coral única» y, sobre todo, se propone alcanzar «la escritura polisémica», que es precisamente la aspiración fundadora de la tipología trascendente que culminó en textos como *El Apocalipsis,* de Juan el Teólogo. Además, se distingue también al personaje *histórico* que fue el Supremo Dictador del «Supremo novelesco», o de un segundo personaje —que, a su vez, habrá de generar otras réplicas—. Este personaje, que llamaremos *epocal,* siempre ha sido *el* apocalíptico: en el momento o época de diseminación transcultural, dicho perso-

---

[31] *Ibíd.,* p. 106. Es en este sentido cesáreo-divinizante que el nacionalsocialismo alemán trasciende la dinámica autoritaria del facismo en su cuna italiana.
[32] «Reflexión autocrítica», p. 17.

naje será el equivalente profético o mesiánico del antiguo Rey Divino de los programas dinásticos; o podrá ser también el Mesías mismo que habla por *su* profeta, quien, a su vez, se manifiesta en las siglas pseudónimas del redactor. Lo que sucede en *Yo el Supremo* es que esta dinámica inherente a la expansión o apertura universalista del discurso apocalíptico opera dentro del mismo texto en el cual han de encontrarse también elementos de redacción y de autoridad textual que serían a su vez equivalentes a los antiguos elementos de composición dinástica. Es decir, a través de cierto virtuosismo y quizá de las trampas nihilistas de la escritura —nihilistas en tanto desconocen de momento el bien y el mal—, el texto de la novela *epocaliza* modalidades y capacitaciones discursivas que en la historia radican a distancia.

Pero no bastaría con este elemento de acento formal —que hoy en día suele llamarse *dialógico*— para inducir un modelo narrativo análogo al instaurado por la tradición apocalíptica, ya que no se se ha designado todavía el hecho coyuntural-catastrófico que da fundamento histórico y cultural a la crisis reflejada en los manejos de la escritura. Ello comienza a ocurrir cuando Roa Bastos añade en su autocrítica que «la pertinencia de este lenguaje», es decir, del medio integralista que él busca al escribir su novela, «no podía ser otra que la congruencia con el contexto de una colectividad bilingüe o diligüe, que posee una determinada cultura mestiza y (...) sincrética»[33]. Se alude a una comunidad ya de por sí transculturada, compuesta de inherencias en conflicto y en fusión y, por tanto, potencialmente análoga a la del sincretismo hebreo-helénico, donde se gestó la escritura del *Apocalipsis* y textos parecidos. No obstante, falta algo todavía para establecer los presupuestos discursivos de *Yo el Supremo,* falta la catástrofe.

Roa Bastos la designa como el trauma que ha de anteponerse a toda comprensión del destino histórico del Paraguay. «La coherencia (dice) de una sociedad en sus niveles socio-culturales, especialmente en el plano socio-lingüístico, fue quebrada y destruida.» El Paraguay:

> fue arrasado a sangre y fuego y la masacre de cinco años lo dejó sin población masculina. Los últimos combates de su desesperada resistencia al invasor fueron librados por niños de diez a catorce años que acudían a los campos de batalla disfrazados con barbas postizas hechas con colas de caballo; carne de cañón infantil, sin armas, sin instrucción militar, que cerró con su sacrificio la tragedia espartana de un pueblo en lucha por su independencia y autonomía. En medio de las ruinas no quedó sino una hambrienta y desnuda población de mujeres, ancianos, niños pequeños,

---

[33] *Ibíd.,* p. 17.

inválidos de guerra. Despojos de la guerra más salvaje y sangrienta que recuerda la historia americana, y que destruyó la nación más avanzada de su época [34].

En términos del desarrollo histórico del discurso apocalíptico, una catástrofe de tal magnitud se hubiera, en definitiva, incorporado en las estructuras tipológicas de un programa de lamentos, de execraciones y profecías que un cuerpo de escribas habría de formular para retratar canónicamente una catástrofe, una invasión ya quizá remota, pero la cual convenía en ese momento revalidar en beneficio de determinados intereses dinásticos a cuyo sueldo operaban dichos escribas. El benefactor y el beneficiado era el Rey divino que había puesto fin a aquel lapso caótico y había restaurado la nación.

Contrario a esta relación cronológico-salvífica, en el caso del Paraguay el trauma acaeció cuando ya había desaparecido el Líder que fue capaz de guiar a la nación en sus primeros pasos independientes. Roa Bastos dice que el Paraguay «fue obra del dictador Francia», y que «por encima de la catástrofe, su figura enigmática y sombría se irguió desde la muerte apostrofando a los culpables de este asesinato colectivo, a los enemigos de afuera y a los enemigos de adentro». Y, como «fueron los vencederose los que escribieron la 'leyenda negra' de Francia», llegó a ser necesario restituirle al país, aunque fuera algo de su legítima trama historiográfica. Pero no sería por acceso directo al discurso histórico que habría de intentarse tal proyecto, sino que, con un propósito semejante al de la redacción de un texto apocalíptico, se trató en *Yo el Supremo* de reinscribir las experiencias históricas consagradas por el oficialismo —en pro y en contra de Francia— dándoles una compleja inflexión simbólica, transhistórica; buscándoles un problemático estatuto de «ficción pura» que operase libremente sin romper con sus referentes infrahistóricos. El resultado, como veremos en lo sucesivo, ha sido un mundo de ficciones aclimatadas en lo ingente del saber mitográfico.

* * *

Hemos intentado relacionar algunos elementos básicos del poder carismático y el tiránico en términos de lo que Nietzsche hubiera llamado *Herrschaftsgebilde* o formaciones de soberanía. Obedeciendo a una doble determinación *ético-daimónica,* el tirano retratado en la tragedia magnífica cierta *intraductibilidad,* cierta irreductible falta de equivalencia entre dos sectores de acción: aquél donde él se ostenta, donde él despliega su eficacia ante el grupo

---

[34] *Ibíd.,* pp. 17-18.

dominado, y otro, el sector interior donde habrían de radicar los fundamentos de su persona. Estos últimos —los elementos conflictivos de su personalidad hiero-política— remiten a la hechura escisionada que hace singular al tirano en su agonía dramática. Su drama nos refiere así al momento crítico de una individualidad en ciernes y funestamente abortada por sus talentos y excesos; asistimos a la crisis de ontogénesis, crisis en que nos reflejaremos en la medida en que exista en nosotros determinada resistencia a transferirnos hacia un cuerpo de acciones gragarias: el tirano pone ante nosotros, en lo magistral y abyecto, nuestra propia aversión ante el contagio que le sigue, que lo replica en los números del grupo. Queremos seguir el flujo del carisma hacia él, no queremos perdernos en el grupo. Nuestro presunto repudio especular del tirano es el de desanexarlo de sí en nosotros.

El dinamismo carismático desconoce este triunfo agonista de la persona: el vínculo del carisma coacciona la tentativa de hacer(nos) individuo. Por eso la tragedia del líder carismático no existe sino en y como el grupo; el grupo es su *dogma,* su efectuación, su *parecer,* su peculiar modo de desvanecerse, de dejarse leer en sus remitencias y voces legendarias.

El entusiasmo impersonal-gregario del carisma haciéndose rutina no es el mismo en lo religioso y lo político. El índice de especularidad que hemos identificado en la agonía política o cívica del tirano revela un prendimiento, un brote de fijación personal-individual; fenómeno que contrasta con la vigencia constante y quizá perpetua propia del aglutinamiento entusiasta del carisma religioso. Desde el punto de vista de Weber, el activismo *político* —aunque sea de raíz carismática— ha de representar un paso hacia el compromiso racional (hacia el *Entzauberung*), compromiso o vínculo entre la persona y determinado programa de acción; mientras que el activismo *religioso* —aunque sea de raíz política— se resistirá a semejante compromiso racional de su trascendental efervescencia. En un plano ontológico pero sobre todo práctico, lo carismático vincula y abarca la acción política y la religiosa y trama a veces entre ellas una empecinada indistinción. Pero existe en ello una *diacrisis* sin la cual el discurso racional no toma efecto, pues es sólo distinguiéndolos —o separando el vinculamiento entusiasta religioso de la incipiente *individuación* del gregarismo político— que se podrá atestiguar, con uso de razón, la consanguinidad y la alianza de la exaltación religiosa y la política. En términos freudianos, esta dialéctica entre indistinción y alejamiento sería calificada de *unheimliche:* la crisis carismática nos permite aprehender la gesta personal bajo la figuración de un lapso, de un suceso-instancia en el cual el individuo se nos muestra retratado en la espectografía de sus señalamientos especulares; obtenemos el plasmo *individuado* sólo en esa especie de fotograma conjetural que nos lo muestra imprimido en una circunstancia que lo totaliza parcelándolo en *contrari-edades* íntimas y extrañas a su persona actual, o su moderno suceder. El carisma religioso sería entonces como el demonio especular del entusiasmo político en estado de sitio, circunstanciado por una acechanza en el momento y el sitio donde el cálculo político intenta evadirse, distinguirse de su ancestral programador hierocrático.

ESTUDIOS II: EL CUENTO, LA POESÍA, *HIJO DE HOMBRE*

LA BINARIEDAD COMO MODELO DE CONCEPCIÓN ESTÉTICA EN LA CUENTÍSTICA DE AUGUSTO ROA BASTOS

CARLOS PACHECO
Universidad Simón Bolívar, Caracas

Augusto Roa Bastos es considerado hoy en día como uno de los valores más destacados de la narrativa latinoamericana contemporánea. A pesar de haberse iniciado como cuentista y de haber publicado seis volúmenes de relatos que son aporte de relevancia para el desarrollo de la ficción en el continente, este reconocimiento se ha fundado predominantemente sobre el profuso estudio realizado sobre sus dos novelas: *Hijo de hombre,* de 1960, y en especial *Yo el Supremo,* de 1974 [1]. Una valoración más completa de su narrativa requiere fijar la atención crítica en la obra cuentística y estudiarla con pareja acuciosidad [2].

Este trabajo se propone, en primer lugar, considerar una de las constantes o líneas de fuerza dentro de la ficción del paraguayo: la asunción de modelos binarios, de construcciones bipolares, a través de múltiples modalidades de formalización estética. Aunque esta tendencia no es en absoluto exclusiva de sus cuentos [3], adquiere en ellos una diversidad y frecuencia más marcadas y llega a ser un elemento característico, hasta el punto de poder postularse como aspecto central de su poética narrativa. Como veremos,

---

[1] AUGUSTO ROA BASTOS: *El trueno entre las hojas* (Buenos Aires: Losada, 1953); *El baldío* (Buenos Aires: Losada, 1966); *Los pies sobre el agua* (Buenos Aires: Centro Editor de América Latina, 1967); *Madera quemada* (Santiago de Chile: Editorial Universitaria, 1967); *Cuerpo presente y otros cuentos* (Buenos Aires: Centro Editor de América Latina, 1971); *Moriencia* (Caracas: Monte Ávila Editores, 1969); *Antología personal* (México: Nueva Imagen, 1980); *Hijo de hombre* (Buenos Aires: Losada, 1960), y *Yo el Supremo* (Buenos Aires: Siglo Veintiuno Editores, 1974).

[2] Hasta el presente, la mejor recopilación de trabajos sobre la cuentística de Roa es la incluida por HELMI GIACOMÁN (ed.), en *Homenaje a Augusto Roa Bastos: Variaciones interpretativas en torno a su obra* (Nueva York: Anaya-Las Américas, 1973).

[3] SHARON KEEFE UGALDE, por ejemplo, estudia con acierto el fenómeno en su trabajo: «Binarisms in *Yo el Supremo*», en *Hispanic Journal*, 2, 1 (Fall, 1980), pp. 69-77.

esta constante se relaciona claramente con las concepciones cosmológicas guaraníes y con la situación de diglosia y binariedad cultural en que por siglos ha vivido el pueblo paraguayo. Finalmente, intentaremos acercarnos —a partir del estudio de esa constante y esas relaciones— a la concepción roabastiana de la escritura literaria y explorar de esta manera algunos aspectos medulares de su propuesta estético-ideológica[4].

La binariedad y sus modalidades

La presencia de estructuras binarias, de bipolaridades que se oponen, interactúan, se invierten y en algunos casos se identifican, es tan frecuente en los cuentos de Roa que puede pensarse como uno de los principios más claros de su concepción estética. Parece tratarse, en efecto, de una suerte de modelo de pensamiento artístico que influye tanto en la organización general de los relatos como en la selección y elaboración de sus elementos temáticos y hasta en el más minucioso trabajo sobre el lenguaje.

En este plano lingüístico, es frecuente el diálogo entre unidades léxicas, parejas de palabras, parecidas a nivel fonético pero diferentes y hasta contrapuestas en su significación. Tal es el caso de la conjunción/oposición de «arca» (de Noé) y «arco» (iris) en la frase «El arco-de-noé se pintó en un cielo lavado y nuevo» (M, 46). También es común la paradoja o contradicción conceptual en el ámbito de la oración, siendo frecuente el caso de simétricas oposiciones/inversiones de los elementos semánticos, como en: «el gentío está riéndose a gritos como si llorara a carcajadas» (M, 23).

Las binariedades opuestas/invertidas se encuentran también en el plano temático. El espacio representado, por ejemplo, exhibe comúnmente la contraposición claridad/oscuridad como ámbito alternante donde se desarrolla la acción, y a menudo con fuerte carga simbólica. Pero es entre los personajes donde el modelo de binariedad se hace más evidente; sobre todo en la presencia de dobles con características físicas y morales contrapuestas y complementarias. Uno de los casos más patentes de dobles complementarios es el de los protagonistas de «Él y el otro», quienes —contemplados

---

[4] Aunque aluda a las novelas y a otras recopilaciones de cuentos, el trabajo centrará su atención en *Moriencia,* dando las referencias con la inicial del título y el número de página de la edición citada. Elegimos esta colección, teniendo en cuenta que, a excepción de los dos primeros volúmenes, todas las recopilaciones combinan relatos hasta entonces inéditos con otros tomados de volúmenes anteriores y que *Moriencia* incluye más de la tercera parte del total de los cuentos y selecciona los más frecuentemente reiterados en el conjunto. Además, esa selección es obra del autor, quien presenta esa versión de sus relatos como la definitiva (M, 7).

por un narrador testigo capaz de descubrir la complementariedad de sus rasgos— se van acercando gradualmente y sin saberlo entre la multitud de un vagón de metro, hasta chocar en un ambiguo e irreseulto incidente de robo donde —tal es la insinuación— termina por castigarse a la víctima. También en el cuento «Moriencia», la pareja Chepé/Cristaldo aparece para uno de los narradores como cara y cruz de la misma moneda [5].

El sistema de oposiciones se descubre también en el plano compositivo. Aparte de que predomina la modalidad dialogal de expresión narrativa, los relatos a menudo se estructuran a partir de la oposición diametral de perspectivas sobre un mismo hecho. Tal es el caso de la discusión sobre la cobardía o heroicidad de Chepé, que aparece en varios cuentos. Pero donde es más evidente la función estructuradora de este principio dual de concepción estética es en «Borrador de un informe». Allí los fragmentos de un informe oficial sobre ciertos hechos de violencia ocurridos durante las celebraciones patronales de una pequeña población y dirigidos por el interventor militar a su superior, alternan con un segundo discurso enmarcado por paréntesis, que representa lo pensado por el redactor, pero nunca transcrito a su informe. Texto y contratexto chocan de esa manera practicando/denunciando el encubrimiento ideológico de los documentos oficiales.

Ahora bien: ¿de dónde surge y cómo puede interpretarse esa sistemática recurrencia al modelo binario? La fuente cultural podría rastrearse en múltiples procedencias, desde el maniqueísmo de Zoroastro, trasplantado con éxito a la tradición hispano-cristiana (dios/demonio, cielo/infierno, pecado/virtud), hasta concepciones filosóficas y estéticas de nuestro siglo (Buber, Bajtín), pasando por la dialéctica hegeliana y marxista. Sin embargo, los mismos relatos entregan evidencia de que la raíz más honda y vigorosa de este planteamiento procede de la rica tradición guaraní-paraguaya. Como en otras manifestaciones de lo que Levi-Strauss llamó «pensamiento salvaje», la simétrica oposición binaria de objetos, fenómenos, personajes, facetas dentro de un mismo personaje, es común dentro de la cosmología guaraní y ha quedado marcada firmemente en la tradición popular paraguaya, ambas punto de partida y de referencia continua de Roa Bastos como narrador [6].

---

[5] «A Chepé lo conocimos ya viejo. Igual que al maestro Cristaldo. Usted se fue del pueblo mucho antes que yo, pero se acordará todavía lo parecidos que eran, a pesar de sus diferencias, el maestro y Chepé. Lo veíamos al uno reflejado en el otro, como formando una sola persona. Uña y carne. Flaquito, inacabado, muy blanco el uno. Alto el otro, desgalichado, muy oscuro» (M, 12).

[6] En ella se habla, por ejemplo, de un «Padre Último/Primero» como supremidad religiosa original. Se concibe también el alma como un ente compuesto por polaridades con tendencias contrarias. Véanse al respecto las re-

Además de esta explicación cultural, el sentido de esta presencia continua de la binariedad debe vincularse con la idea roabastiana de la literatura como asedio gradual a una realidad conflictiva, multiforme, evasiva, tal como intentaremos mostrar en las últimas páginas de este trabajo.

Bilingüismo, diglosia y binariedad cultural

La formidable resistencia de la lengua y la cultura guaraníes al proceso de hispanización ha otorgado al Paraguay uno de sus rasgos peculiares. A pesar de su desventajosa reducción al espacio de la oralidad y de la ausencia de reconocimiento oficial en paridad con el castellano, el guaraní ocupa el lugar de lengua materna para un altísimo porcentaje de la población, siendo muy pequeño, por otra parte, el sector de quienes dominan exclusivamente el castellano. Esto hace del Paraguay una nación no sólo sustancialmente bilingüe, en tanto coexisten las dos lenguas, sino en clara situación de diglosia, porque éstas chocan, se contraponen e interpenetran. Y también un país culturalmente binario, escindido, en conflicto permanente consigo mismo, puesto que el idioma es sustancia y expresión de todo el conjunto cultural. En esta binariedad histórica, étnica, social, cultural y lingüística encontramos las raíces de la presencia de la binariedad en la narrativa roabastiana.

Para quien pretende, como Roa, escribir desde una vivencia popular, asumir las voces de su pueblo, esta situación plantea una filosa disyuntiva que cristaliza en primer lugar en la elección de su materia prima. Renunciar al español es aislarse del ámbito latinoamericano, sentido entrañablemente, y también del resto del mundo. Pero desechar el rico venero de la tradición guaraní, encarnado en su lengua, equivale a una traición. La escritura se asume entonces como lucha contra la palabra, como fragua donde el lenguaje debe ser calentado y golpeado hasta conformarlo como espacio portador de la binariedad cultural. Roa siente la «necesidad de *hacer* una literatura que no se quede en literatura; de hablar contra la palabra, de escribir contra la escritura: una literatura que exprese, en suma, en un amplio despliegue de posibilidades de lenguaje y de escritura basados en la conjunción semántica de los módulos lingüísticos del castellano y el guaraní» [7].

copilaciones y estudios de ALFREDO LÓPEZ AUSTIN: *La literatura de los guaraníes* (México: Joaquín Mórtiz, 1965); AUGUSTO ROA BASTOS: *Las culturas condenadas* (México: Siglo Veintiuno, 1978), y RUBÉN BAREIRO SAGUIER: *Literatura guaraní del Paraguay* (Caracas: Biblioteca Ayacucho, No. 70, 1980).

[7] «Los exilios del escritor en el Paraguay», en *Nueva Sociedad* (San Juan de Costa Rica), 35 (marzo-abril 1978), p. 34. Subrayado en el original.

Toda la obra de Roa, desde sus tempranos poemas escritos en guaraní, hasta *Yo el Supremo,* es un testimonio de esta faena. Rubén Bareiro Saguier la describe en el Prólogo a la *Antología Personal* como un proceso donde diversos procedimientos y soluciones van poniéndose a prueba, afinándose, madurando, para lograr esa aleación lingüística capaz de dar cuenta del peculiar cruce cultural que viene produciéndose en el Paraguay [8]. Se trata de realizar una simbiosis lingüística, de alcanzar un castellano guaranizado donde vivan los conflictos del prolongado proceso de transculturación vivido por el Paraguay [9].

Aunque sea asumida y trabajada de forma preeminente en el terreno de la lengua, la dialogicidad cultural está presente en muchos otros ámbitos de la vida y en varios niveles del discurso narrativo. Dentro del mundo representado, por ejemplo, es nítida la contraposición entre un cristianismo ortodoxo, dogmático, más hispánico y usado como brazo de represión popular; y por otra parte, un cristianismo espontáneo, emocional, rebelde, fuertemente influido por la tradición guaraní. Patente y frontal en *Hijo de hombre,* este enfrentamiento vive en muchos de los cuentos como un intertexto de potencialidad subversiva que posibilita una segunda y más honda lectura.

De esta forma, los textos narrativos de Roa nos han conducido a su propia fuente, a la matriz del modelo binario presente en el sustrato cultural guaraní-paraguayo que le es propio. Su obra puede ser también leída como indagación sobre el dilema de la binariedad cultural, que forma parte de la dinámica particular del Paraguay, pero que también se vincula —en tanto situación de transculturación— al desarrollo de toda América Latina.

La ficción como cuestionamiento y conocimiento

Ni el complejo tejido de binariedades ni la dialogicidad de los intertextos culturales están en la obra de Roa por casualidad o capricho. Responden a una concepción del hombre y la literatura que intentaremos deslindar a continuación.

Los personajes más relevantes del corpus ficcional roabastiano (Solano Rojas, los cristos terrenos de *Hijo de hombre,* Nonato, Chepé, Cristaldo, el anónimo narrador de «Contar un cuento», Ma-

---

[8] P. 14.

[9] Adhiero en este sentido al concepto de *transculturación* desarrollado por ÁNGEL RAMA principalmente en *Transculturación narrativa en América Latina* (México: Siglo Veintiuno, 1982), a partir de los planteamientos de Fernando Ortiz. Para el crítico uruguayo, la transculturación entendida como complejo proceso de intercambio y apropiación cultural bidireccional entre lo autóctono y lo foráneo viene a ser un elemento fundamental para la comprensión de nuestro desarrollo cultural latinoamericano.

ría Dominga Otazú, El Supremo) conciben y realizan su vida como una *misión*. Bajo la forma de diversas imágenes ficcionales (liberar al pueblo esclavizado, empujar un vagón de tren hasta el centro de la selva, reconstruir el pasado prenatal, contar un cuento que reúna todos los cuentos, encarnar el poder absoluto o pronunciar la palabra donde signo y objeto se hermanen), todos ellos se proponen metas que a menudo parecen irracionales, inútiles o inaccesibles. No obstante, a imagen y semejanza del pueblo paraguayo, que ha enfrentado conflictos bélicos, sociales y culturales aparentemente insalvables, se empecinan en un esfuerzo tenaz por alcanzar esa meta. Ese empecinamiento, a través de las situaciones límite que trae consigo, los va conduciendo a una cierta forma de lucidez que otorga sentido a su vida y en ocasiones parece proyectarla más allá de la muerte física, quedando así como mítico patrimonio de la comunidad.

A partir de esta obra narrativa, la *misión* del escritor y el sentido de su escritura se conciben de manera similar. Algunos de los personajes (Macario, Miguel Vera, el narrador de «Contar un cuento», Antonio Azuna, el Jacob de «Lucha hasta el alba», el Supremo) conciben su vida en gran parte como enfrentamiento al reto de producir un discurso narrativo sin traicionar o reducir la verdad de lo real, su complejidad. La escritura ficcional aparece así como una tarea laboriosa y llena de riesgos, como un compromiso a la vez ético y estético que procura reunir y poner en movimiento dentro del texto las distintas facetas de lo real, así como rehuir la comodidad de los esquemas interpretativos estáticos y la impunidad estéril de las capillas ideológicas.

«Escritor de encrucijadas» ha sido llamado acertadamente Roa Bastos [10], porque en sus textos confluyen, dialogan y se enfrentan el mito y la historia, la tradición y el presente, las facetas de una rica interioridad y las voces de un pueblo sojuzgado, la conciencia del artista y el deber del hombre entre los hombres. En su intento sostenido por encarnar lo conflictivo y lo variable sin reducirlo o congelarlo, en su avance hacia esa meta también «utópica», pero tenazmente perseguida como las de sus personajes, los textos de Roa aparecen como sistemático boicoteo de la unilateralidad y la certeza. El sistema de múltiples binariedades funciona en ellos como un antídoto contra la verdad embolsillada de los discursos autoritarios y autosuficientes, como permanente cuestionador y desestabilizador del postulado unívoco y de la afirmación indiscutida.

En efecto, para muchos de los personajes narradores, lo real aparece como múltiple, variable, complejo, conflictivo; y, por tanto, como elusivo, siempre parcialmente enigmático, difícil de ser

---

[10] RUBÉN BAREIRO SAGUIER, Prólogo citado, p. 24.

percibido íntegramente y comprendido. Ante la irresuelta historia de los compañeros/rivales del aserradero en «Él y el otro», por ejemplo, el narrador comenta: «pero ésta es otra de las cosas que quedarán para ellos a oscuras y nosotros ahora desde aquí no podemos más que barajar conjeturas quién puede andar seguro en el tembladeral de las cosas humanas» (M, 75). En *Moriencia* abundan frases como «todo es y no es» (46), «tampoco este hecho está claro» (29), «¡Qué sé yo! Nadie sabe nada» (71), «Nunca se ponen de acuerdo» (33), «La verdad no se sabe» (88), «La verdad no se ve» (89), que muestran una aguda conciencia en los relatores de la dificultad de aprehender la realidad, de la relatividad y limitación de su conocimiento, del peligro de convertirse en traidores a su *misión* como narradores al deformar su propia percepción —esencialmente verdadera en su momento, aunque parcial— en la transcripción posterior de esa experiencia [11].

A pesar de esa conciencia y esos temores, los personajes responsables de la voz narrativa se aferran a la búsqueda emprendida. Y como a esa elusiva realidad «sólo podemos aludirla vagamente o soñarla o imaginarla» (M, 64), el relato tenderá siempre a la alteridad iluminadora, a la perspectiva contrastante, al desdibujamiento, a lo fragmentario. De allí la proliferación de dobles y parejas de opuestos, de allí el cultivo de la ambigüedad y de sus efectos a través de diversos recursos narrativos como la quiebra de la continuidad de espacio y tiempo, la ausencia de puntuación, la superposición de episodios, la retención de información por parte del narrador, la confrontación de opiniones sobre un mismo hecho, la indeterminación de las causas de algún fenmeno o del carácter de algunas situaciones.

«Contar un cuento» es, junto con «Él y el otro», el relato donde se plantea más directamente este proceso de acercamiento a la realidad a través de la construcción de mundos ficcionales. Es allí donde aparece la cebolla como símbolo de esta búsqueda: «Una cebolla. Usted le saca una capa tras otra, y ¿qué es lo que queda? Nada, pero esa nada es todo, o por lo menos un tufo picante que nos hace lagrimear los ojos (...) Yo mismo hablo y hablo. ¿Para qué? Para sacar nuevas capas a la cebolla» (M, 64).

---

[11] Este temor, presente en varios narradores, aparece más nítidamente en MIGUEL VERA, el narrador principal de *Hijo de Hombre,* quien sufre la sospecha de haber traicionado una rebelión popular y quien manifiesta su miedo a ser también un traidor a su misión como relator: «Yo era muy chico entonces. Mi testimonio no sirve más que a medias. Ahora mismo, mientras escribo estos recuerdos, siento que a la inocencia, a los asombros de mi infancia, se mezclan mis traiciones y olvidos de hombre, las repetidas muertes de mi vida. No estoy reviviendo estos recuerdos; tal vez los estoy expiando» (p. 14).

Para ese narrador oral, como también para el Macario de *Hijo de hombre,* la búsqueda de conocimiento, su misión, está en el centro mismo de su ejercicio narrativo. Para los textos de Roa, la meta no es una supuesta verdad concluida, determinada, inmóvil, escondida al término de un proceso de búsqueda. Ella habita —irresuelta y fluyente, siempre dialógica— en el proceso mismo del buscar. Como la esfera en la simbología guaraní, la cebolla —circular y compuesta, una y múltiple— es imagen de la totalidad alephiana y de la perfección. La verdad estaría contenida en la totalidad de sus capas opuestas, en la relación de afinidad o contraposición entre ellas, en el hecho mismo de irlas despegando mediante la escritura. Así, de cierta manera, la meta viene a ser el camino hacia ella. La meta es la *misión* misma.

Nuevas bipolaridades aparecen así al fin de este acercamiento al sentido de la escritura roabastiana. Porque es en esa búsqueda —más que en el hallazgo—, en ese replanteamiento de preguntas —más que entrega de respuestas— donde la literatura, la *misión* de escribir aparece, no sólo como vía de (auto) cuestionamiento permanente, sino también como una peculiar forma de conocimiento. Entrando en el juego de una paradoja que es también de Roa [12], la ficción, es decir, la mentira, se constituye así en posibilidad cierta de un acercamiento —gradual, laborioso, autorrelativizado, pero auténtico e internamente coherente— a la cabal realidad.

---

[12] Véase mi entrevista «El escritor es un productor de mentiras», en *Actualidades* (Caracas: Centro de Estudios Latinoamericanos «Rómulo Gallegos», 6, 1982).

EL PUNTO DE VISTA Y LA PERSPECTIVA
EN LOS CUENTOS DE AUGUSTO ROA BASTOS

MERCEDES GRACIA CALVO
State University of New York at Stony Brook

De suscribir el parecer crítico que ha inferido la madurez de la narrativa latinoamericana posterior a 1940 en contraste con la corriente del realismo social[1], habremos de admitir que la trayectoria literaria de Augusto Roa Bastos recoge en algún grado los dos términos de las mencionada contraposición. De hecho, a la difusión de esa actitud crítica remiten intentos de puntualizar la posición literaria de Roa Bastos como el expresado por Seymour Menton con respecto a autores como Mariano Azuela, Ricardo Güiraldes o Rómulo Gallegos:

> A diferencia de éstos, funde su visión nacional con una visión universal del hombre, sirviéndose de varios recursos técnicos introducidos por Borges y los otros cosmopolitas que dominaron la escena literaria entre 1945 y 1960. Esta fusión de dos tendencias antagónicas ayuda a establecer el tono predominante de realismo mágico[2].

Como se intentará mostrar, pueden discernirse dos etapas en la narrativa de Roa Bastos, una correspondiente a *El trueno entre las hojas* y a *Hijo de hombre,* y otra que abarcaría las narraciones restantes y la novela *Yo el Supremo.* El realismo mágico es un componente importante ya en los primeros cuentos, si bien no procede hablar de cosmopolitismo en ellos todavía. Por otra parte, la evolución técnica es el dato más obvio en favor de la distinción de dos etapas propuesta. Con todo, es indispensable cuestionar que la evolución técnica de la obra de Roa Bastos pueda calificarse de

---

[1] Una detallada y fehaciente exposición de los términos de ese antagonismo lo provee el ensayo de FRANÇOISE PERUS: *Historia y crítica literaria: el realismo social y la crisis de la dominación oligárquica* (La Habana: Casa de las Américas, 1982), especialmente en su segunda y tercera partes.

[2] SEYMOUR MENTON: «Realismo mágico y dualidad en *Hijo de hombre*», en *Homenaje a Augusto Roa Bastos,* ed. Helmy F. Giacoman (Madrid: Anaya-Las Américas, 1973), 205-206.

«antagónica» con respecto a su línea inicial: el contraste entre una y otra fase reside esencialmente en el paso de una deliberada exteriorización de la subjetividad a una mayor ambigüedad expresiva, lograda ésta mediante diversos artificios que están encubriendo la perspectiva del autor. El análisis de ese disfraz artístico revela, sin embargo, que la perspectiva no sólo se mantiene firme en la denuncia de la injusticia social, sino que ha incorporado nuevas inquietudes referentes a la responsabilidad del escritor con respecto a esa denuncia [3]. En definitiva, el recurso a técnicas de ambigüedad y distancia adquiere sentido en la narrativa de Roa Bastos dentro de una continuidad en la búsqueda expresiva de la problemática paraguaya y latinoamericana, y al mismo tiempo como indicio de sufrimiento y de reprobación interior frente al curso absurdo de la civilización occidental, al igual que tantas muestras del arte contemporáneo [4]. En este sentido, el escritor ha penetrado con lucidez, en sus declaraciones y ensayos, en el carácter no tanto satisfactorio como sintomático de anomalías históricas que revela la fecunda creación literaria latinoamericana actual: «Y quizás lo que nos esté queriendo decir este surgimiento anómalo de la literatura hispanoamericana es que nos hallamos ante la tentativa crucial, no ya de recuperar nuestra identidad, sino de asumirla plenamente» [5].

En consecuencia con lo expuesto, las reflexiones que seguirán se proponen deslindar, ciñéndose a los cuentos de Roa Bastos, el posible entrecruzamiento de una ambigüedad exclusivamente artística con otra de índole temática. A ese propósito puede ayudar el contraste entre los conceptos de «punto de vista» y «perspectiva» que sugiere José Promis: el primer concepto se refiere, en los manuales contemporáneos de teoría literaria, a la postura ficticia de omnisciencia o de objetividad (lograda esta última mediante diversas técnicas de presentación). Promis aconseja distinguir esta «dimensión artística» de la «dimensión vital» que toda obra literaria exterioriza (ya sin pretenderlo, ya de modo deliberado), reservando para la segunda la noción de «perspectiva», es decir, para designar las

---

[3] En ese sentido, la obra narrativa de Roa Bastos es coherente con sus declaraciones en ensayos y entrevistas a propósito del compromiso implícito del escritor latinoamericano hacia su medio, orientación, por otra parte, sobradamente destacada por la crítica interesada en el autor.

[4] Esa línea de entendimiento del uso de técnicas de desfamiliarización y distancia en el arte contemporáneo, cuya necesidad fue lúcidamente planteada por Walter Benjamin con respecto a la poesía de Baudelaire y a otros escritores y artistas contemporáneos, revela atractivas posibilidades para el análisis de la narrativa latinoamericana actual —véase WALTER BENJAMIN: *Illuminations,* trad. Harry Zohn, ed. e introd. Hannah Arendt (New York: Schocken Books, 1969)—.

[5] Véase la entrevista de SABAS MARTÍN: «El escritor es el gran náufrago de la historia», en *Nueva Estafeta,* octubre 1980, 43-47.

posibles manifestaciones de la subjetividad del emisor —«conciencia evaluativa, afectiva, ideológica, etc.»— [6].

Se entendería por «primera etapa» la que corresponde a los cuentos de *El trueno entre las hojas* (1953), «Niño Azoté» (1955) y «Kurupí» (anterior a 1960, pues fue concebido inicialmente como capítulo de *Hijo de hombre*), por presentar un punto de vista omnisciente, es decir, un modo de narrar tradicional. Una razón de peso valida la técnica realista: la realidad paraguaya vivida, o conocida por fuentes directas, es suficiente en sí misma como materia novelable, sin precisar mayor elaboración artística, por satisfacer con creces una ley que en circunstancias históricas menos dolorosas debería proveer la imaginación creadora, a saber, la constante derrota de lo probable por lo improbable. Otra variante que muestran ya los primeros cuentos es la atención a lo inexplicable que contienen los hechos cotidianos o probables, interés teórico que revela la *Nota* del autor sobre «Lucha hasta el alba», en el siguiente comentario aparentemente marginal sobre el *Tratado de la pintura*, de Leonardo da Vinci: «Libro que yo aprecio particularmente y que me enseñó a ver el sentido del mundo como un vasto jeroglífico en movimiento pero cuyos signos son tal vez indescifrables» [7].

Las formulaciones anteriores han querido aproximarse a las coordenadas que definirían el supuesto realismo mágico en la narrativa de Roa Bastos, y al mismo tiempo evitarían el peligro reductor de esta denominación, por otra parte rechazada enérgicamente por el propio autor [8].

Las coordenadas referidas de lo improbable y lo inexplicable se concretan, en cuanto a la selección del asunto, en las vertientes del mito y de la naturaleza. A su vez, en cada una de éstas se observan dos niveles distintos de objetivos, bien entremezclados, bien con predominio de uno de ellos en la narración: un primer nivel es el del énfasis depositado en la evocación del mito o en el determinismo que la naturaleza hostil ejerce sobre sus habitantes, para una y otra de las vertientes citadas. El segundo nivel consiste en canalizar ambas vertientes hacia la crítica social.

Al fin descriptivo o evocador le confiere validez en sí mismo, por una parte, el peso que la mitología indígena y católica ejerce en la vida cotidiana del Paraguay: las historias referidas en «El

---

[6] José Promis: «Notas sobre el narrador, su punto de vista y su perspectiva», en *Káñina: Revista de Artes y Letras de la Universidad de Costa Rica*, 1979, 83-89.
[7] Augusto Roa Bastos: *Antología personal*, prólogo de Rubén Bareiro Saguier (México: Nueva Imagen, 1980), 185.
[8] Martín, 44.

karuguá» y «La tumba viva», a pesar del tiempo transcurrido entre el acontecimiento y el relato del narrador-testigo, se presentan como enigmas con vigencia actual en el medio ambiente que las vivió de cerca, en virtud del elemento misterioso o maravilloso que contienen. La misma fuerza de la tradición oral explica la representación mantenida a través de los siglos de la historia del «Niño-Azoté». Otro matiz de ese primer objetivo lo aportaría el sentido «figurativo y mítico» que David W. Foster ha notado en la caracterización de los indios carpincheros, por cuanto se destaca en ellos su «misteriosa cualidad elusiva» o, según señala Mabel Piccini, su vida confundida con la naturaleza y ajena a toda categoría temporal [9]. La incorporación del guaraní a las narraciones de esta primera etapa refuerza la identidad histórica y cultural de los indios, pero, sobre todo, contribuye a la dimensión mítica mencionada.

Sin embargo, los indios aparecen en «Carpincheros» o en «El trueno entre las hojas» con una doble función: la evocadora de la cultura autóctona ya citada, en la que coincidiría el sentido de personajes como el «yasy-yateré» o monstruo mitológico de «La tumba viva»; y la de participar en un contraste planteado abiertamente por la perspectiva mediante caracterizaciones estáticas y actitudes extremas. Es este último un objetivo de crítica social, por lo que el arquetipo del héroe lo concretan los personajes que ofrecen resistencia a la corrupción dominante e intentan redimir de ésta a sus gentes. De igual modo, el arquetipo del malvado en «La tumba viva» no lo satisface el «yasy-yateré», sino el patrono opresor o el hijo que consiente la muerte de su hermana.

En definitiva, esa doble función del mito convierte a éste en un arma de doble filo: por una parte, es la prueba histórica de la identidad de un pueblo frente al allanamiento extranjero. Por otra, supone un acceso fácil a la coacción y al sometimiento de unas mentes que viven obsesionadas por la amenaza de fuerzas extraordinarias. Desde otro ángulo, puede afirmarse que la idealización del indio, en gran parte conseguida mediante un lenguaje altamente poético, según indica Foster [10], es la solución «literaria», en esa primera fase de la narrativa de Roa Bastos, a la insoluble injusticia social.

El modo en que la naturaleza se hace presente en los cuentos de Roa Bastos es la violencia. Atendiendo a los dos niveles de objetivos considerados para la vertiente mítica, puede afirmarse paralelamente que la violencia no aparece sólo como expresión y fruto de la injusticia social, sino también como un fatalismo muy

---

[9] DAVID W. FOSTER: *Augusto Roa Bastos* (Boston: Twaine Publishers, 1978), 27; MABEL PICCINI: «*El trueno entre las hojas* y el humanismo revolucionario», en *Homenaje a Augusto Roa Bastos,* 246.
[10] FOSTER, 27.

próximo al de la narrativa naturalista, que lleva a los personajes a situaciones absurdas, como el infanticidio («Pirulí») o una guerra en la que un muchacho mata a su hermano admirado («El prisionero»). Los habitantes de las cercanías del karuguá son presentados como prolongación metonímica de éste: las versiones sobre el karuguá y sobre la historia de Sergio Miskowsky que corrían por la región «tenían mucho del emponzoñado aliento del karuguá» [11]. La cita inicial de *El trueno entre las hojas,* que procede de una leyenda aborigen, es la clave casi explícita del dominio de lo telúrico en un combate entre hombre y naturaleza. Por tanto, el espacio en estos cuentos no es un mero marco ambiental, sino un protagonista con fuerte incidencia en las vidas de los personajes y en conflicto con ellos. No obstante lo expuesto, la independencia del propósito descriptivo con respecto al propósito crítico es relativa, ya que el primero confiere mayor fuerza al segundo, al prepararle un marco ambiental definible como una monotonía de situaciones extremas que desafía cotidianamente las leyes del realismo y entroniza como norma a lo improbable. En ese espacio la injusticia es una variante más de la norma.

Conclusión parcial sobre la primera etapa de los cuentos de Roa Bastos sería constatar la relación entre el punto de vista omnisciente predominante y una perspectiva subjetiva abiertamente ostensible, con el fin primordial de poner en evidencia una realidad problemática.

La narrativa de la segunda fase [12] mantiene las coordenadas de lo improbable y lo inexplicable, y acentúa el énfasis en el objetivo de denuncia social; sigue reforzando éste mediante el tratamiento naturalista, pero ya no tanto mediante la vertiente mítica, por una menor confianza en la eficacia del compromiso emocional con lo narrado, como señala Foster [23].

Esa confianza se desplaza hacia la diversidad de procedimientos retóricos en los que descansa el punto de vista objetivo. Más concretamente, en *El baldío* (1966, con relatos fechados de 1955 a 1961) tiene lugar un cambio con consecuencias definitivas, aun

[11] Augusto Roa Bastos: «Los pies sobre el agua», en *Libros de mar a mar* (Buenos Aires: Centro Editor de América Latina, 1967), 69. Las citas se han tomado en todas las ocasiones de la última edición en que ha aparecido cada relato.

[12] El criterio para hablar de una segunda etapa en los cuentos de Roa Bastos no es exactamente cronológico: en una nota previa a *Moriencia,* el autor señala que, aparte del cuento que da título al libro y de otros cuatro, escritos en 1967, los restantes fueron escritos entre 1955 y 1960, con lo que nos hace observar que algunos de ellos son anteriores a «Niño-Azoté» y a «Kurupí», y mucho más cercanos a *El trueno entre las hojas* que a *Moriencia,* en contraste con su mayor proximidad formal a este segundo libro.

[13] Foster, 64 y 74.

en *Moriencia* (relatos escritos en 1967): el papel de guía del narrador omnisciente ha sido sustituido por un armazón metalingüístico o metaliterario que viene a dificultar, e incluso llega a impedir, la interpretación del acontecimiento básico narrado, porque la exposición de éste se abandona al diálogo o a la conducta de los personajes (técnica «behaviorista»), al pensamiento de éstos (monólogo interior) o bien se confía a un protagonista-narrador elegido sin limitaciones previas de personalidad o edad. Consecuencia evidente es la presentación del material desde una perspectiva singularizada, es decir, de familiaridad y credibilidad distintas para el personaje y para el lector. Tal situación teórica exige a este último un papel activo, ya de complicidad, ya de desconfianza y consiguiente evaluación de unas u otras perspectivas particulares que emergen al nivel denotativo de la narración.

Evidentemente, el aparato metaliterario esbozado pretende, en las narraciones de esta segunda fase, un desplazamiento del centro de interés, del asunto a la presentación de éste; y, en última instancia, un desplazamiento temático hacia consideraciones metalingüísticas sobre la verdad y la intención de los mensajes, tema que ya se observaba latente en la inquietud por las versiones en el narrador de «El karuguá».

El relato de *El baldío* que más claramente registra la evolución del primer libro a éste es, probablemente, «El aserradero». La narración está situada en la región del Guairá, dato que mueve más a asociarla con las de *El trueno entre las hojas* que con las del asunto urbano introducido en esta etapa. Asimismo, este cuento suscita reminiscencias de la relación metonímica entre espacio y personaje observada en «El prisionero» y en «El karuguá», al asociarse explícitamente el presente y el futuro de las gentes a las características de la tierra: «No hay más que ver los ojos mortecinos, sin recuerdo; esos movimientos de no esperar nada... Pero si hasta las nubes son sucias.» Como en *El trueno entre las hojas*, la causa última para el determinismo reside en la mala voluntad de los intereses extranjeros: «Todo está como al comienzo, y de seguro nunca pondrán sierras movidas a vapor»[14].

Lo que resulta novedoso al lector, no obstante, es el carácter de juicio personal, no ya de descripción naturalista, así como el tono irónico predominante en la exposición. El elemento que ha posibilitado esta injerencia de la perspectiva y la consiguiente deformación del patrón lógico naturalista es la nota «donde nací» añadida al emplazamiento en la región del Guairá. Esa afirmación deliberada de familiaridad con el asunto es la que hace posible alargar desproporcionadamente la estructura en la que se inserta la

---

[14] Roa Bastos: *Antología personal,* 81-83.

trama del relato naturalista, para llevar la exposición más allá de la mera situación en el espacio y el tiempo que determinarán el curso del acontecimiento, a un discurso netamente denotativo, más próximo al ensayo que a la ficción.

Fuera de esta presentación, la primera persona desaparece tras la tercera ya en la trama del cuento, pero ha posibilitado que en un momento del nudo de la misma el narrador recurra, en notable contraste con lo anterior, a la segunda persona para dirigir al protagonista un cálido, entrañable apóstrofe: «¿no, Manuel?, como cuando éramos chicos y nos íbamos a nadar al arroyo» [15]. Este tono cariñoso manifiesto revela un nuevo uso, más audaz, del factor sentimental: ahora no se pretende tanto la idealización del personaje como la protesta enérgica por el acontecimiento implicado y sus víctimas.

La trama está narrada en tercera persona, pero mediante la técnica «behaviorista», que es en este cuento la clave que permite al narrador evitar el compromiso de dar información aclaratoria sobre la realidad subyacente a los movimientos y palabras que se registran en la probable última visita de Eulogio a Petronila (y no de Manuel, como ella cree en la oscuridad). Los complementos de esta objetividad extrema son, por un lado, la versión existente en el pensamiento de Petronila (que es totalmente subjetiva y descentrada, pues el personaje se aferra a lo que necesita creer); y, por otro lado, la contrapartida de esa versión, que es presentada indirectamente como más probable, por ser la de personas tan «reales» como Pedro Orué (el dar nombre y apellido parece tan meditado en el autor como el no dar nombre alguno a los protagonistas de «El baldío» o de «Él y el otro»). Ofreciendo los hechos desde estos tres ángulos parciales, el desenlace de «El aserradero» no será la solución de la intriga, sino que, paradójicamente, la mantendrá; sin embargo, ese desenlace está solamente disfrazado de nudo y es en realidad un desenlace: lo que se está sugiriendo es la distinción de dos niveles de perspectiva, la del personaje (única en que tiene sentido la espera) y la del lector, para la cual la trama ha quedado claramente cerrada. Así, las técnicas en que se concreta el punto de vista en esta narración son el medio más eficaz, se diría, imprescindible, para ofrecer la trágica dimensión de víctima de Petronila Sanabria, precisamente por ignorar un contexto político (el socio-económico aludido en la presentación) en el que parece «normal» que el asesinato de su marido quede silenciado. Es ese carácter de víctima el que relaciona la argumentación excesivamente explícita previa a la trama con la parquedad comunicativa de ésta.

---

[15] Roa Bastos: *Antología personal*, 86.

En el relato «Él y el otro» el lector descubre con sorpresa el desenlace de «El aserradero» (incluso se repite literalmente un párrafo de éste, el que justifica la perspectiva de Petronila), así como las explicaciones del mecanismo psicológico que pudo llevar a Eulogio al asesinato. La disolución de la frontera entre relatos había sido intentada ya en la inserción de la historia de la niña alemana de «Carpincheros» en el tiempo narrativo más dilatado de «El trueno entre las hojas», con el efecto de reafirmar temática y estructuralmente la relevancia de la dimensión mítica. En *El baldío* y en *Moriencia* el propósito es el de reforzar la objetividad del punto de vista creándose ilusión de realidad. La coherencia de ésta llega al punto de seguir una cronología interna que intenta reproducir una época de la región del Guairá, y de proponer el velatorio de «Cuerpo presente» como un gran plano general del que arrancan otras historias.

Pero esta recurrencia de personajes y de acontecimientos obedebe a otra orientación predominante. En «Él y el otro» no se nos ofrece «el» desenlace de «El aserradero», sino una versión singularizada del episodio, la de «el gordo», lo cual nos es advertido, en primer lugar, con una original introducción en tercera persona de la técnica del monólogo interior mediante el «—dijo el gordo—» de la primera línea. Finalmente, se nos recuerda que ese monólogo lo constituyen conjeturas del narrador sobre algo que oyó.

El carácter particular de la perspectiva de «el gordo» lo subraya la reaparición de éste en «Contar un cuento» como narrador de cuentos que es, en realidad, un protagonista para otro narrador, a su vez personaje, al cual se ha encomendado la perspectiva de la narración. El lector asiste, por tanto, a la audaz situación literaria de depender de un narrador que está siendo desacreditado desde la perspectiva de otro personaje-narrador.

En ese sentido, «Borrador de un informe», a pesar de remitir a una variante de la misma técnica, ilumina por contraste el problema de perspectivas que ha querido plantear Roa Bastos en esta segunda etapa narrativa: el hecho de que las dos perspectivas particulares surjan de un mismo personaje está concediendo a la perspectiva del pensamiento que cuestiona la del informe, un crédito que el lector echa de menos en las perspectivas supuestamente críticas de otros relatos. El caso más cercano a éste sería el de «Moriencia», cuento en que el narrador, limitado a contradecir con el pensamiento a la «vieja palabrera» —«estuve a punto de increparla«— ya unas desdibujadas palabras que no reflejan sus opiniones, puede considerarse cómplice de la probable falsa versión predominante. En los casos restantes, el lector se encuentra desamparado ante la irremediable naturaleza humana de todo narrador connotada en la entidad de «personaje» de «el gordo» y del periodista; ante la exposición anecdótica de un niño al que, lógicamente, ha de escapar la motivación metafísica de las vidas y las muertes de don Cristaldo y de Chepé Bolívar («Cuerpo presente» y «Bajo el puente»); o ante el silencio de la técnica «behaviorista» observado en «El aserradero».

La ambigüedad que se ha venido apuntando puede definirse a partir del contraste con los cuentos de *El trueno entre las hojas:* en éstos la credibilidad de la caracterización atribuida a los personajes era total responsabilidad del narrador omnisciente. En *El baldío* y en *Moriencia* se suscita la preocupación del lector mediante caracterizaciones ambiguas de unos personajes a los ojos de otros (en «El aserradero», el asesino desde la perspectiva de Petronila) o, inversamente, mediante una caracterización negativa desde la prspectiva de otro personaje cuando al lector no se le está proporcionando seguridad sobre la objetividad de ese criterio («Contar un cuento»).

Por el contrario, frente al engaño de lo denotado por las perspectivas particulares, la sugerencia que en sí encierran algunos acontecimientos se ofrece como atractiva vía de ingreso en la perspectiva del autor. Concretamente en los casos de ambigüedad más inquietante, el de don Cristaldo y el del héroe/traidor Chepé Bolívar, los motivos del suicidio y de la construcción del propio ataúd, respectivamente, se erigen por sí solos como los datos más locuaces sobre la clarividencia que sólo esos personajes parecen demostrar con respecto al aprisionamiento indefinido a que está condenada la vida del pueblo.

Así, de un lado, la decisión de esos protagonistas es su rasgo caracterizador más concreto y determinante. De otro, la gravedad del problema social se pone en evidencia con la exageración en la misma selección de la trama en «Moriencia», «Cuerpo presente» y «Bajo el puente»: Chepé construyendo su propio ataúd en el primero de esos relatos, para estar, como el título indica, de «cuerpo presente» a lo largo del segundo; por su parte, el maestro cumplirá literalmente su intento de «remontar el río hasta sus nacientes», despreciando la única posibilidad de bogar que ofrece el pueblo, la laguna (probable símbolo del presente indefinido en que se halla aprisionado el lugar).

Por último, la caracterización de estos personajes sí estaría apoyada desde la perspectiva del contradictorio personaje-narrador de «Moriencia», ante todo mediante una intensificación de la función poética del lenguaje paralela a la observada en algunos momentos de «El aserradero»: «Cuando Chepé murió... fue como si, a partir de ese momento, él solo hubiera quedado en el pueblo con todo el trabajo de destejer la hebra negra del no-ser»[16], piensa el narrador, refiriéndose al maestro.

Lo observado en las narraciones de la segunda fase parece orientar el contraste con la primera, en lo que se refiere a la perspectiva del autor, no hacia un cambio temático de la realidad a la escritura, sino hacia una intensificación de la respuesta literaria al problema social. En el relato «El aserradero» se advierte idealización de las víctimas y dramatismo en la situación, pero ya no en la expresión, que ha dejado paso al predominio de la ironía como marco en el que se instala la trama.

Es asimismo la ironía el procedimiento expresivo que preside y explica la aparición de perspectivas particulares en las narraciones de El baldío y Moriencia.

De un lado, ese juego de perspectivas es en sí mismo eficaz, por cuanto evidencia el tema de la irremediable subordinación de la información a la perspectiva del informante, tema que llega a la advertencia alarmada en «Borrador de un informe». Pero es, de otro lado, el contraste de esas perspectivas con lo narrado, con la gravedad de los hechos directamente plasmada por la perspectiva autorial (ahí residiría un punto de contacto con El trueno entre las hojas), el factor que crea la ironía y, en última instancia, remite al tema de la escritura para patentizar su inutilidad y/o su complicidad con la injusticia cuando se inhibe de su responsabilidad en un medio problemático. Este tema es el que aborda la reflexión metaliteraria de «El pájaro mosca».

Es conclusión necesaria atribuir la ambigüedad localizable en los cuentos de El baldío y Moriencia al nivel de las perspectivas de los personajes, es decir, al ámbito exclusivo del punto de vista. La ambigüedad en esas perspectivas es precisamente el procedimiento que posibilita la ironía en el ámbito de la perspectiva del autor.

Por último, la selección de la trama en el ciclo de «Moriencia», «Cuerpo presente» y «Bajo el puente» sería otra manifestación de la ironía: los muertos «exhiben» su muerte como víctimas de un medio intrínsecamente violento. Esa intensificación o evolución de la ironía hacia lo macabro podría proponerse como un asomo involuntario del inevitable compromiso afectivo de la perspectiva del autor con sus materiales, que vendría a debilitar la frontera entre la exteriorización de la subjetividad no evitada en la primera fase y el propósito de distancia emocional en la segunda.

---

[16] Roa Bastos: Antología personal, 39

INTIMACIONES MÍTICAS: EL LENGUAJE INDÍGENA EN LOS CUENTOS DE ROA BASTOS Y ARGUEDAS

TRACY K. LEWIS
State University of New York at Oswego

En su útil y bien desarrollada discusión de *Yo el Supremo,* David William Foster nos dice que esta novela de Augusto Roa Bastos tiene un tono intencional de «mito fútil» [1]. El novelista paraguayo, Foster declara, nos ha dado un retrato deliberadamente ambiguo del dictador decimonónico José Gaspar Rodríguez de Francia, un retrato mítico no susceptible a interpretaciones absolutas. Es, en la opinión de Foster, un reflejo excelente de las ideas de Roland Barthes:

> Roa's novel ... is unquestionably an example of what ... Barthes calls «writing degree zero». For Barthes writing degree zero means the production of literary texts that deny the dangerous pretensions of traditional modes of literary style and rhetoric...
>
> A major notion of Barthes' *écriture* ... is that we can no longer accept a concept of language — and hence of literature ... that maintains the fiction of a transparent relationship between speaker, message, and receptor ... In literature, this fiction has meant a school of criticism that insists that the «meaning» of a work ... is accessible and that, in the final analysis, only one meaning is appropriate to the text. Barthes, of course, would not only reject this notion of one primordial meaning, but he would also question ... the idea that a text has any overt meaning whatever to communicate ... [T]he unique meaning of a text is the text itself. All other meanings are created by the reader from that text [2].

Foster declara además que las ideas de Barthes han tenido sobre la ficción reciente latinoamericana una influencia notable y

---

[1] DAVID WILLIAM FOSTER: *Augusto Roa Bastos* (Boston: Twayne Publishers, 1978), p. 106.

[2] FOSTER, p. 108. Foster deriva su interpretación de Barthes principalmente del libro de éste *Writing Degree Zero* (Boston: Beacon Press, 1970). Esta obra de Barthes fue publicada originalmente en francés en 1953.

creadora, si no siempre consciente. En este sentido, *Yo el Supremo* pone a Roa en la compañía de García Márquez, Sabato, Donoso, Sarduy, y otros creadores de una ficción «auto-ridiculizante», polivalente, o deliberadamente indescifrable[3]. Sin embargo, como los detractores de Barthes sin duda han observado, la «accesibilidad» de éste como escritor y pensador sugiere que el lenguaje humano tiene poderes que él no admite. Ocioso es decir que las palabras poseen una capacidad denotadora sin la cual ni la civilización humana, ni este artículo, ni las carreras de los señores Barthes, Foster, Lewis y Roa Bastos serían posibles. Aunque imperfectamente, las palabras sí indican una realidad más allá de sí mismas. Legiones de escritores latinoamericanos contemporáneos han vertido sus intelectos y sus vidas en describir, alabar, o denunciar esa realidad, y creo que el profesor Foster reconocería que para muchos de estos artistas, los conceptos de Barthes no son un instrumento suficiente de estudio[4].

El carácter barthiano de *Yo el Supremo* podría llevarnos a emprender semejantes análisis de la ficción más temprana de Roa Bastos. Que tal análisis no sería, sin embargo, válido es testimonio de la amplitud del arte roabastiano. Sobre todo para su primer libro de cuentos, *El trueno entre las hojas* (1953), es necesario comparar a Roa, no a García Mázquez y sus semejantes, sino a otro escritor de índole obviamente no barthiana, el peruano José María Arguedas. Muy al contrario del «writing degree zero», las narrativas tempranas de Roa y de Arguedas manifiestan una clara fe en el poder polémico del lenguaje para describir y juzgar una realidad social. Tan abierto, en efecto, es este mensaje social que degenera en algunos de los cuentos a una quejumbre estridente e inartística. No obstante, hay mucho más en la retórica de estos relatos tempranos que un tradicional deseo autorial de opinar sobre ciertos problemas humanos. El modelo que necesitamos para entender los relatos no es tradicional en este sentido; es, por falta de mejor palabra, escritural. La crítica ha establecido hace mucho tiempo que los cambios socioeconómicos relatados por estos cuentos no son sino el primer plano de un dominio de relaciones míticas incambiables que intervienen en las vidas de los personajes y que son el enfoque más básico de la narración. Estamos aquí muy lejos de la especie de arena movediza textual postulada por Barthes. El lenguaje de los cuentos no sólo comunica un «significado» temporal sobre ricos y pobres; también busca, al igual que las escrituras sagradas, enderezarnos hacia una serie de «significados» absolutos que a la vez gobiernan y trascienden la lucha humana.

---

[3] Foster, pp. 106 y 110. El nombre Sabato es en este caso correcto sin el acento escrito.
[4] Foster, p. 109, reconoce que hay defectos en las teorías de Barthes.

Comprendidas estas declaraciones, es al principio sorprendente que Foster vea una alianza entre las ideas de Roland Barthes y la tendencia «mitopeica» de la ficción latinoamericana. Dice aquél:

> [M]yths are always partial accounts, ... and they are ultimately failures because they attempt to reduce to comprehension that which forever eludes us; ... since they are futile attempts at grasping the incomprehensible, the structures of myths are at best parallel to the phenomena they pretend to explain, although it is more likely that they are simply irrelevant ... approximations [5].

Esta noción de los mitos como explicaciones fracasadas, continúa Foster, ha resultado en una literatura que emplea lo mítico en un sentido irónico, y por eso barthiano. Es decir, el escritor genera conscientemente un texto mítico que es, en resumidas cuentas, auto-desinflante y carente de dirección [6]. Sin embargo, como demuestran las obras tempranas de Roa Bastos y Arguedas, no todos los escritores «mitopeicos» han adoptado este concepto de los mitos. Naturalmente, si esperamos de la narrativa mítica un informe exacto de los misterios finales, nuestra desilusión será inevitable. Pero si se concibe el mito como analogía, como una orientación *hacia* aquellos misterios, no dejará de satisfacer un anhelo profundo en las vidas que toca. Esto, como esperamos mostrar, es uno de los efectos de la cuentística de estos dos escritores.

Para hacer esto, nos proponemos comparar ciertos relatos de *El trueno entre las hojas* con algunas selecciones de la ficción breve arguediana. Nuestra comparación, además, se concentrará en una sola técnica común a los dos escritores: el uso de idiomas indígenas, el guaraní en Roa y el quechua en Arguedas, para realzar textos escritos mayormente en castellano. Como veremos, un resultado de este uso es precisamente el tipo de consciencia mítica discutida arriba.

Para ambos escritores, la inclusión de términos nativos en narrativas de lengua predominantemente española refleja la realidad lingüística de sus respectivos países. En el Paraguay, en 1967 por lo menos, un cuarenta por ciento de la población hablaba únicamente el guaraní, un cincuenta y seis por ciento era bilingüe, y la escasa cantidad de un cuatro por ciento sabía solamente español [7]. En el Perú, los estimados de la población de hablantes son muy variables, pero podemos decir con acierto que el quechua sigue siendo en vastos sectores del país un medio indispensable de co-

---

[5] FOSTER, p. 105. Una fuente de estas ideas de Foster es LEVI STRAUSS: *Structural Anthropology* (Nueva York: Basic Books, 1963).

[6] FOSTER, p. 106.

[7] EMMA GREGORES y JORGE A. SUÁREZ: *A Description of Colloquial Guaraní* (La Haya: Mouton and Co., 1967), p. 16.

municación. Naturalmente, este bilingüismo era desde el principio un hecho de la vida y del arte para Roa Bastos y Arguedas. Los dos tenían que contrapesar su apego al pueblo e idioma indígenas y su necesidad de un público alcanzable sólo en español. Y los dos llegaron a conclusiones asombrosamente parecidas:

Throughout Paraguay two languages have cohabitated ... for four centuries. Spanish is the cultured, «official» language, while Guaraní is the national and popular language ... In which of the two ... to write? Guaraní is a spoken language. There exists no [written] literature, and we lack a grammatical systematization ... Why then should one write in Guaraní? ... Having solved the (procedural) problem of writing in Spanish, one is immediately faced with another: where to draw the limits in distancing yourself from your own expressive world [that is, that of Guaraní] so that your «betrayal» is not complete. In other words, how to choose an intermediary point, a semantic combination, that will permit the major part of this country, of this Spanish-Guaraní linguistic area, to understand your texts, to perceive at least their temperature, their natural flavor, if this is possible. And it is, barely [8]. (Roa Bastos, en una discusión con David Maldavsky, 1970)

... ¿Cómo describir esas aldeas, pueblos y campos, en qué idioma narrar su ... vida? ¿En castellano? ¿Después de haberlo aprendido, amado y vivido a través del dulce y palpitante quechua? ...
¿Es que soy acaso un partidario de la «indigenización» del castellano? No. Mas existe un caso ... en que el hombre de estas regiones, sintiéndose extraño ante el castellano heredado, se ve en la necesidad de tomarlo como un elemento primario, al que debe modificar, quitar y poner, hasta convertirlo en un instrumento propio...
Existía y existe frente a la solución de estos ... trances de la expresión literaria, el problema de la universalidad, el peligro del regionalismo ... Pero en tales casos la angustia primaria ya no es por la universalidad, sino por la simple realización ... [C]onvertir en torrente diáfano y legítimo el idioma que parece ajeno; comunicar a la lengua casi extranjera la materia de nuestro espíritu. Esa es la dura, la difícil cuestión. La universalidad de este raro equilibrio ... alcanzado tras intensas noches de increíble trabajo, es cosa que vendrá ... [S]i el lenguaje así cargado de extrañas esencias deja ver el profundo corazón humano, ... la universalidad ... vendrá... [9].

---

[8] DAVID MALDAVSKY: «Autocrítica: reportaje de Augusto Roa Bastos», en *Los Libros*, No. 12 (1970), 11. Citado en FOSTER, pp. 16-17. Como no tenía la versión original de Maldavsky, utilicé la versión de Foster, y reproduje las expresiones parentéticas precisamente como lo hizo él. Supongo, sin estar seguro, que el inglés es el de Foster y no de Roa.

[9] JOSÉ MARÍA ARGUEDAS: «La novela y el problema de la expresión literaria en el Perú», en *Mar del Sur: Revista Peruana de Cultura* [Lima],

Cada uno de estos autores sabía que, aunque no tenía otro remedio que escribir en castellano, la autenticidad exigía alguna manera de incorporar la lengua indígena también. Como indica el pasaje de Arguedas, muchos lectores han equiparado este dilema bilingüe con la oposición, tan típica de las letras hispánicas, entre la universalidad y el regionalismo. La decisión de escribir en español, se nos ha dicho, refleja la búsqueda autorial de un público cosmopolita, mientras que el uso de términos autóctonos es un vestigio localizante de limitado alcance provinciano. Como veremos, y como el pasaje citado de Arguedas también sugiere, esto es una imprecisión grotesca. Aun para los lectores cuyo conocimiento del quechua o del guaraní es nulo, la presencia de estas lenguas es uno de los aspectos más atractivos de los relatos que discutiremos, y tiene el efecto de involucrar al lector al nivel más fundamental, y por eso más universal, del discurso. Es precisamente el léxico estrictamente regional del quechua y del guaraní que da nuestro mejor acceso a esa urdimbre de relaciones míticas aludida antes.

Dicho esto, es preciso desarrollar algunas categorías y cantidades específicas con que trabajar. Cualquier selección apreciable de *El trueno entre las hojas* revela ciertas pautas en el uso del guaraní. Y es significativo que cualquier selección comparable de la ficción breve de Arguedas aporta categorías casi idénticas. Para ambos escritores, esta clasificación puede resumirse a la manera siguiente:

1. Trozos de lengua indígena que se incorporan directamente a los textos escritos en español, y que no interrumpen el fluir de esos textos (e. g., de «El viejo señor obispo», de Roa, «La mesa pucú [larga] ya estaba puesta como siempre...»).

   a) Voces y expresiones plenamente indígenas y semánticamente independientes («pucú», citado arriba).
   b) Partículas semánticamente dependientes (diminutivos, sufijos interrogativos, etc.).
   c) Palabras indígenas consideradas ahora parte del español, o de alguna manera hispanizadas («iguana», «papa»).
   d) Palabras españolas adaptadas a una forma indígena e incorporadas al idioma indígena («varayok'», líder comunitario quechua que posee la *vara,* o cetro de autoridad).
   e) Sustantivos propios indígenas (topónimos, nombres de individuos, etc.).

año 2, tomo 3, enero-febrero 1950, pp. 66-72; reimpreso en forma revisada como apéndice de José María Arguedas: *Yawar Fiesta* (Buenos Aires: Losada, 1974), pp. 165-174. Utilicé esta segunda versión.

2. Trozos aislados de lengua indígena, que interrumpen el fluir del texto español.

    a)   Articulaciones habladas.
    b)   Canciones.

Al distinguir estas categorías, es posible determinar su frecuencia en la prosa de los dos autores, prestando atención especial a cuáles articulaciones autóctonas fueron del narrador y cuáles fueron de los personajes. También de interés es contar el número de términos autóctonos que se refieren a animales, plantas y formaciones naturales, y contar el número de veces que cada autor usa la palabra «indio», se refiere a un grupo indio, o menciona directamente el nombre del idioma indígena. Todas estas cifras se dan en lo sucesivo, siendo nuestra selección nueve cuentos de *El trueno entre las hojas* y cinco de los *Relatos completos de Arguedas* [10] (véase página siguiente).

No se pretende que esto sea un estudio rigurosamente «científico». Escogimos los cuentos de Arguedas con un criterio cronológico muy amplio; como *El trueno entre las hojas,* fueron por lo general escritos muy tempranos en la carrera de su autor. Hay, además, cierto terreno común entre las categorías, y se llegó a los datos estadísticos con mucha subjetividad. Sin embargo, algunas observaciones pueden hacerse de estas cifras. El número 4, por ejemplo, es un testimonio dramático de que la presencia puramente india es mucho más limitada en el Paraguay que en el Perú. Por esta razón, el guaraní y el quechua son «lenguas indígenas», en el sentido más amplio del término, pero solamente el quechua sigue siendo en gran parte una «lengua india». El guaraní ha prosperado, no porque se hable entre una gran población india, sino porque es una lengua nacional apoyada ampliamente por las masas paraguayas. Esta diferencia entre los dos países se refleja también en la alta frecuencia con la que el peruano Arguedas utiliza su lengua aborigen. Su fuerte identificación con cuestiones específicamente indias ha producido cifras más altas para él en todas las categorías salvo una, a pesar de haber usado el estudio una selección más corta de su prosa que de la de Roa. Nada de esto, sin embargo, debe borrar la relación fundamental entre estos dos artistas. El uso de la lengua indígena es un procedimiento significativo de ambos. Además, es significativo al nivel del narrador tanto como

---

[10] Las narrativas usadas de la colección de Roa fueron «Carpincheros», «El viejo señor obispo», «El ojo de la muerte», «Mano cruel», «Audiencia privada», «La excavación», «Cigarrillos "Máuser"», «Regreso» y el cuento titular «El trueno entre las hojas». Los cuentos utilizados de Arguedas fueron «Diamantes y pedernales», «Agua», «Los escoleros», «Warma Kuyay» y «El barranco».

	ROA BASTOS		ARGUEDAS	
	Narrador	Personajes	Narrador [11]	Personajes
1. Articulaciones nativas incluidas directamente en los textos en español:				
a) Vocablos y expresiones independientes ...	78	55	204	165
b) Partículas dependientes	4	21	104	134
c) Palabras hispanizadas	9	2	142	67
d) Palabras castellanas adaptadas a una forma indígena	2	3	40	12
e) Sustantivos propios [12]	27	3	50	23
2. Articulaciones indígenas aisladas:				
a) Articulaciones habladas	0	25	2	45
b) Canciones	0	2	0	0
3. Número de articulaciones en 1 y 2 arriba que se refieren a animales, plantas y formaciones geográficas	35	12	138	79
4. Usos de la palabra «indio» o referencias a grupos indios	4	0	205	39
5. Veces en que el nombre del idioma nativo se menciona directamente («guaraní» en Roa, «quechua» en Arguedas)	1	0	17 [13]	0

[11] Aunque tres de los relatos usados de Arguedas están escritos en primera persona, es todavía posible distinguir en ellos entre lo dicho por el narrador y lo dicho por los personajes.

[12] A diferencia de las otras categorías, los sustantivos propios se contaban sólo la primera vez que se mencionaban. Si estos nombres hubieran sido contados cada vez que eran mencionados, las figuras aquí dadas habrían sido mucho más altas.

[13] Todos éstos 17 son de *Diamantes y pedernales*, el más reciente de los cuentos usados de Arguedas. La implicación de esto puede ser que Arguedas intensificaba su consciencia del idioma quechua como cuestión literaria directa. Parece que no sentía en los cuentos más tempranos la necesidad de *nombrar* el idioma.

entre los personajes. Es decir, en ninguno de los dos escritores existe una división costumbrista entre personajes que usan el idioma nativo y narradores que no lo usan. En Roa y en Arguedas, los narradores representan a sus personajes, sin esnobismo y con mínima distancia. Pertenecen al mundo de los personajes y utilizan su lengua. Para nuestro propósito actual, sin embargo, lo más importante de esta pequeña investigación es su al parecer trivial enumeración (el No. 3) de referencias a la flora, fauna y geografía sudamericanas. Estas fuerzas naturales son los principales mensajeros de lo mítico en las narrativas, los principales agentes de su incursión en el plano humano. Y se nos presentan en gran parte en guaraní y en quechua. Además, es notable que aquí sí hay una diferencia entre narradores y personajes. Como manifiestan los números citados, el lenguaje indígena de los narradores de ambos autores se refiere a la naturaleza más a menudo, en términos de porcentaje, que el lenguaje indígena de los personajes [14]. Podemos decir que hay, al nivel narrativo, un deseo de articular relaciones míticas mediante las fuerzas naturales que las encarnan.

Consta que este método numérico y «macro-textual» es un ejercicio inútil si después no se discuten textos específicos. Antes de hacer eso, sin embargo, cabe hacernos una pregunta más de carácter general. ¿Quiénes son los «lectores implícitos» de estos relatos? ¿Se dirigen los cuentos principalmente a personas que entienden las lenguas indígenas o a los que las desconocen? En términos de las intenciones autoriales, por lo menos, la respuesta parece ser estos últimos. Ambos escritores han tomado medidas para acomodar a los lectores que sólo saben el español. Roa provee un glosario al final de *El trueno entre las hojas,* y Arguedas logra la misma cosa con suscritos y traducciones parentéticas. No obstante, se debe decir que estas medidas no producen una completa inteligibilidad en todos los términos indígenas. De los términos nativos empleados en los nueve cuentos de Roa, por ejemplo, aproximadamente un 40 por 100 de ellos no son accesibles a través del glosario [15]. En ambos autores, el lector hispanohablante monolingüe debe, en la ausencia de un diccionario de lengua indígena, emplear muy a menudo un razonamiento contextual. Y aun esto no da una comprensión exacta.

Creo que este aspecto es en general una técnica consciente de gran eficacia artística. Al «lector implícito» se le permite vislum-

---

[14] Al calcular estos porcentajes, no se deben incluir las partículas [número 1-*b*)], ya que éstas, por su definición, no se refieren a fenómenos naturales específicos.

[15] El total empleado aquí de los términos indígenas es un poco más alto que los 231 contados en las categorías 1 y 2, puesto que éstas a veces incluyen expresiones de más de una palabra.

brar terrenos que están más allá de su experiencia previa, relaciones que son, como hemos dicho, frecuentemente de carácter mítico. Se le da suficiente entendimiento para abrirse paso en este mundo nuevo, pero no tanto como para matar su misterio. Se le orienta *hacia* lo mítico. En este sentido, lejos de limitarlo a un estrecho provincianismo, el contacto del lector con el idioma indígena ha sido profundamente universal.

Desde luego, es aquí imposible analizar, con respecto a estos conceptos, todos los cuentos enumerados arriba. Sin embargo, podemos discutir brevemente una narrativa de cada autor. De los cuentos leídos para nuestro estudio numérico, los mejores ejemplos de nuestras declaraciones serán «Carpincheros», de Roa, y «Agua», de Arguedas. Éstos dos datan de momentos comparables en las carreras de sus autores, siendo «Agua» publicado en 1935 como la narrativa titular de la primera colección de cuentos arguedianos. Su conflicto básico es entre un grupo de campesinos indios que buscan derechos equitativos de riego y un hacendado rapaz, don Braulio, que busca usurparse a sí mismo la mayor parte del agua. Pero tras esta disputa humana se adivina una oposición más fundamental entre las fuerzas del sol («tayta Inti»), las aguas de la laguna («k'ocha agua») y los cerros Kanrara y Chitulla. Esta lucha de dos niveles, cósmico y humano, es bastante evidente en lo siguiente:

> Ya era tarde. El tayta Inti quemaba al mundo … Parecía que el Sol estaba quemando el corazón de los cerros; que estaba secando para siempre los ojos de la tierra. A ratos se morían los k'erk'ales [16] y las retamas de los montes … Los pajaritos del cementerio se callaron, los comuneros también, de tanto hablar se quedaron dormidos. Pantacha, Pascual, Don Wallpa, veían, serios, el camino a Puquio…
> —¡Ayarachicha! ¡Ayarachi! [17].
> Pantacha se paró …, mirando ojo a ojo al Inti tayta; y sopló bien fuerte la corneta … [E]l ayarachi subía al cielo, se iba lejos, lamiendo los k'erk'ales y los montes resecos, llevándose a todas partes el amargo de los comuneros malogrados por el Inti … y por el principal…
> —No hay confianza; comuneros no van parar bien —dijo Pantacha…
> —¡Comunkuna! [18] —gritó, —q'ocha [19] agua para endios!
> Voltearon la cabeza … para mirar al mak'ta [20] …

---

[16] Arguedas no provee una traducción de esto. Véase la discusión que sigue esta cita.

[17] En una nota, Arguedas define esto como «música fúnebre».

[18] «Comuneros».

[19] Ortografía equívoca; debe ser *k'ocha*. Arguedas da el significado en una nota previa.

[20] «Joven». Arguedas nos dice esto en una nota previa.

—Don Pascual, firme vas a parar contra el principal...
—¿Acaso? como tayta Kanrara voy a parar... [21].

Poco después, don Braulio mata de un balazo a Pantacha y obliga a los demás indios a rendir, engallinados, sus reclamos de agua. Sin embargo, el narrador en primera persona, un joven muchacho de la comunidad, sigue la lucha:

> Salté al corredor. Hombre me creía, verdadero hombre, igual a Pantacha. El alma del auki Kanrara me entró ...; no aguantaba lo grande de mi rabia...
> Don Braulio, Don Cayetano, Don Antonio ... me miraron nomás...
> —¡Suakuna! (ladrones) —les grité [22].
> Levanté del suelo la corneta de Pantacha, y ... la tiré sobre la cabeza del principal [23].

En la escena final del cuento, el narrador se encuentra solo fuera del pueblo. Nos dice:

> Solito, ... esa tarde, lloré por los comuneros, por sus chacritas quemadas con el sol ... [E]l Inti, más grande, más grande ... quemaba al mundo. Me caí, y ... arrodillado sobre las yerbas secas, mirando al tayta [24] Chitulla, le rogué:
> Tayta: ¡que mueran los principales de todas partes! ... [25].

Arguedas da traducciones, con estos pasajes o previamente en el relato, para la mayoría de estas expresiones quechuas. No obstante, es significativo que no entregue una traducción de la forma hispanizada *k'erk'ales* (maleza de la planta que se llama *k'erk'a*), y para *comunkuna* («comuneros»), su única ayuda es decirnos, muy antes, que *-kuna* es un pluralizante de sustantivos. Aunque captamos sin dificultad la idea general de los dos términos, es obvio que un esfuerzo insólito de comprensión se nos ha pedido. Las articulaciones quechuas de todos estos pasajes, traducidas o no, nos involucran en una clase de búsqueda no generalmente experimentada por los lectores de la ficción. Y lo que esa búsqueda revela es el perfil de un combate trans-humano que corre paralelo al combate humano a la vez que lo domina. Al igual que los indios desafían a don Braulio, Kanrara, Chitulla y *k'ocha agua* campean con el sol, *tayta Inti*. De esta manera poco barthiana, los términos quechuas sirven como formas análogas lingüísticas de una realidad mítica fija.

---

[21] José María Arguedas: *Relatos completos* (Buenos Aires: Losada, 1974), pp. 73-75.
[22] El punto final de admiración falta en el texto de Losada. También la traducción parentética no es mía, sino de Arguedas.
[23] Arguedas: *Relatos completos*, p. 78.
[24] «Padre». Significado dado por Arguedas en una nota anterior.
[25] Arguedas: *Relatos completos*, pp. 80-81.

El parecido entre «Agua» y el relato de Roa, «Carpincheros», resulta claro. Como aquél, «Carpincheros» presenta la intrusión de fuerzas cósmicas en una serie peculiar de problemas humanos. Los principales actores son una pareja inmigrante alemana, los Plexnies, su hija Margaret, o «Gretchen», y un grupo de carpincheros, cazadores fluviales del roedor grande conocido como «carpincho» o «capybara»[26]. Como el argumento se desarrolla mayormente alrededor de la extraña atracción que siente Margaret por los carpincheros y su fuga final con ellos, el cuento parece carecer de la dimensión socioeconómica tan evidente en «Agua». En verdad, sin embargo, esa dimensión no sólo está presente, sino que es indispensable. Como jefe de mecánicos de un ingenio grande, el padre de Margaret participa de un brutal sistema de explotación obrera, y la fascinación de la joven por los carpincheros responde en parte a esta circunstancia[27]. Es una respuesta inconsciente, pero absolutamente decisiva para ella. La gente del río es todo lo que su vida, y la vida de sus padres, no son. Le dice su papá, «... [L]os peones son como esclavos en la fábrica. Y los carpincheros son libres en el río. Los carpincheros son como las sombras vagabundas de los esclavos cautivos en el ingenio, en los cañaverales, en las máquinas... Los carpincheros son los únicos que andan en libertad»[28]. Más tarde, esta conciencia de la tragedia obrera adquiere un aspecto macabro cuando se le cuenta a la familia que su hogar (el *Ogamörötï*, o «casa blanca», en guaraní) es frecuentado por el fantasma de un cruel ex-capataz de la fábrica. Y aunque los padres ocultan de Margaret la historia, ella parece absorber sus efectos del aire mismo:

> En la casa blanca había muerto asesinado el primer testaferro de Simón Bonaví, dueño del ingenio. Uno de los peones previno al ... alemán:
> —No te de'cuida-ke[29] ... El la'sánima en pena de Eulogio Penayo, el mulato asesinado, co[30] alguna noche' anda por el Oga-mörötï. Nojotro' solemo' oír su lamentación.

[26] La definición de «carpincheros» se da en Foster, p. 28.

[27] Roa describe el apuro de los obreros mucho más detalladamente en el cuento titular «El trueno entre las hojas». «Carpincheros» y este cuento son, por tanto, obras estrechamente ligadas, y es significativo que son, respectivamente, la primera y la última narrativa de la antología.

[28] Augusto Roa Bastos: *El trueno entre las hojas* (Buenos Aires: Editorial Guillermo Kraft Ltda., 1958), p. 14.

[29] «No te descuides». -ke es una partícula guaraní que se añade a los mandatos. Es interesante que no aparece en el glosario provisto por Roa al final de su antología: tuve que buscarlo en Antonio Ortiz Mayans: *Diccionario español-guaraní, guaraní-español* (Buenos Aires: El Manantial, 1962), p. 235.

[30] Guaraní, definido en el glosario de Roa como un adjetivo demostra-

Eugen Plexnies no era supersticioso ... Ilse ... tampoco lo era. Pero ... se cuidaron muy bien de que Margaret sospechara siquiera el episodio siniestro...

Como si lo intuyera, sin embargo, Margaret al principio ... se mostraba temerosa y triste. Sobre todo por las tardes, al caer la noche... [31].

El remedio de esto es su amor misterioso por los carpincheros:

> ... Entonces fue cuando vio a los carpincheros ... Un cambio extraordinario se operó en ella ... Se veía que aguardaba con ansiedad ... el paso de los carpincheros.
> El río se deslizaba con sus islas de camalotes ... El canto del guaimingüé [32] sonaba en la espesura ... Margaret ya no estaba triste...
> ... Una mañana vieron tendido en la playa un yacaré... [33].
> —¡Un dragón, mamá ...! —gritó Margaret, pero ya no sentía miedo.
> —No ... Es un cocodrilo.
> ... Otra vez fue un guacamayo ...; un arcoiris de pluma y ronco graznido posado en la rama de un timbó ... [34]. Así Margaret fue descubriendo la vida ... en el mundo de hojas, tierno, áspero, insondable ... Empezó a amar su ruido, su color, su misterio, porque en él percibía además la invisible presencia de los carpincheros...
> En las noches de verano, ... los tres moradores del caserón blanco salían a sentarse en la barranca ... Eugen ... se tendía sobre el pasto. ... Pero no podía anular la preocupación que lo trabajaba ... La suerte de los hombres en el ingenio, en cuyos pechos oprimidos se estaba incubando la rebelión ... La cabecita ... de Margaret soñaba, en cambio, con los hombres libres del río...
> ... A la luz de la luna, ... cobraban su verdadera sustancia mitológica en el corazón de Margaret [35].

La semejanza entre «Agua» y «Carpincheros» es innegable en estos trozos, donde elementos míticos intervienen poderosamente en los

---

tivo. Sin embargo, aquí y en muchos otros lugares, parece carecer de fuerza demostrativa.

[31] *El trueno entre las hojas,* pp. 15-16.

[32] Curiosamente, el glosario de Roa ayuda poco con esta palabra, ya que la definición que da, «urutaú», es un término tan local que el lector tiene que buscar en otra parte un significado más generalmente comprensible. El diccionario de ORTIZ MAYANS, p. 331, aclara el asunto; *guaimingüé* y *urutaú,* según él, son sinónimos que se refieren a un tipo de ave nocturna notable por su canto lúgubre.

[33] Un cocodrilo. No está en el glosario de Roa, sino que se define en el texto del cuento.

[34] Un tipo de árbol. Definido en el glosario.

[35] *El trueno entre las hojas,* pp. 16-18.

asuntos personales y colectivos del hombre. El espectro del capataz asesinado es un recuerdo sobrenatural de la maldad del orden económico, y fuerzas telúricas implacables hierven en el corazón de una joven muchacha. Pero lo más significativo es que, otra vez, son los términos indígenas los que nos guían en este nuevo territorio. *Guaimingüé, yacaré, timbó* —estas voces son nortes de nuestro viaje, puntos del mapa, mensajeros de más allá de la trágica experiencia cotidiana del género humano. Margaret necesita librarse. Por eso, una noche cuando los carpincheros han subido a la casa buscando socorro para un compatriota mortalmente herido, la joven se fuga con ellos [36]. Una vez más, notamos que una palagra guaraní, el instrumento musical *gualambau* [37], es la piedra de toque del pasaje:

> ... Los destellos muestran todavía por un momento, antes de perderse en las tinieblas, los cabellos de leche de Margaret. Va como una luna chica en uno de los cachiveos [38] negros...
> Ilse vuelve corriendo a la casa...
> —¡*Gretchen...*, *Gretchen...*!
> Un trueno sordo ahora le responde. Surge del río, llena toda la caja acústica del río ... Es el gualambau de los carpincheros. Ilse se aproxima imantada por ese latido siniestro que ya llena ... toda la noche. Dentro de él está *Gretchen*, dentro de él tiembla el pequeño corazón de su *Gretchen*...
> Dientes inmensos de tierra, de fuego, de viento, mascan la cuerda de agua del gualambau y le hacen vomitar sus arcadas de trueno caliente sobre la sien de harina de Ilse [39].

El *gualambau* no es ya simplemente un instrumento; ha llegado a ser el río, el cielo, la tierra, la noche. Con esta sola palabra guaraní, Roa encarna toda la constelación de fuerzas que han secuestrado a Gretchen y que le han roto el corazón a su mamá.

---

[36] FOSTER, pp. 30-31, dice que después de la fuga de Margaret con los hombres del río, el compañero herido de éste, todavía vivo, protesta su abandono andando enfurecido por el cuarto. Creo que esta interpretación es errónea. El texto de Roa declara: «Llega el momento en que el carpinchero muerto se levanta del catre convertido en un mulato gigantesco... Busca una salida. No la encuentra. La muerte tal vez lo acorrala todavía» (*El trueno entre las hojas,* p. 25). Resulta claro que el carpinchero está muerto. Además, él y sus compañeros no son mulatos, y no se les tomaría como tal ordinariamente. Lo que tenemos en este pasaje es un trozo de la perspectiva equívoca de la madre de Margaret, Ilse, quien en su histeria percibe al cadáver del cazador como al espectro del capataz mulato asesinado Eulogio Penayo. Más evidencia de esto se encuentra en el cuento titular de la antología (véase nota 27 arriba), donde los mismos sucesos se narran yuxtaponiéndolos significativamente con una descripción de la muerte de Penayo (*El trueno entre las hojas,* pp. 223-225).
[37] Se da el significado en el glosario de Roa.
[38] Como dice el glosario, un tipo de canoa.
[39] *El trueno entre las hojas,* p. 25.

185

13

En un epígrafe a *El trueno entre las hojas,* Roa Bastos explica el origen del título en una leyenda autóctona: «El trueno cae y se queda entre las hojas. Los animales comen las hojas y se ponen violentos. Los hombres comen los animales y se ponen violentos. La tierra se come a los hombres y empieza a rugir como el trueno» [40]. Hay en la vida del hombre una violencia que tiene su fuente en el cosmos. Pero de la misma fuente, hay una conciencia que penetra en la vida del artista, y por él, en nuestra vida. Augusto Roa Bastos y José María Arguedas compendían como pocos escritores esta verdad, y la transmitieron, como el relámpago de la leyenda, en el centelleo intermitente lúcido de estos espléndidos textos bilingües.

---

[40] *El trueno entre las hojas,* p. 9.

CLAUSTROFOBIA EN LA ACADEMIA:
«PÁJARO MOSCA»

DEBRA A. CASTILLO
Cornell University

El cuento «Pájaro mosca», de Augusto Roa Bastos, nos detalla con una agudeza penetrante una situación seguramente conocida a todos los que trabajamos en la academia. Es una historia que hemos visto repetida en los corredores de las oficinas universitarias, en las conferencias profesionales y aun en las páginas de revistas respetadas. Es la historia de dos hombres de letras ligados hasta la muerte por una enemistad intensa y amarga, un odio que los confina como una prisión metafórica, una rivalidad que es, paradójicamente, todavía más intensa por la trivialidad absoluta y la clara inmemorabilidad de la alteración que la ocasionó. Para los dos, sin embargo, su disputa antigua sobre la acusación de plagio que Ozuna ha hecho a la obra de Funes, representa una obsesión constante que guía los pensamientos y acciones de ambos hombres de letras, que en conjunción con la humillación y la vergüenza que los dos han experimentado a través del tiempo han acentuado el odio. Ambos actúan sin reparar en consideraciones de ningún tipo: ni sentido común, ni distinciones de justicia, ni reflexiones de proporción, ni deliberaciones racionales sobre el asunto. Su disputa tanto les ha absorbido la mente que preocupaciones propiamente humanas tampoco tienen lugar, y las consecuencias trágicas que siguen de esa ceguera son claramente detalladas en el cuento. Los dos son viudos al empezar —ambas esposas perdidas durante los años del conflicto— y, al terminar «Pájaro mosca», los dos enemigos han perdido sus únicas hijas a la locura. El cuento, entonces, ofrece un comentario grotesco, lleno de humor negro, sobre las disputas insignificantes de la rivalidad de este par de bibliófilos, y ambos nos dan ejemplos perfectos del hombre de letras mediocre que Samuel Beckett desdeñosamente llama el « ¡Crritic! » y Friedrich Nietzsche describe como el hombre de teoría que permanece «eternally hungry, the critic without strength or joy, the Alexandrian man who is at bottom a librarian and a scholiast, blinding himself miserably over dusty books and typographical errors» (112). A pesar de sus obvias diferencias superficiales y su rivalidad personal inexorable, en su mediocridad feroz los antagonistas del cuento de Roa se asemejan en un grado inesperado. Cada letrado frustrado es un representante ideal del «crritic», del hombre de teoría que describe Nietzsche: hambriento, ciego, insatisfecho (insatisfechable).

Este bosquejo de la trama central del cuento de Roa —la historia de antagonistas que se reflejan como imágenes en el espejo y que planean las estratagemas de sus desacuerdos desde los paraísos/prisiones encerrados de sus bibliotecas— nos recuerda inmediatamente los cuentos de Jorge Luis Borges. Ciertamente, como ha observado David W. Foster, hay otros cuentos en la colección *Moriencias* que evidencian experimentación técnica en el estilo de Borges (79), y «Pájaro mosca» adopta un tema que ha sido frecuentemente, si no exclusivamente, asociado con el escritor argentino. Se podría citar, por ejemplo, el cuento «Los teólogos», de Borges, que desarrolla el progreso de una rivalidad profesional similar al conflicto continuo y eterno entre Ozuna y Funes, una enemistad que, en el cuento de Borges tanto como en el de Roa, desenlaza con un destino único trágico para los dos viejos enemigos: la muerte en la hoguera en Borges, la destrucción accidental de las hijas en Roa. Es notable también que Funes caracteriza la autobiografía de Ozuna como «garrapatear tu pasado como quien recuerda un mal sueño» (152), una descripción muy similar a la frase de Borges, referente a «Los teólogos», donde dice que este cuento es un producto de «un sueño más bien melancólico, sobre la identidad personal» (182). En ambos casos la identidad se disuelve en las recreaciones auto-conscientes de un sueño literario, un sueño de espejismos de odio que cubre una identidad especular.

Estas semejanzas, aunque tentadoras para la exegeta, a un segundo nivel no son muy productivas en una discusión más amplia del cuento de Roa. Su intención es claramente distinta a la de Borges, y en «Pájaro mosca» el autor le da a su cuento un rasgo característicamente social en vez de tejer una fábrica metafísica como hace el cuentista argentino. Menos fantástico que los cuentos de Borges, en «Pájaro mosca» el aspecto humorístico se pervierte y el placer del lector con las artimañas que los viejos usan para encubrir su mediocridad se cancela no sólo en el reconocimiento de un mundo que se acerca demasiado a la realidad cotidiana de la vida universitaria, sino también en el malestar indefinido producido por la implicación evidente de que los resultados inevitables de este cerrar de posibilidades en las permutaciones de una ceguera negligente y selectiva tienen que ser la locura y la muerte.

José María Funes representa más obviamente el hombre alejandrino desdeñado por Nietzsche. Un mirón en la vida, Funes está efectivamente encarcelado en su casa-biblioteca por la enfermedad sumamente literaria del asma, asociada con escritores famosos como Proust, una aflicción que es, probablemente, como la hija de Funes le recuerda, «una enfermedad psíquica, más que otra cosa» (139). Pasa su vida miserablemente entre sus libros y objetos de museo, persiguiendo con una determinación concentrada en la adquisición de un *Quijote* sin precio, ya que contiene anotaciones del propio Cervantes y es, por añadidura, la niña del ojo de su enemigo, Ozuna. Funes es un personaje grotesco, un tipo codicioso, cuyo cuerpo enorme refleja su voracidad, con un carácter que inmediatamente le hace antipático al lector. La asociación de su nombre con la palabra latina *funus* seguramente fue reconocida por Roa, y Funes claramente representa un tipo fúnebre. Vive en una casa que parece un mortuario y su mayor logro en la vida ha sido un acto de necrofagismo intelectual. Se jacta de que «yo al menos publiqué un libro» (144), pero el lector muy pronto descubre que el viejo asmático ha alcanzado la inmortalidad literaria a través de su plagio infiel de la obra *(corpus)* de un filósofo menor llamado Cabanis. Es un plagio que, según Ozuna, es una calumnia al original; Funes es un empresario funerario o necrófago inexperto que destruye el cuerpo que toca. Así como la obra de Cabanis se ha deteriorado, corroída en sus manos, también las ediciones príncipes de libros y los valiosos artículos de museo que llegan a sus manos han tenido el mismo destino. Los objetos de su valiosa colección se hacen fungibles: preservados en exhibición, pero al mismo tiempo destruidos, objetos preciosos para la apreciación estética que se transforman en objetos de consumo, y que son consumidos por su contacto con el asmático goloso. Cuando pasan por las manos del coleccionista funéreo, los objetos pierden su propósito original y se vuelven, como su dueño, inútiles, vivos-muertos, pavorosos. La casa-museobiblioteca es también una «catacumba» (138), y se lee el inventario —la necrología— de sus posesiones como se pasa por los monumentos semi-destruidos de un cementerio descuidado:

> ... allí también se amontonaban armas, trofeos, muebles antiguos, tallas de santos con rostros *semi-comidos* por la penumbra y el polvo. Los huecos de las celosías dejaban entrever ... el patio interior lleno a su vez con piezas de museo: ... cureñas y proyectiles *corroídos* por la herrumbre, bloques de algún frontespicio *ennegrecido* por la *combustión* del tiempo o del fuego, *restos* de altares, de artesonadas, *mutiladas* estatuas... (énfasis míos).

En Funes, la adquisividad del bibliófilo se pervierte en una obsesión golosa y el lector se da cuenta con fastidio que para este coleccionista de objetos de museo, el *Quijote* no representa más que otro objeto valioso para disecar, embalsamar y exhibir en una colección que se está desmoronando lentamente con el paso del tiempo. «Lo sometí a varios análisis», le dice a su hija, «Rayos X, carbono 14, peritaje caligráfico, todas las garantías. Hasta esa carta de Menéndez Pidal...» (139). Funes consume al *Quijote* sin apreciar esta obra viva de arte.

La perversión al nivel de la colección tiene, como sugiere Roa, consecuencias claras e inevitables en la esfera social también donde la aplicación de sistemas expertos sirve una función despiadadamente niveladora: armas, altares, estatuas de santos, un *Quijote* anotado por el autor; todos están sujetos a los efectos corrosivos de una similitud enforzada, un modelo de conformidad social y consistencia formulista. «No todo es comprar y vender», dice Delmira. «Claro que no», responde su padre con el egoísmo supremo del capitalista desenfrenado, «pero también debo cuidar mis bronquios...» (139). Con esta aseveración agresiva, Funes reformula la pobreza y estrechez de su visión en términos de un logro honorífico, una hegemonía merecida. Funes «se dedicó con fervor a la industria del "mito nacional"» (148), y el poder que manipula es una representación microcósmica del poder, igualmente ciego en aplicación, del estado.

Si Funes representa el académico estático y pomposo que trata de embalsamar obras vivas de arte y arreglarlas en las categorías rígidas de la biblioteca o el museo, a primera vista su enemigo y antagonista, Antonio Ozuna, parece ser su opuesto polar. Como el personaje representativo de la riqueza y el poder que proviene de la posesión de bienes materiales y artículos de consumo, Funes obviamente encarna (y Roa no es mezquino con sus carnes) la idea de la cultura oficial, un aprobado agente leal de los intereses del estado. Ozuna, por el otro lado, sintetiza los valores del ciudadano privado de derechos civiles, del rebelde cultural o social, del intelectual cuyas ideas sublimes trascienden la visión opresiva del mundo/museo del coleccionista materialista. Por su operación fuera de los órdenes oficialmente prescritos, se le silencia; ignorado por la multitud, se vuelve invisible. En contraste con la presencia física casi demasiado sólida de Funes, Ozuna lentamente desaparece entre los muebles polvorientos en el estudio de su enemigo: «la luz fuerte de la lámpara... lo volvía transparente, irreal» (135), una transparencia aumentada por la ropa y la postura física del viejo exprofesor, «que le daban cierta consistencia, pero que al mismo tiempo aumentaban su irrealidad» (136). Simpatizamos inmediatamente con el viejo escolar; su evidente espiritualidad está en contraste tajante con la pesada mundanalidad de Funes, la viva imagen del humanista vendido a intereses venales. Ozuna tiene el cuerpo y la apariencia física del estudioso intachable de letras, del escolar incomprensiblemente acosado por las fuerzas codiciosas de los mediocres que le envidian su capacidad mental. Es una impresión confirmada por la descripción de Ozuna —«su cuerpo [es] magro, seco, menudo», su ropa raída (136)—, una descripción que recuerda la de Don Quijote. Además de eso, el ejemplar sin precio de *El Quijote* está todavía en sus manos al empezar el cuento, el libro que representa el último tesoro de su biblioteca desaparecida, y en contraste con el necrofagismo de Funes, con sus matanzas de objetos preciosos al servicio del museo indiferente, Ozuna preserva el libro como un ente vivo. «Es un libro que ya está bajo mi piel», dice Ozuna en su autobiografía ficcionalizada (151), y en las palabras del narrador anónimo del cuento los dos, hombre y libro, se acercan como una sustancia idéntica, anteriormente viva, ahora transformada por un efecto de la luz que los atraviesa: «el libro forrado... acaso por el efecto de la luz, tenía el mismo color de su piel [de Ozuna]; el color mate de una materia que había sido viva y ahora estaba inerte, tensa en la cubierta del libro, arrugada en la cara del hombre» (136). Si el libro ya está bajo su piel, parece cierto decir que su piel y sus carnes magras ya son parte del libro también.

La identificación metafórica del hombre (Ozuna) y del libro *(Quijote)* muy pronto toma un aspecto inesperado, sin embargo, porque Ozuna, a propósito o por equivocación (nunca se clarifica) no le ha dado a Funes la edición valiosa del *Quijote,* sino su propia autobiografía, que tiene una encuadernación semejante, y en vez de las anotaciones «de puño y letra del propio Cervantes» (136), Funes abre el tomo para descubrir «la letra menuda y caligráfica» (144) de su enemigo, el profesor quijotesco de literatura. Mientras Funes se adentra en la autobiografía de su enemigo, nosotros leemos la obra con el coleccionista, penetramos por primera vez al interior del caballero empobrecido y ganamos nuestras primeras impresiones no filtradas y distanciadas por la presencia abrumadora de su enemigo poderoso y su biblioteca agobiante. Irónicamente, lo que la autobiografía novelizada revela detrás de la máscara de un don Quijote es un hombre no menos desagradable, no menos mezquino que su antagonista.

Ozuna le llama a su vida ficcionalizada *El prisionero* para recordar, obviamente, su encarcelamiento real por «acción disolvente y subversiva, negadora de los verdaderos valores y del verdadero sentido de la nacionalidad» (148); en breve, por su anarquismo cultural. El Ozuna que sale de la autobiografía quiere que el lector simpatice con su encierro en otras prisiones metafóricas también: prisiones de convenciones corrompidas, de irrelevancias sociales, del Hado ineluctable, de circunstancias fuera de su control. Es prisionero del odio —supuestamente— demente de su antiguo enemigo, un prisionero forzado a repetir constantemente los detalles del episodio definitivo que le ha proporcionado ese destino inmerecido, el episodio que dio forma (desformó) su vida; su acusación que Funes es un plagiario.

Sin embargo, en el análisis final, esos acontecimientos tienen mucha menos significación que el auto-encarcelamiento de Ozuna en una serie de actitudes y asociaciones que son, como empezamos a ver, tan derivativas como las de su enemigo. Si Funes se ha involucrado en la «industria» de traficar con libros raros, Ozuna ha comprometido sus ideales igualmente con su empleo como escritor de «la sección de compra y venta de libros viejos» (149); la única diferencia es que tiene menos éxito en el negocio. Además, a pesar de la centralidad de la acusación de plagio por Ozuna, es un cargo que, curiosamente, nunca se verifica. El artículo famoso que detalla las pruebas de Ozuna nunca se publica; «tuve que inventar un enigma», dice (148), para explicar su negligencia de justificar su acusación pública de la deshonestidad intelectual de Funes. Es un enigma sumamente insignificante, y sin duda ese misterio trivial no merece el verter de tanta prosa vistosamente existencial que sigue la concesión de debilidad por el ex-profesor. Ozuna mismo reconoce su «pusilanimidad», la cual sugiere que la invención del enigma fue efectivamente un acto de cobardía de su parte, pero el exceso narrativo del existencialismo barato por parte del viejo escolar apunta a otra razón. ¿Por qué no se publicó el artículo? ¿Había de veras un artículo para publicar? ¿Era tan definitiva la evidencia callada por Ozuna como indica en su auto-justificación?

Al mismo tiempo, si Funes es realmente un plagiario, Ozuna lo es también en su autobiografía derivativa, una recreación literaria y no literal de su vida. Ozuna subraya su similitud con Cervantes (150, 151), e insinúa también su relación con los personajes Polonius (140) y Shylock (150), de Shakespeare. La estructura del episodio central en el café, con su ironía mordiente y su humor forzado, recuerda inmediatamente una escena parecida en *La comedia nueva o el café,* de Moratín, y la prosa portentosa de Ozuna está llena de ecos y alusiones, algunos obvios, otros más disfrazados. Es una tendencia que Ozuna reconoce en su novela: «siempre mi manía de repetir frases, de sacar analogías y símbolos de los libros; el hombre es lo que hace, dicen, y yo no había hecho en mi vida otra cosa que leer» (151). Una frase contexto. Se puede comparar las palabras de Anatole France, en *The Crime of Sylvestre Bonnard,* para otra versión del mismo sentimiento («My world is wholly formed of words» [94] y «Our passions are ourselves. My old books are me» [183-184]), y otras variaciones sobre este tema podrían multiplicarse. La literatura, como dice Gabriel Saad en un artículo provocativo sobre «Pájaro mosca», «nace de una apropiación. ... Está condenado a ser un robo prometeico» (499). Sin embargo, en este caso el robo no es, como quiere Ozuna, una apropiación prometeica, un acto de valor para capturar un elemento vivo y precioso para donarlo a la humanidad, sino el robo de algo que nadie quiere, de lo que es ya un lugar común, una frase hecha cansada, un acto muy semejante al (alegato) robo de Cabanis por Funes.

La acusación del plagio va y viene entre los antiguos enemigos, otra frase hecha, el lugar común de su odio desde hace 40 años. Hasta el ensayo sentimentalista de su muerte en la obra de Ozuna es, como Funes indica, un lugar común, un plagio tan obvio y tan mediocre que a nadie más que a su enemigo le interesa: «Era uno de tus temas preferidos, tu obsesión del tiempo que se muerde la cola, sacada de los presocráticos de Lao-Tse, de tantos otros, porque la originalidad, mi querido Ozuna, no es precisamente tu fuerte» (152). El punto clave en la obra de ambos autores no es, entonces, una problemática de un plagio intencional y consecuente, sino la repetición inconsciente del pensador mediocre en cuyas obras el orgulloso chorro de ideas «de tantos otros» resulta en la sustitución de clisés literarios muertos por una realidad viva y tajante. Y más: esas frases gastadas se vuelven el único campo abierto a sus imaginaciones; de ahí desemboca la tragedia.

La clausura claustrofóbica de Funes dentro de las paredes de su casa-museo y de Ozuna y su autobiografía novelizada representa, quizá, la única manera en que estos dos antagonistas pueden mantener su cordura, su única defensa para aislarse del progreso de los acontecimientos fuera de la biblioteca, fuera del libro, en el mundo social. Ozuna y Funes se asemejan en su adherencia inflexible e intransigente a la cultura de la frase gastada que representan. Los dos hombres se han vertido completamente hacia el interior y reflejan perpetuamente auto-percepciones trilladas y derivativas. Sin embargo, en el cuento se revela esta excentricidad o apoteosis de lo mediocre como la más peligrosa locura, como los dos egoístas enfuerzan la clausura no sólo en sí mismos, sino también en sus hijas inocentes cuando obligan a las mujeres a jugar papeles en el guión evolucionado a través de los años. No es sorprendente, por eso, que Delmira y Alba heredan, en una forma intensificada, la locura implícita en las ilusiones de sus padres, una locura ya sin pretensiones literarias cuando el «pájaro mosca» de sus espíritus vivos se agita para escapar del arte malo y objetos podridos de museo que definen sus vidas.

La locura literaria de los padres ejerce una presión que aumenta sobre las hijas (y sobre el lector) mientras el ambiente claustrofóbico del cuento se comprime del cuarto polvoriento sin vista para afuera a las reflexiones solipsistas del profesor en su autobiografía. «Aquí acabaremos todos locos», dice Delmira. «... Una vida de enterrados vivos de la que no se puede escapar» (141). La compresión constante nos advierte de la explosión violenta al final del cuento; el libro que Ozuna vende a Funes, la presunta fábula del bibliófilo loco Alonso Quijano, presagia la transmisión de la locura de Alba (hija de Ozuna) a Delmira (hija de Funes) con la transferencia paralela del pájaro mosca invisible que come granitos de luz.

La novelización presuntuosa y sentimentalista por Ozuna de su propia muerte violenta por el suicidio, «el final copiado de esos melodramas de Vargas Vila que ahora ya no leen ni los perros» (153), se borra en la presentación de las realidades más brutales de la violación de Alba y la postración mental de Delmira, acontecimientos que ocurren al final del cuento y que ofrecen un comentario implícito sobre el pseudo-misticismo esterilizado de la versión literaria de la anticipada muerte romántica del ex-profesor. Su verdadero fin en el desenlace del cuento, con una caída a la borrachera vil e inefectual, ofrece un fuerte comentario irónico sobre esos sueños tan llenos de compasión de sí mismo.

Con el auto-ennoblecimiento consciente de Ozuna en su autobiografía tanto como en la manía coleccionista y anatomista de Funes, el ejercer de la profesión de la crítica se marginaliza y las bellas artes se prestan solamente a usos inocuos. Nosotros, los lectores y exegetas académicos, sentimos el impacto fuerte de esta marginalización rigurosa en el cuento y nuestro orgullo profesional nos lleva a retirar nuestra simpatía y nuestra identificación de un mundo ficcional que se asemeja demasiado al mundo real en el que vivimos y trabajamos. La trayectoria misma del cuento nos fuerza a preguntar con Domínguez, «¿quién te manda repetir esas trasnochadas ideas...? ¿Cuándo comprenderemos que la cultura universal sólo sirve si nos hace comprender la realidad concreta y tajante que nos aprieta las costillas en cada momento?» (147). Al contestar estas preguntas, tendríamos que dejar atrás las complacencias fáciles y cómodas de la crítica académica practicada por los Funes y los Ozunas de nuestro mundo para adoptar una práctica crítica radical y comprometida con la vida social. Si el cuento de Roa inspira solamente los principios de tal sentimiento de revulsión contra la mediocridad atrincherada del sistema, si su retrato de la locura comprimida de las rivalidades irrelevantes solamente sugiere la posibilidad de una crítica verdaderamente humanista, Roa nos habrá proporcionado una contrabalanza al «crrític» ciego y estérilmente ocupado y nos habrá señalado una salida de la claustrofobia insalubre de la academia.

BIBLIOGRAFÍA

BORGES, JORGE LUIS: *El Aleph,* Buenos Aires: Emecé, 1971.

FOSTER, DAVID WILLIAM: *Augusto Roa Bastos,* Boston: Twayne, 1978.

FRANCE, ANATOLE: *The Crime of Sylvestre Bonnard,* traducido por Lafcadio Hearn, New York: Dodd-Mead, 1918.

NIETZSCHE, FRIEDRICH: «The Birth of Tragedy», en *The Birth of Tragedy and the Genealogy of Morals,* traducido por Francis Golffing, New York: Doubleday, 1956.

ROA BASTOS, AUGUSTO: *Moriencia,* Caracas: Monte Ávila, 1969.

SAAD, GABRIEL: «"El pájaro mosca": Palabra de la madre, escritura del padre», en *Cuadernos hispanoamericanos,* 375 (1981), 490-503.

«LOS HOMBRES»: UN SONETO
DE AUGUSTO ROA BASTOS

LUIS MANUEL VILLAR
Dartmouth College

INTRODUCCIÓN

Augusto Roa Bastos inició su vida literaria con un pequeño poemario que llevaba por título *El ruiseñor de la aurora* (1940). Según Josefina Plá, este poemario es «de corte clasicista y preceptivo»[1], pues Roa Bastos, durante este período de aprendizaje, estudia con entusiasmo a «los poetas españoles y del Barroco». Sigue luego, con cuidado, la lírica española, asimilando el estro de Garcilaso, Fray Luis de León, Quevedo[2]. Aunque no fue influido nunca por el modernismo rubendariano, Roa acogió la nueva estética vanguardista, y después de una fase lorquiana y nerudiana, emprende una expresión lírica personal[3].

Roa Bastos, junto a Josefina Plá y Hérib Campos Cervera, inician un grupo renovador de la poesía paraguaya —Grupo del 40—, que ubica a la poesía de vanguardia al frente de la lírica nacional. Además de Josefina Plá, Hérib Campos Cervera y Roa Bastos, componen este grupo de renovación figuras como Elvio Romero, Hugo Rodríguez-Alcalá, Óscar Ferreiro y Ezequiel González Alsina. El Grupo del 40 instala a la poesía paraguaya a un nivel continental; ya no es una lírica localista, sino una expresión poética que ha de alcanzar a todos los hombres de la América nuestra.

Según Francisco Pérez-Maricevich, este grupo dio a la poesía paraguaya «profundida a la dignidad estética», «inquietud espiritual y toma de conciencia de la condición humana»[4]. Ésta es en sí una poesía social, una poesía militante. Una poesía en la que el ente

---

[1] JOSEFINA PLÁ: *Literatura paraguaya del siglo XX* (Asunción: Ediciones Comuneros, 1972), p. 17.

[2] HUGO RODRÍGUEZ-ALCALÁ: *Literatura paraguaya* (Asunción: Ediciones Comuneros, 1971), p. 76.

[3] *Ibíd.*

[4] FRANCISCO PÉREZ-MARICEVICH: *La poesía y la narrativa en el Paraguay* (Asunción: Editorial del Centenario, 1969), p. 20.

paraguayo interesa como hombre, como ser pensante y como hacedor de su propia historia. No sin razón decía Josefina Plá que la poesía del Grupo del 40 es una poesía «de solidaridad humana, que trata de captar la onda del destino o la misión común del hombre» [5]. Inmerso en este espíritu, Roa Bastos escribe sus poemas del destierro que más tarde van a ser recogidos en la colección *El naranjal ardiente* (1960). Colección ésta que expresa un fuerte acento de solidaridad humana, de angustia vital por el porvenir no sólo del hombre paraguayo, sino del Hombre americano en su totalidad. Pues de *El naranjal ardiente* hoy desprendemos uno de sus frutos, el soneto «Los hombres» [6]:

Los hombres

Tan tierra son los hombres de mi tierra
que ya parece que estuvieran muertos;
por afuera dormidos y despiertos
por dentro con el sueño de la guerra.

Tan tierra son que son ellos la tierra
andando con los huesos de sus muertos.
y no hay semblantes, años ni desiertos
que no muestren el paso de la guerra.

De florecer antiguas cicatrices
tienen la piel arada y su barbecho
alumbran desde el fondo las raíces.

Tan hombres son los hombres de mi tierra
que en el color sangriento de su pecho
la paz florida brota de su guerra.

«Los hombres» pertenece al grupo de sonetos del destierro escritos entre 1947 y 1949. El poema no posee una fecha de composición, pero sí sabemos que Roa lo compuso durante sus años de destierro en la Argentina tras la guerra civil que arrastró al Paraguay en 1947. La distancia que le impone el exilio lo instala en un plano de comunicación con los hombres de su tierra.

Como todo soneto tradicional, «Los hombres» consiste de catorce versos endecasílabos organizados en dos cuartetos y dos tercetos con rima ABBA ABBA CDC ADA. El último terceto difiere de la rima del soneto tradicional en tanto la disposición de la rima no es DCD, sino ADA. Esto, como veremos más adelante, tiene su razón de ser dentro del campo semántico del poema.

El soneto principia con un delicado sentimiento de dolor por el hombre y de añoranza por la distante tierra natal: «Tan tierra son

[5] PLÁ, p. 19.
[6] AUGUSTO ROA BASTOS: *El naranjal ardiente* (Asunción: Diálogo, 1960).

los hombres de mi tierra.» Aquí es preciso detenernos. Nos topamos con un hipérbaton. ¿Por qué el hablante lírico, precisamente ahora, en el primer verso, recurre a una inversión de los signos que lo componen? Sería pueril considerar que lo hizo por puro capricho. Nos aventuramos a presentar dos hipótesis: musicalidad y tensión expresiva del mensaje poético.

En el momento de inspiración lírica, las palabras, ese bello material que Dios le ha dado al hombre, fluyen suaves, con clara cadencia, acariciadas por vientos que las condensan en sonoros ritmos. Cada una salta, se reconcentra y encuentra su lugar en la escala musical que embriaga un sentimiento, un estado anímico en pleno fervor creador [7]. De ahí la trasposición de los vocablos en la frase para así iniciar el poema con una fuerza vital, con una fuerte nota de admiración por «los hombres». Obsérvese lo burdo de la frase «Los hombres de mi tierra son tan (tanto) tierra». La colocación convencional de los vocablos carece de ese ritmo y musicalidad que el hipérbaton le confiere: «Tan tierra son los hombres de mi tierra.»

La tensión del mensaje recae sobre el adverbio de fuerza marcial masculina que inicia el verso y que, paulatinamente, ha de transformarse mediante su repetición, en la segunda y cuarta estrofa, en una dramática forma de composición cuasi-onomatopéyica que al repetirse tres veces con un reposo —«Tan tierra» / «Tan tierra» / ... / «Tan hombres»— evoca el martilleo de los bronces en el despertar del hombre en una mañana primaveral. Mas ese hombre no es cualquier hombre, es un ente particular, el hombre «de mi tierra»; el hombre del terruño que me vio nacer.

El problema central de la expresión poética comienza a develarse en el segundo verso, «que ya parece que estuvieran / muertos». El verbo «parece» nos coloca al hombre en un estado ambivalente, entre el ser y el no-ser, entre la vida y la muerte. Mas ese verbo, enlazado con el relativo, rompe el espacio del verso con un sonoro «estuvieran». El imperfecto de subjuntivo resulta ser en su campo de irradiación semántica una metáfora temporal que expresa una irrealidad inmanente. La ambigüedad de la condición del hombre entre el ser y el no-ser no puede tomarse como signo perecedero, ya que es más bien símbolo de la íntima comunión entre hombre y tierra.

Los próximos dos versos hay que estudiarlos en conjunto. En la relación del uno con el otro se expresa la idea de un ser escindido en dos partes: «por fuera» / «por dentro». Ambas expresiones forman el conjunto de una realidad: la angustia de ser, de un ente carente de unidad, un ser dividido en un «falso» yo y en un «ver-

---

[7] Dámaso Alonso: *Poesía española* (Madrid: Gredos, 1971), pp. 338-342.

dadero» yo. Los adjetivos que acompañan a la frase que expresa la exterioridad del ser son términos polisémicos en tanto contienen un polisentido. La palabra «dormidos» sugiere un ser atontado, enajenado, inconsciente de su circundante realidad, un ser despersonalizado que puede ser manipulado, utilizado como un objeto, una cosa. Por ende, el adjetivo «dormido» sugiere en su última consecuencia la cosificación del hombre. Mas, paradójicamente, por mediación de la copulativa, la carga de toma de conciencia que contiene en su mismo centro el signo «despiertos», revela en toda su positividad a un hombre espabilado, un hombre enteramente consciente y vigilante de su auténtica potencialidad de ser y estar en el mundo.

Si en la parte exterior del ente co-existen dos estados de conciencia opuestos, en el interior del hombre, «por dentro», en la arcana interioridad de su conciencia, renace «el sueño / de la guerra». La metáfora audaz que de aquí se desprende irradia imágenes de autoconfirmación, de ilusión y anhelo de alcanzar la auténtica esencia de ser, de dejar de ser hombres aherrojados por los grillos de la esclavitud y confirmarse como entes libres en divina comunión con la tierra.

El segundo cuarteto se inicia con un verso anafórico y termina con una reiteración de la imagen de desavenencia entre los hombres. La idea central que el verso expresa sugiere la intensa identificación del hombre con el terruño que le vio nacer, creando un monismo espiritual mediante el cual se identifica la naturaleza con el alma. No se hace en estos versos referencia al hombre carnal, sino a la idea del hombre en la síntesis de su historia. Por ende, hombre y tierra simbolizan una unicidad, de ahí la personificación o espiritualización de la tierra. El encabalgamiento suave que enlaza al sustantivo con su verbo produce una prolongación dinámica; y, el gerundio, «andando», anuncia la durabilidad temporal del espíritu del hombre en la historia. La tierra posee en sí, vida y muerte, dos estados que se complementan mutuamente: la tierra revitaliza al hombre y el hombre espiritualiza a la tierra.

Los próximos dos versos:

> y *no* hay semblantes, años *ni* desiertos
> que *no* muestren el paso de la guerra.

contienen tres términos negativos, «no», «ni», «no». La imagen expresada no es tan negativa como a primera instancia parece. Es positiva, ya que la litotes presente está afirmando su contrario; es decir, el suceder de la guerra, ese mal del hombre contra el hombre y contra la naturaleza, está, en efecto, reflejada con toda la intensidad de su transparencia, en los rostros heridos por las lanzas del sufrimiento («semblantes»), está patente en la historia y en la destrucción del progreso del hombre en el suceder del tiempo («años»), y en el más hiriente efecto de la guerra contra la naturaleza («desiertos»). El hablante lírico, entonces, confirma en un sí quedo, quedo, llegando casi al silencio, las huellas del paso de Marte sobre los rostros, la historia y la naturaleza toda.

El primer terceto nos instala en un paroximo de inspiración lírica en que hombre y tierra consolidan su unicidad. Se reitera, entonces, mediante imágenes de la naturaleza, el sentimiento altamente significativo del primer verso del segundo cuarteto:

«Tan tierra son (los hombres) que ellos son la tierra»

La íntima comunión del hombre con la tierra se devela con un lenguaje poético cargado de significancia en el centro mismo de las palabras. Esta condensación lírica entreteje con poético misterio signos saturados de potencialidad humana: «cicatrices», «piel»; y palabras evocadoras del trabajo y cultivo de la tierra: «florecer», «arada», «barbecho», «alumbran», «raíces».

El primer verso (nótese la fuerza expresiva del hipérbato) contempla a un sujeto dual: la tierra y los hombres. La tierra viste eternas cicatrices al brotar de su intimidad los frutos que la naturaleza le ofrece, así como el hombre/tierra en la eterna actividad de su diario existir, sufre huellas perpetuas.

La tierra y los hombres están en profunda unión. Por ello, el segundo y tercer verso, cuales líneas en los campos arados, presentan a los hombres en toda su pluralidad (de ahí los verbos en plural, «tienen», «alumbran») con las líneas de la experiencia vital adornándoles el rostro cuales surcos del campo trabajado.

La tierra en reposo, «barbecho», permite la transparencia de su intimidad, la expone sobre la superficie, «alumbran», para descubrir desde su íntima profundidad aquello que lo sostiene y le alimenta el espíritu: las venas, las raíces que conducen la sabia que le enriquece la vida desde los arcanos secretos de la tierra. Este terceto es el clímax del soneto. Aquí queda plasmada la recóndita identidad del hombre con la tierra. Los hombres son la tierra, la tierra es los hombres y de la secreta comunión entre hombres y tierra brota la nación. Por ello, en el primer verso del último terceto no se dice:

Tan tierra son los hombres de mi tierra

sino:

Tan hombres son los hombres de mi tierra.

Ambos vocablos, «tierra» y «hombres», en el sistema lingüístico del soneto, son intercambiables. En este mismo verso, el hablante lírico

201

vuelve a modo de retornelo a la idea que inicia el poema, vuelve a insistir en la noción de una tierra en particular, distinta de cualquier otra tierra: «*mi* tierra». El posesivo particulariza e identifica al hablante lírico con una región que aún no conocemos con exactitud.

Si en el primer terceto se introducen imágenes relativas al campo, «florecer», «barbecho», «raíces», para establecer una relación entre la tierra y el hombre, en este último terceto aparecen imágenes relativas al ser pensante: «hombres», «sangriento», «pecho». La imagen metafórica, «el color sangriento de su pecho», alude al color rojizo de una tierra en particular. Ahora sí sabemos que el referente al cual alude el hablante lírico es el Paraguay. Cabe preguntarnos entonces, ¿será el soneto un canto al hombre paraguayo que luchó por su libertad en la guerra civil del 47? Podría ser.

Por último, de la guerra en el suelo rojizo mana la armonía entre los hombres:

<blockquote>la paz florida brota de su guerra.</blockquote>

Este verso ofrece ciertas peculiaridades de gran fuerza poética. Si antes el hablante lírico precisaba la imagen belicista y de discordia entre los hombres mediante el uso del artículo definido, «*la* guerra», ahora pone énfasis en la palabra «paz» al acompañarla con el artículo «la»; así enaltece el estado de armonía entre los hombres. El adjetivo «florida», en su campo de irradiación semántica, dilata y enriquece el sutil espacio del nombre. La cualidad que se le atribuye al sustantivo «paz» no es inherente a él, sugiere imágenes cromáticas, el renacer de la naturaleza, una nueva primavera en la hermandad del hombre. La imagen del renacer queda explícita con el verbo éste cuyo primer sentido denota el «nacer o salir la planta de la tierra». Mediante una sensual analogía, el poeta reitera la comunión del hombre con la tierra mientras proyecta hacia el futuro la armonía y concordia entre los hombres desde la semilla que florece en el centro mismo de la discordia.

Finalmente, la frase «de su guerra» adquiere significado en contraste con la frase «paz florida». La palabra «guerra» está desnuda, su desnudez multiplica en su univocidad su valencia afectiva, mientras el adjetivo «florida» extiende, viste y embellece la imagen que el nombre anuncia.

Es interesante observar el contenido expresivo y diferencia de la palabra final del poema al estudiarse al nivel de la frase «de *su* guerra», en contraste con la anáfora «de *la* guerra» que cierra la primera y segunda estrofa. Dos diversos significantes que ofrecen al poema un sentido poético de gradación: el artículo definido sugiere una imagen genérica, en abstracto, mas de especial capacidad evocadora, y el posesivo adjudica al sustantivo mayor fuerza emocional, personal, compasiva, en tanto evoca la angustia del hombre en su diario existir.

Las imágenes y nociones presentes en el espacio de «Los hombres» y en otros sonetos del destierro, como «Camino», «De norte a norte» y «La tierra», anticipan la sensibilidad humanista que ha de enriquecer la posterior producción literaria de Augusto Roa Bastos desde *El trueno entre las hojas* e *Hijo de hombre* hasta *Yo el Supremo.*

LA REESTRUCTURACIÓN DE LA DICOTOMÍA
LATINOAMERICANA CIVILIZACIÓN-BARBARIE
EN LAS OBRAS DE ROA BASTOS

SHARON KEEFE UGALDE
Southwest Texas State University

Los griegos encontraron en la antítesis civilización-barbarie una manera de destacar la superioridad de su cultura, la organización social, las leyes, el arte, el refinamiento, la cortesía y la urbanidad. Por contraste, los forasteros, sobre todo los de Asia, eran considerados por los griegos, poco civilizados, toscos, sin cultura y hasta salvajes. Desde la época helenista, entonces, la dicotomía conlleva una polarización de indicadores: la civilización genera paradigmas positivos de connotaciones admirables, y la barbarie, otras negativas con sentido peyorativo [1].

En la obra *Medea,* de Eurípides, los corintios explican la reacción violenta de la protagonista al abandono de su esposo por el hecho de que ella es extranjera, una salvaje del Oriente. La visión del dramaturgo, sin embargo, alcanza una perspectiva más allá de los perjuicios inherentes de la dicotomía establecida y la obra sugiere que los helenos «civilizados» no son tan superiores como ellos se creen, y que hasta cierto punto, el abandono de Jasón y el decreto de exilio de Creonte, son tan crueles como cualquier acto de los bárbaros. *Medea* no sólo revela la presencia de la división civilización-barbarie en el drama clásico, sino también la misión creativa del artista de romper los estereotipos lingüísticos que impiden llegar a la verdad.

En un espacio muy distinto —América Latina— y en otro momento histórico —los siglos XIX y XX— encontramos el resurgimiento del tema civilización-barbarie. Tanto la independencia política como la influencia del Romanticismo inspiran a los autores a examinar la identidad nacional de sus propios países y con frecuencia se ve la situación en términos de dos fuerzas conflictivas:

---

[1] Riffaterre emplea el término «indicador» *(marker)* en su discusión de las orientaciones positivas y negativas que se crean en el texto poético. Véase MICHAEL RIFFATERRE: *Semiotics of Poetry* (Bloomington: Indiana University Press, 1978), pp. 1-46.

la civilización, muy estimada y sinónima con la cultura europea, contra la barbarie destructiva de la vida rural e indígena. Por ejemplo, Esteban Echevarría, en *La cautiva* (1837) y en *El matador* (1838), y Domingo Faustino Sarmiento, en *Facundo* (1845), ven el dilema de la Argentina en estos términos. Las novelas regionalistas de la primera mitad del siglo XX introducen algunas modificaciones en los parámetros de la dicotomía, pero no cambian el sistema de polarización de indicadores. En *Doña Bárbara* (1929), de Rómulo Gallegos, por ejemplo, la cultura occidental continúa siendo el modelo deseado, pero el autor venezolano sí empieza a reconocer lo singular de la situación americana y sugiere la necesidad de recurrir a la violencia como medio temporal. *La vorágine* (1924), del colombiano Eustacio Rivera, extiende los límites del concepto de la barbarie para incluir la naturaleza tal como se manifiesta en América Latina. Las selvas voraces, por ejemplo, pueden ser la causa del comportamiento animal de los hombres que viven dentro de sus confines.

No es hasta la publicación de las novelas indianistas que la dicotomía empieza una evolución fundamental: la inversión de los indicadores tradicionales. En *El mundo es ancho y ajeno* (1941), de Ciro Alegría, un sentimiento de paz y soledad y de unidad con la naturaleza caracteriza a los indígenas de la comunidad de Rumi, y en la narrativa de Miguel Ángel Asturias, no sólo existe una evaluación positiva de la «barbarie», sino que sus límites se extienden a incluir la mitología, la poesía y las leyendas de los indios. El término «civilización», ya con connotaciones peyorativas, se emplea de una forma limitada para referirse a los oficiales de gobierno, los militares y los económicamente poderosos.

La obra de Augusto Roa Bastos es representativa del proceso de redefinición y reevaluación de la disyunción civilización-barbarie. En la narrativa del escritor paraguayo la evolución del tema no sólo alcanza la inversión de indicadores con su correspondiente amplificación de los límites definidores de la barbarie y la disminución de los de la civilización, sino que va más allá, a una despolarización de la dicotomía, lo cual representa un paso significativo en la búsqueda de la comprensión de la realidad latinoamericana.

Ya en su primera colección de cuentos *El trueno entre las hojas* (1935), se manifiesta tanto la inversión como la modificación de límites [2]. «Carpincheros», el primer cuento, y el último, que lleva el mismo título que la colección, ejemplifican la reestructuración de la división tradicional. El contraste permite al escritor expresar con intensidad los atributos antitéticos de los dos componentes porque la yuxtaposición de conceptos opuestos convierte a cada uno

---

[2] Augusto Roa Bastos: *El trueno entre las hojas* (Buenos Aires: Losada, 1961). Otras referencias a esta obra se anotarán en el texto con la letra T.

en el modificador del otro, destacando así las principales características opuestas [3]. En yuxtaposición al estado deseable de la libertad de los carpincheros, una tribu de indios aislados de la sociedad occidental, quienes viven muy unidos a la naturaleza, el lector encuentra la esclavitud de los trabajadores del ingenio: «Porque los peones son como esclavos en la fábrica. Y los carpincheros son libres en el río» (T, 13). Otra calidad admirable de la tribu es la fraternidad en el trabajo. El autor describe su breve intento de organizar una cooperativa como «una fiesta laboriosa y fraternal» (T, 216) [4]. Este espíritu colectivo se destaca contra la avaricia de Simón Bonaví, un judío sefardita y el primer dueño del ingenio, expresada vívidamente en su hábito grosero de oler su «dinero» (T 195).

La brutalidad —parte de la definición estándar de la barbarie— no falta en los primeros cuentos de Roa Bastos, pero en general esta característica aparece trasladada al campo de la civilización. El tratamiento de los trabajadores del ingenio es notablemente cruel —sobre todo bajo el mando de Harry Way, un ex-algodonero del Estado de Virginia y segundo dueño de la industria azucarera. Cansado de cazar animales en el África, Way va al Paraguay a cazar hombres. Sus excesos incluyen la paliza de un trabajador epiléptico, Loreto Almirón, y el castigo del látigo administrado a campesinos atados al poste «buen amigo», hasta que pierden el conocimiento. Esta animalidad de los «civilizados» se subraya en la figura de la señora Forkel, conocida como «la vaca brava», cuyo deseo sexual insaciable culmina en la muerte del capataz.

Los carpincheros, en cambio, no recurren a la violencia más que en casos de autodefensa. La confrontación brutal entre un indio y un animal en las orillas del río se justifica como el instinto de sobrevivir, y hasta hay sugerencias de cierta belleza en el momento de unidad entre el hombre y la naturaleza: «Por un segundo más, el carpinchero y el lobo-pe quedaron erguidos en ese extraño abrazo como si simplemente hubieran estado acariciándose en una amistad profunda, doméstica, comprensiva» (T, 21). La agresión contra Harry Way forzándolo a entrar en una casa que se quema, también se presenta como una reacción justa a los castigos violentos que Way inflige a los peones.

---

[3] CARLOS BUOSOÑO: *Teoría de la expresión poética* (Madrid: Gredos, 1962), cap. X, analiza la estructura y el efecto poético del contraste.

[4] Hay numerosos estudios dentro del campo de las ciencias sociales que describen el éxito de tradicionales formas del trabajo colectivo. Algunas de las organizaciones precolombinas todavía funcionan en las Américas. Por ejemplo, el tequio, la guelaguetza, los ayllus, las mingas y el sistema de cargo ponen énfasis en el trabajo colectivo, el cooperativismo, la ayuda mutua, la participación política, la tierra comunal y el igualitarismo.

La caracterización de los personajes resalta aún más las connotaciones afectivas opuestas. Por ejemplo, en «Carpincheros», Gretchen, la joven hija de emigrantes alemanes, se siente atraída por el misterio y la libertad de los carpincheros, «hombres de la luna... seres hermosos, adorables, envidiables» (T, 14). Al acercarse espiritualmente a estos seres, la niña experimenta una unión con la naturaleza: «Parecía completamente adaptada al medio» (T, 16). Al final, en un acto simbólico del valor de la «barbarie», Gretchen agarra de la mano al jefe y se va a vivir con la tribu.

Roa Bastos continúa la exploración de la esencia compleja de la «barbarie» en *Hijo de hombre* (1960), y el contraste de personajes es una de las técnicas que mejor expresa sus descubrimientos [5]. Tres de los personajes, Gaspar Mora, Casiano Jara y Cristóbal Jara, demuestran una voluntad extraordinaria de luchar implacablemente por sus metas. Gaspar, por voluntad propia, se aísla totalmente de la comunidad para no contagiar a nadie de lepra. Casiano, un revolucionario que trabaja en los yerbales, se enfrenta con todo tipo de contrariedades —tanto humanas como naturales— para crear una vida mejor para su hijo, y Cristóbal emprende la misión aparentemente imposible de transportar agua y provisiones al frente durante la Guerra del Chaco para salvar a unos soldados compañeros suyos. La intertextualidad bíblica realza el uso del contraste para establecer las connotaciones positivas de la barbarie [6]. El autor asocia los sucesivos héroes con Cristo, por ejemplo, Gaspar talla una réplica de Cristo como legado al pueblo, y el nombre y nacimiento de Cristóbal reflejan los de la figura del Nuevo Testamento. Este simbolismo refuerza la estructura de oposición que sirve de base para la narrativa. David Maldavsky señala dos paradigmas de objetos, unos naturales —que en nuestro caso sería la «barbarie»— y los artificiales —que sería «civilización»— [7]. El movimiento de la primera a la segunda es una traición o un pecado y el movimiento inverso es la salvación.

Tal vez la fuerza de voluntad no sea una característica de toda la gente humilde, pero sí es una calidad potencial de un grupo selecto del pueblo, mientras entre los «civilizados», por contraste, la fuerza de voluntad se vislumbra por su ausencia. Por ejemplo, la determinación de ayudar a los enfermos pobres del médico emigrante ruso sucumbe a la avaricia cuando descubre un tesoro es-

[5] Augusto Roa Bastos: *Hijo de hombre* (Buenos Aires: Losada, 1960). Otras referencias a esta obra se anotarán en el texto con la letra H.

[6] Urte Lehnerdt: «Ensayo de interpretación de *Hijo de hombre* a través de su simbolismo cristiano y social», en *Homenaje a Augusto Roa Bastos*, ed. Helmy F. Giacoman (Madrid: Anaya, 1973), pp. 169-185, por ejemplo, estudia los símbolos cristianos del texto.

[7] David Maldavsky: «Un enfoque semiótico en la narrativa de Roa Bastos: *Hijo de hombre*», en *Homenaje*, pp. 79-95.

condido dentro de las estatuas de madera. Miguel Vera también forma un contraste vívido con los tres representantes de la «barbarie». Por su educación en la escuela militar de Asunción, Miguel entra en los rangos de los «civilizados». Tiene compasión por los que sufren injusticias, pero le falta la voluntad de actuar de parte de ellos. En un momento de debilidad debido a una borrachera, traiciona a un grupo de revolucionarios jóvenes causando la muerte de varios y el encarcelamiento de los demás. Con el personaje de Vera, Roa Bastos añade algunas significaciones secundarias a la dicotomía: contemplación-acción, intelectual cínico-héroe inconsciente [8]. Miguel reconoce que su tendencia de pensar demasiado le paraliza hasta la inacción, y al final este defecto le lleva del pesimismo al suicidio.

Además de destacar la fuerza de voluntad y la acción, *Hijo de hombre* destaca la dimensión mítica de la sociedad primitiva. El antropólogo Claude Levi Strauss señala como característica básica del mito su existencia fuera del tiempo cronológico, y en el primer capítulo de la novela, Roa Bastos hábilmente crea una sensación de tiempo mítico como marco del relato [9]. Esto se logra principalmente por medio de los cuentos de Macario, que eslabonan el pasado con el presente. La memoria de Macario lleva a los niños de Itapé hacia atrás en el tiempo pasando por las etapas importantes de la historia paraguaya, la dictadura de Francia, la Guerra Grande, el establecimiento del pueblo y la vida y la muerte de Gaspar Mora. Macario siempre narra los cuentos en guaraní y los comienza con una referencia a la aparición de un cometa, el que asocia con la cosmogonía guaraní: «—Fue cuando el cometa... y aludía a las fuerzas cosmogónicas que lo habían desencadenado, a la idea de la destrucción del mundo, según el Génesis de los guaraníes» (H, 19). Macario mismo contradice el tiempo histórico. Es muy viejo, «una aparición del pasado» (H, 11), y, sin embargo, tiene el aspecto de un niño al encogerse con la edad, y finalmente le entierran en «un cajón de criatura» (H, 38).

El aspecto cíclico del tiempo mítico también recibe énfasis. La reaparición de un héroe de gran determinación en cada generación —Gaspar, Casiano, Cristóbal— sirve para expresar el concepto del «eterno retorno» [10]. Otro elemento del mundo mítico, señalado por Ernest Cassier, es la falta de límites fijos entre las diferentes esferas

---

[8] ADRIANA VALDÉS e IGNACIO RODRÍGUEZ: «*Hijo de hombre:* El mito como fuerza social», en *Homenaje*, p. 113, señalan esta variación de la dicotomía civilización-barbarie.

[9] Véase CLAUDE LEVI-STRAUSS: *Structural Anthropology* (New York: Basic Books, 1963), pp. 209-210.

[10] Véase MIRCEA ELIADE: *The Myth of the Eternal Return*, trad. al inglés Willard R. Trask (New York: Pantheon, 1954).

de la vida, o entre lo real y lo supernatural[11]. Esta percepción se expresa en la novela a través de la presencia de la extraña casa de Casiano. La casa pertenece tanto al mundo real, un furgón bombardeado durante la insurrección de Itapé, como al fantástico, un furgón que se mueve sin rieles poco a poco misteriosamente por la selva. La casa llega a simbolizar la voluntad arquetípica de los héroes sucesivos: «El abrazo de la selva para detenerlo era tenaz, como tenaz había sido la voluntad del sargento para traerlo hasta allí» (H, 128-129).

En *Hijo de hombre* el posible efecto embrutecedor de la naturaleza recibe mayor atención que en los previos cuentos. Las fuerzas telúricas de un Paraguay todavía no domado —las selvas, las ciénagas, los bosques— pueden entrapar tanto a los «civilizados» como a los «bárbaros» y obligarlos a recurrir a la violencia como medio de sobrevivir. Casiano y Nati, por ejemplo, revierten a un estado animal en su intento de escapar del yerbal Takurú-Pucú, que está rodeado por formidables barreras naturales. Algunos soldados de la Guerra del Chaco, agobiados por las condiciones áridas, también reaccionan de una manera bestial. Los hombres del frente corren instintivamente hacia el camión de agua que conduce Cristóbal, y es necesario golpearlos para que el camión siga hacia su destino (H, 227).

La violencia como reacción a la naturaleza es trágica, pero la que proviene de la avaricia o el deseo del poder es maligno[12]. La represión política, las pésimas condiciones de las prisiones, el maltrato de los trabajadores de los yerbales y el sufrimiento y la muerte de las repetidas guerras, convence al lector de la brutalidad de la «civilización». El ataque vengativo contra una insurrección campesina tiene un resultado arrasador para el pueblo de Sapukai: «El gigantesco torpedo montado sobre ruedas, con su millar y medio de sharpnells alemanes, estalló en plena estación de Sapukai produciendo una horrible matanza en la multitud que se había congregado a despedir a los revolucionarios» (H, 48).

Muchos de los cuentos de Roa Bastos que aparecieron después de la publicación de *Hijo de hombre,* confirman lo que se ha dicho hasta ahora sobre el tratamiento del tema civilización-barbarie en la obra[13]. Hay, sin embargo, uno en particular que se debe señalar

---

[11] Véase ERNST CASSIER: *The Philosophy of Symbolic Forms,* vol. 2, *Mythical Thought,* trad. al inglés Ralph Manheim (New Haven: Yale University Press, 1977), pp. 47-59.

[12] Para un análisis de las diferentes manifestaciones de la violencia en la literatura latinoamericana, véase ARIEL DORFMAN: *Imaginación y violencia en América* (Barcelona: Anagrama, 1972).

[13] AUGUSTO ROA BASTOS: *El baldío* (Buenos Aires: Losada, 1966); *Madera quemada: cuentos* (Santiago de Chile: Editorial Universitaria, 1967); *Los pies sobre el agua* (Buenos Aires: Centro Editor de América Latina, 1967); *Mo-*

porque indica la dirección que la evolución del tema tomará en la importante novela *Yo el Supremo* (1974). «Borrador de un informe» (*El Baldío,* 1966), a pesar de su temprana fecha de composición en 1958, ensaya la despolarización de los indicadores y la síntesis.

La ambigua caracterización de María Dominga Otazú es la innovación. Como otra gente humilde y pobre del campo, María participa en una romería a la Virgen de Keecupé. La primera visión de María que se le ofrece al lector es la de una penitente cumpliendo una promesa a la Virgen de andar con una pesada cruz a cuestas. El narrador ve en María algún parecido al Cristo: «Vista de atrás y encorvada bajo el peso de la cruz en el opaco resplandor, su silueta golpeaba a primera impresión con una inquietante semejanza al Crucificado» (B, 64). Pero al mismo tiempo se fija en sus atributos sensuales, una observación que sirve dentro del discurso del texto como una anticipación *(advance mention)* de un suceso que se narrará por completo más adelante en el texto [14]. Resulta que después el narrador descubre con gran asombro que la mujer es una prostituta que ha puesto su carpa y tiene un buen negocio: «Fui a decir algo, pero se me atragantó la voz porque en ese momento, en el hueco del toldo, asomó ella: ¡La penitente que había llegado con la cruz a cuestas y con la aureola mística de una iluminada! Semidesnuda, abanicándole con una hoja de palma y echando al aire, como con un cedazo, las crenchas de su larga cabellera, se puso a vocear a los hombres cambiando con ellos palabras y gestos groseros» (B, 73).

El lector también queda algo pasmado. ¿Cómo interpretar este personaje? ¿Se debe categorizarla en el grupo de los héroes sacrificados de *Hijo de hombre* o con los pecadores «civilizados» como Miguel Vera? La verdad es que María pertenece a los dos grupos; es una figura de doble indicador, positiva —su sencilla fe cristiana— y negativa —su sensualismo lucrativo—. Los comentarios del narrador subrayan esta evaluación enigmática: «Su increíble duplicidad era inagotable» (B, 74). Hay momentos que aparece tan piadosa como «las más recatadas Hijas de María», y otras cuando totalmente desnuda, inunda «el despacho con su olor a mujer pública, a hediondez de pecado» (B, 74). Una expresión más sutil de

---

riencia: *cuentos* (Caracas: Monte Ávila, 1969); *Cuerpo presente y otros cuentos* (Buenos Aires: Centro Editor de América Latina, 1971). Otras referencias a «Borrador de un informe» *(El baldío)* se anotarán en el texto con la letra B.

[14] GÉRARD GENETTE: *Narrative Discourse. An Essay in Method,* trad. al inglés Jane Lewin (Ithaca: Cornell University Press, 1980), pp. 74-77, en su discusión del orden textual define anticipación como «allusive anticipation, which will acquire their significance only later on».

esta dualidad se encuentra al nivel de discurso [15]. La voz narrativa del interventor alterna entre un tono oficial —un reporte que prepara para sus superiores— y otro privado— pensamientos íntimos y una versión más verídica de los acontecimientos [16].

Yo el Supremo marca un paso fundamental en la evolución del tema civilización-barbarie [17]. El cambio es tan sustancial que parece que algún neologismo —«barcivilie», tal vez— sea necesario. La dicotomía, previamente división, separación, se manifiesta reestructurada en una unidad fundida, una dualidad, y tanto el nivel superficial del texto como la estructura binaria profunda expresan esta fusión [18]. En la novela el representante de la civilización y el de la barbarie es la misma persona, José Gaspar Rodríguez de Francia. La creación de un personaje que une a los dos componentes divergentes lleva a un patrón nuevo de indicadores. La oposición polar cede a un mosaico de calidades admirables y detestables, una multiplicidad de dualidades.

El autor presenta a Francia como un señor sabio y bien informado. A pesar del aislamiento del país, El Supremo insiste en recibir los últimos periódicos de Buenos Aires y goza de conversar con extranjeros cultos que residen en el Paraguay. Admira mucho a Rousseau, pero también tiene conocimientos de otros filósofos del siglo XVIII, además de la historia y los mitos clásicos, de la literatura inglesa, y la historia colonial de América Latina.

Este mismo hombre culto se confía en muchas de las supersticiones indígenas. Por ejemplo, El Supremo tiene fe en las curas

---

[15] EMILE BENVENISTE: *Problems in General Linguistics,* trad. al inglés Mary Elizabeth Meek (Miami: University of Miami Press, 1971), pp. 206-209, distingue entre historia *(story):* «events that took place at a certain moment of time without any intervention on the part of the speaker in the narration», y discurso *(discourse),* «every utterance assuming a speaker and a hearer, and in the speaker, the intention of influencing the other in some way». TZVETAN TODOROV: «Les categories du récit litteraire», en *Communications,* 8 (1966), pp. 125-147, y ROLAND BARTHES: «An Introduction to the Structural Analysis of Narrative», trad. al inglés Lionel Duisit, en *New Literary History,* 6 (Winter, 1975), pp. 242-243, concuerdan con las categorías básicas de Benveniste.

[16] HUGO RODRÍGUEZ DE ALCALÁ: «Verdad oficial y verdad verdadera: "Borrador de un informe" de Augusto Roa Bastos», en *Homenaje,* pp. 277-294, estudia este aspecto del cuento.

[17] AUGUSTO ROA BASTOS: *Yo el Supremo* (Madrid: Siglo Veintiuno de España, 1976). Otras referencias a esta obra se anotarán en el texto con la letra Y.

[18] Entre los estudios que destacan la estructura binaria de *Yo el Supremo* figuran VICTORIO AGUERA (George Mason University): «Dictadura/Escritura en *Yo el Supremo*», y CARLOS PACHECO (Centro de Estudios Latinoamericanos «Rómulo Gallegos»): «*Yo el Supremo.* Polifonía y visión caleidoscópica», trabajos leídos en el Simposio «Augusto Roa Bastos y la producción cultural americana ante la historia», University of Maryland, marzo 1982. Véase también SHARON E. UGALDE: «Binarismos en *Yo el Supremo*», en *Hispanic Journal,* vol. 2 (Fall, 1982), pp. 69-77.

de los herbalistas autóctonos como Estigarribia (Y, 122), y cuando Echevarría sufre una parálisis repentina, Francia convence al diplomático que vea al curandero La'o-Ximo [19]. La niñez, el habla y el guaraní son signos del ser primitivo y natural del protagonista que rechaza la escritura y la cultura impuesto del español: «Elijo uno cualquiera de esos instantes de mi niñez que se despliegan ante mis ojos cerrados. Estoy muy dentro aún de la naturaleza. Después de borrar la última palabra del pizarrón, mi mano no ha llegado aún a la escritura. Mi mente de niño toma la forma de las cosas» (Y, 199).

Las demensiones míticas de Francia forman el eslabón más fuerte entre él y la «barbarie» de los indígenas. El autor manipula cuidadosamente el tiempo —además de otros aspectos complejos del texto— para crear la impresión de un mundo mítico, el cual se presenta como un aspecto enriquecedor de la realidad paraguaya. El dictador-protagonista es una figura de edad indeterminada. El hecho de que a veces narra desde una perspectiva más allá de la muerte y la confusión acerca del destino final de sus restos corporales —explicada en el apéndice— implican que El Supremo vive fuera de los límites de la cronología. La afirmación que todos los paraguayos, tanto los de las generaciones pasadas como las futuras, llevarán su marca confirma esta impresión: «Qué resto de gente viva o muerta quedará en el país que no lleve en adelante mi marca» (Y, 278) [20]. Hay muchas semejanzas entre el Dictador Perpétuo y una deidad mitológica. Por ejemplo, su auto-creación se asemeja mucho al nacimiento de Ñumanduí de la mitología guaraní y también sugiere el arquetipo de héroe mítico [21]. El incidente ocurre durante un viaje en sumaca que Francia hace por el río Paraguay en compañía de su padre. En un sueño que se confunde con las memorias, el protagonista recuerda cómo un tigre furioso convierte al barco en altar sacrificial, matando a su padre, y cómo él apunta

---

[19] Hoy en día crece el número de investigadores que se dedican al estudio del valor de las hierbas medicinales. El «redescubrimiento» de la medicina tradicional de la China por el mundo occidental ha promovido el estudio de otros sistemas tradicionales de salud. Con respecto a América Latina, véase, por ejemplo, JOHN M. DONAHUE y JOSEPH BASTIEN: *Health in the Andes* (Washington: American Anthropological Association, 1981).

[20] MARTIN LIENHARD: «Apuntes sobre los desdoblamientos, la mitología y la escritura en *Yo el Supremo*», en *Hispamérica*, VII, No. 19 (1978), pp. 3-12, analiza este aspecto del uso del tiempo en la novela.

[21] El autor une el origen del principal dios Mybá, el Primer Padre, Ñumandú, con el de Francia. Los indios creen que Ñumandú se creó a sí mismo paso a paso, y que según una versión, «Nuestro Primer Padre, el Absoluto, surgió en medio de las tinieblas primigenias». Véase LEÓN CADOGAN: *La literatura de los guaraníes* (México: Joaquín Mortiz, 1965), y CURT NIMUENDAJÚ UNKEL: *Leyenda de la creación y juicio final del mundo como fundamento de la religión de los Apopokuva-Guaraní* (San Pablo: Mimeo, 1944), trad. Juan Francisco Recalde.

ceremoniosamente y dispara contra el tigre. Después del disparo se siente nacer: «Cerré los ojos y sentí que nacía. Mecido en el cesto del Maíz-del-agua, sentí que nacía del agua barrosa, del limo maloliente» (309). El pueblo ve en El Supremo a alguien más que humano, alguien asombroso y atemorizador. En una ocasión, por ejemplo, las mujeres de Asunción corren frenéticamente a coger un pedacito de la cera de una vela gigantesca encendida para conmemorar los veinticinco años que lleva el Dictador Absoluto como jefe de estado. Ellas creen que la cera tiene poderes divinos por su asociación con el Karaí-Guasú (Y, 404).

El resultado de los esfuerzos de José Gaspar como representante oficial de la civilización es ambiguo. El desperdicio, la ostentación y la indiferencia de la Junta anterior no se repiten después de que El Supremo suba al poder. El dictador salva a la Iglesia de su propia inmoralidad flagrante y al pueblo de las decepciones de los pa'i hipócritas. Se enseña a los militares lo que es la decencia y la austeridad, con el propósito de proteger a todos los paraguayos, incluyendo a los indios (Y, 309), y mientras países vecinos sufren de anarquía y de altas tasas de crimen, el Dictador Perpetuo logra mantener el orden. Se defiende tercamente la independencia paraguaya contra las usurpaciones extranjeras, infundiendo al pueblo el orgullo nacional.

El Supremo instituye reformas valiosas, pero también crea un Reino del Terror. El lector se entera de esta «anti-nación» cuando Francia anota las acusaciones de la oposición en la Circular Perpetua y en el Cuaderno Privado, o directamente de las fuentes históricas que aparecen como notas [22]. Una carta incluida en el texto da la siguiente impresión de la situación en el Paraguay: «Gime bajo el tirano que tiene aquella provincia no sólo oprimida del modo más cruel, sino que la ha separado de todo trato humano» (Y, 324). La brutalidad en las cárceles es otro problema. Las condiciones infames de Tevegó, una colonia penal remota, son tan temibles que el pueblo cree que los que entran allá envejecen instantáneamente convirtiéndose en piedra, como el caso de Tikú Alarcón (Y, 26). Con frecuencia, la injusticia proviene de las decisiones caprichosas del dictador —por ejemplo, la detención del ministro Benítez por haber aceptado un sombrero del emisario brasilero— y del deseo de la venganza. Este deseo es tan poderoso que durante diez años El Supremo ejecuta a víctimas inocentes para vengarse de Tomás Isasi, «en una especie de ritual que castigaba al culpable "inabsentia"» (Y, 333). Al crear una figura capaz de esta brutalidad, pero quien al mismo tiempo es capaz de obrar bien, una per-

---

[22] A veces el autor deliberadamente cita mal a las fuentes históricas en su esfuerzo de conquistar los modelos oficiales que considera barreras que encierran la verdad.

sona quien representa tanto la cultura occidental como la indígena, Roa Bastos abre una senda que lleva al lector a una percepción más allá de un lenguaje anticuado, igual que Eurípides ilumina en *Medea* la verdad enterrada en las rígidas estructuras lingüísticas.

Hace más de ciento cincuenta años que los escritores latinoamericanos examinan la dicotomía civilización-barbarie, que surgió en el continente por el acercamiento de dos culturas, la occidental y la indígena. Las intuiciones de los autores llevan a una redefinición y una reevaluación de la división, un proceso que se ve reflejado en la obra de Augusto Roa Bastos. Dentro del contexto paraguayo, la «civilización» se convierte en una fuerza destructiva y sus calidades positivas, la ilustración, el progreso, el orden, se desvanecen. Sus únicos representantes restantes, los políticos, los militares y la élite económica, son injustos y crueles en su trato con el pueblo. Los límites de la «barbarie», al contrario, se ensanchan. La «barbarie» redefinida es: un espíritu colectivo, unidad con la naturaleza, fuerza de voluntad, la medicina herbal, el habla y el mito. Y la brutalidad y la violencia ya sólo pertenecen a este campo como instinto de sobrevivir.

La polarización de los indicadores, positivo-negativo, se descompone en *Yo el Supremo* —las dualidades no desaparecen, sino que la visión profunda del autor descubre una realidad compleja que se niega a la fácil categorización—. Esta evolución del tema —civilización-barbarie a *barcivilie*— es característica de la nueva novela latinoamericana [23]. Por una parte, el cambio lleva al pesimismo, porque si la realidad latinoamericana es una estructura intricada de contradicciones de indicadores dobles y no una simple dicotomía, el camino del movimiento vertical se oscurece. ¿Quiénes son los que mejor pueden servir los intereses del pueblo? y ¿es posible saber cuáles son esos intereses? A pesar de la presencia de una ironía que niega soluciones, los hilos éticos entretejidos en el texto implican que sí puede existir la esperanza de cambio con el descubrimiento de la riqueza y la naturaleza ilusiva de la realidad.

---

[23] Aunque la reevaluación de la sociedad tradicional está presente de alguna manera en las obras de numerosos novelistas latinoamericanos —Carlos Fuentes, Vargas Llosa, García Márquez, por ejemplo—, el cubano Alejo Carpentier es el mejor representante de esta tendencia. En sus novelas, la exploración de lo indígena, y en el caso del caribe, lo africano, se convierte en una preocupación central.

LA ESTÉTICA DE LA DESHUMANIZACIÓN
EN *HIJO DE HOMBRE*

NICOLÁS TOSCANO LIRIA
St. John's University

La década de los 60 será siempre recordada por su esperanzador, inquietantemente esperanzador, espíritu de protesta. Protesta dirigida contra la violencia institucional de los estados autoritarios, la explotación y la desigualdad económica, el racismo y el conformismo, la insinceridad e ineficacia de la burocracia, la injusticia institucionalizada y el imperialismo económico. Se plasmó esta ideología en lo que se llamó «El Gran Rechazo» —descrito por Fernando Savater como «La negación activa del modelo capitalista occidental y de su totalitaria alternativa estalinista»— [1]. Se buscaba una tercera vía. Recuerda este mismo autor «los ya clásicos *grafitti* jubilosamente radicales: "La imaginación al poder", "Paradise now", "Sed realistas, pedid lo imposible"» [2].

Es la época de Paul Goodman y Norman Brown, de Daniel Cohn-Bendit, de Adorno y Herbert Marcuse, y de Erich Fromm; siempre será la época de Erich Fromm. Se hicieron estudios sobre el autoritarismo y la represión y se hablaba con gran lealtad del pacifismo y la «no violencia». Martin Luther King sigue los métodos del Mahatma Gandhi para actuar como catalizador de la integración racial. El obispo Helder Camara y Josué de Castro hacen supurar la llaga del autoritarismo y la injusticia social en Iberoamérica.

La novela *Hijo de hombre,* de Augusto Roa Bastos, fue publicada en 1960 y por los premios recibidos y su difusión ha sido uno de los testimonios conducentes a la toma de conciencia de la década de los sesenta.

No se sitúa la acción en el Paraguay de los años cincuenta, ya que comienza poco antes de la época de la aparición del cometa

---

[1] FERNANDO SAVATER y LUIS ANTONIO DE VILLENA: *Heterodoxias y contracultura* (Barcelona: Montesinos, 1982), p. 60.
[2] *Ibíd.,* p. 62.

15

Halley en 1910 y termina con la guerra del Chaco (1932-1935). La temática de la violencia y de la opresión son elementos de la vida diaria del Paraguay en esta época. La Declaración Universal de los Derechos Humanos en 1948 podría haber suavizado la situación, pero con la derrota de la revolución democrática de 1947, que motivó la emigración de medio millón de paraguayos, había desaparecido toda esperanza.

También funestos son los años de la aparición de *Hijo de hombre*. Estas palabras son de Juan Bautista Rivarola-Matto:

> «Entre 1958 y 1966 ocurre una serie de fenómenos confusos a los que podríamos designar como la insurrección de los emigrados. Desde las «villas-miseria» de los suburbios de Buenos Aires hasta los departamentos del centro y a lo largo de toda la frontera, se agitan los paraguayos. Centenares de hombres cruzan el Paraná y el Paraguay y se internan en los montes para retornar flotando en los ríos, crucificados en maderos de jangada, degollados, castrados, cegados con hierros candentes, y algunos con un hueco negro allí donde llevaron el corazón» [3].

Esto explica que aunque la novela tratase del Paraguay en una época más temprana, los sentimientos del lector y la problemática del momento eran vehículos conducentes a la comprensión y a la aceptación por parte del lector de una problemática y de unos juicios de valor aún aplicables.

Todo el mundo se percata desde el título de que «el hombre» es el tema fundamental de la novela. Eduardo Mallea afirmaba que «La mayor prueba de un novelista consiste en su capacidad de *centrar* su concepción del hombre. El hombre es el centro. El mal es su abismo y el bien su cima; pero el hombre está inexorablemente situado en el centro» [4]. Esta idea general sobre el género de la novela es corroborada por Manuel de la Puebla al hablar de *Hijo de hombre*:

> «El interés esencial en Roa Bastos es el hombre. El hombre y su conducta; el hombre y sus problemas individuales y sociales. El título de su novela nos lo confirma. La temática constante y la más viva, tanto en esa obra como en toda su cuentística, también. El hombre en abstracto y el que se hace existencia concreta en cada personaje. El hombre individualmente considerado y el que está dentro de la masa» [5].

---

[3] JUAN BAUTISTA RIVAROLA-MATTO: «Algunas ideas acerca de la literatura paraguaya», en *Cuadernos Americanos,* 180 (1972), p. 234.

[4] EDUARDO MALLEA: *Poderío de la novela* (Buenos Aires: Aguilar, 1965).

[5] MANUEL DE LA PUEBLA: «El estilo de la narrativa de Augusto Roa Bastos», en *Homenaje a Augusto Roa Bastos,* ed. Helmy Giacoman (Madrid: Anaya, 1973), p. 56.

Mabel Piccini ha dedicado un estudio al humanismo revolucionario en «El trueno entre las hojas» [6]. Helmy F. Giacoman, en el prefacio de su *Homenaje a Augusto Roa Bastos,* afirma que «su obra apunta certeramente hacia un ciclo que germina en lo esencial de la naturaleza, se concretiza en el hombre y —a través de un intenso humanismo— se proyecta universalmente» [7].

Muchos críticos (Rodríguez Alcalá, Adriana Valdés e Ignacio Rodríguez, Urte Lehnerdt [8]) han consolidado sobre *Hijo de hombre* el concepto de «religión de la humanidad», acuñado por el mismo Roa Bastos, y el de «religión del hombre». Mabel Piccini explica con acierto:

> «La intencionalidad radica en un humanismo antropocéntrico e imanente... por el cual se afirma al hombre en tanto se le considera capaz de realizar todos los valores y de adueñarse del mundo y de la vida, moldeándolos a su servicio» [9].

En su temática, el hombre es la piedra angular del libro, en su teleléutica lo es «la religión de la humanidad». Parece por ello, tras las afirmaciones de críticos tan prestigiosos, tal vez una insensatez, sin duda un atrevimiento, hablar de la deshumanización en *Hijo de hombre.* Sin embargo, como el tenebrismo en la pintura, resalta las figuras a través del contraste de luces y destaca al hombre por la negación que de él se hace. Como el relieve que sobresale de la piedra, el hombre es dibujado por el contraste, queda esculpido en el libro gracias al vacío producido alrededor de él. Los actos inhumanos, la vida infrahumana, la anulación, la cosificación, la animalización, en su aspecto negativo y la aspiración a lo sobrehumano en su aspecto positivo, todas ellas son formas de deshumanización que destacan por la vía de la negación a la figura humana.

El famoso ensayo de Ortega y Gasset, *La deshumanización del arte,* trata de explicar la irritación que producen en la masa las exploraciones vanguardistas de la pintura, examina la relación del arte contemporáneo con la sociedad en que surge, explica el alejamiento de la metáfora, la preferencia por lo geométrico y el carácter iconoclasta del nuevo arte, y la aparición del arte como sólo arte. No encaja, a primera vista, la obra de Roa Bastos en esta descripción. Nada más cargado de patetismo humano, de arte trascendente, de arte profético que la obra de *Hijo de hombre.* Un examen detallado nos permite, sin embargo, observar la presencia

---

[6] *Homenaje a Augusto Roa Bastos,* pp. 237-251.
[7] *Ibíd.,* p. 9.
[8] *Ibíd.,* pp. 76, 109 y 182.
[9] *Ibíd.,* p. 245.

de elementos impresionistas, expresionistas e incluso surrealistas, que proceden a una deshumanización de los personajes [10]. Con frecuencia el ser humano se transforma en cosa. Aquella visión inquietante de la mujer que trituraba pájaros con su boca rota (página 71) [11], o de la mano de madera de Gaspar que salva a Vera de morir ahogado (pág. 21). Casiano y Nati y el recién nacido en su huida de los yerbales «van casi desnudos, embadurnados de arcilla negra. Menos que seres humanos, ya que no son sino monigotes de barro cocido que se agitan entre el follaje» (pág. 72). Otras veces se transforma en objeto todo un pueblo: «Ese pueblo de desdichados de Costa Dulce» es como «una joroba tumefacta, entre los harapos de monte» (pág. 107). Cuchui es un «yerbajo de hombre larvado en una criatura soñolienta» (pág. 237). María Rosa era «una mancha pintada en la luz» (pág. 247), Crisanto, un «despojo manso» (pág. 247).

En numerosas ocasiones los seres humanos quedan reducidos meramente en sombras, a siluetas. Gaspar y María Rosa «Semejaban sombras suspendidas entre el follaje» (pág. 25). Y más adelante «María Rosa permaneció en la lluvia, desleída toda ella en una silueta turbia, irreal» (pág. 28). Las figuras toman contorno o se difuminan: «El hombre se fue aclarando» (pág. 60) o «La vi borronearse» (pág. 67). Por los andenes de la estación caminan «sombras rosadas» (pág. 70). El falso sacerdote del calabozo de Casiano es «una silueta negra ensotanada» (pág. 89). Sus perseguidores son «siluetas espectrales» (pág. 97). Los leprosos son «figuras macilentas» (pág. 106). Los soldados de Vera son «esfumadas siluetas» (pág. 180). Salui, entre los cadáveres, buscando un uniforme, es una sombra (pág. 195). Los soldados sedientos que asaltan el camión de Cristóbal Jara son «Sombras andrajosas» (página 212). Una «triste sombra» es también Crisanto Villalba cuando vuelve a su pueblo enloquecido por la guerra (pág. 230).

Pero la transformación en objeto más destacable es la del mismo Dios. El Cristo de Itapé es más hombre que Dios, pero más

---

[10] MANUEL DE LA PUEBLA (*ibíd.*, p. 59) ha propuesto los ejemplos siguientes:

Del impresionismo: «A veces se recostaba sobre un mojinete hasta no ser sino una mancha más sobre la agrietada pared de adobe» (p. 1).

Del expresionismo: «El filudo perfil de pájaro giraba de pronto hacia las puertas y ventanas atrancadas como tumbas, y entonces nosotros después de un siglo, bajo las palabras del viejo, todavía nos echábamos hacia atrás para escapar a esos carbones encendidos que nos espiaban desde lo alto del caballo, entre el rumor de las armas y de los herrajes» (p. 16).

Del superrealismo: «Quizás los veía a escondidas, de rodillas entre la Maraña, con los ojos sin párpados en la enorme cabeza de león, escamosa y carcomida» (p. 26).

[11] AUGUSTO ROA BASTOS: *Hijo de hombre* [Buenos Aires: Losada, 1967 (3.ª ed.)].

madera que hombre; madera jaspeada de vetas y de «manchas escamosas y azules» (pág. 28). Dios queda desdivinizado, inerte, atrapado en la materia y cosificado.

Hay un proceso deshumanizador de las formas de carácter valleinclanesco, pero que carece del rasgo grotesco propio de la esperpentización. Valleinclanesca es la muerte del sacristán suicida: «la pata rígida se amacó en el aire» (pág. 33) o el enterramiento de Macario en «un cajón de criatura» (pág. 36). Son a veces los personajes como figuras fantasmagóricas, Gaspar, leproso, era como si un «muerto se levantara para testificar sobre lo irrevocable de la muerte» (pág. 24). Se dice del resto de los leprosos «se agitan los fantasmas muermosos que van a beber al arroyo» (pág. 55). Los esclavizados del yerbal son una «recua de fantasmas inmóviles» (pág. 78). De la historia de Casiano Jara se dice que es una «historia de fantasmas» (pág. 118) «increíble y absurda». Los soldados son «fantasmas de utilería» (pág. 175), o «espectros feroces» (pág. 222) al asaltar el camión del agua. Las visiones a veces se hacen más plásticas y presentan un parecido innegable con las «calaveras» de José Guadalupe Posada. Recordemos esa descripción de un soldado: «El esqueleto harapiento y descalzo se cuadró» (pág. 214). O «el baile en honor del capitán Mareco»: Baile de «siluetas muy juntas, borroneando las caras barbudas o lampiñas y las caras impenetrables de las mujeres que se movían en brazos de los soldados como si bailaran en sueños con la muerte en algún sombrío campo de batalla» (pág. 148). En ese baile aparecen los leprosos «bailando grotescamente con sus cuerpos hinchados y roídos a la lívida luz», que poco después salen como «esa guardia de corps de fantasmas de carne, mientras el arpa seguía tocando vivamente una galopa en el salón desierto» (pág. 150).

Otras veces el ser humano pierde su humanidad y queda transformado en máscara: El sacristán semeja «una máscara de samuhú» (pág. 32). Hay caras de «barro seco» (pág. 62) y máscaras «surcadas de arrugas» (pág. 73), máscaras «en la que sólo se mueven los ojos» (pág. 72), «máscaras de tierra desencajadas por el terror» (pág. 100), máscaras «que se desploman» (pág. 102), máscaras «enchastrada(s) de tierra y de sangre» (pág. 223).

La transformación del hombre en animal es otra forma de deshumanización frecuentemente empleada por Roa Bastos. Los mellizos Goiburú llaman a Macario «bicho feo» (pág. 11). En la estación de donde sale Damiana la gente es «un manchón de hormigas destiñéndose al sol» (pág. 59). Su hijo «se echa a llorar con pujidos de rana» (pág. 63). La charla de la vieja en el tren es como «el cloqueo» de una gallina (pág. 66). Casiano, Nati y su hijo parecen «animales acosados» (pág. 73), y el deshonesto cortejo de

Nati por Chaparro es comparado al «galanteo lento del mata-mata que disfruta con el mareo de su presa, mientras la va atando e inmovilizando con hilos de baba» (pág. 84). El hijo de Nati es «una laucha humana» (pág. 49), o una «liendre humana» (pág. 111). Los hombres se agitan sobre el hoyo producido por el convoy de los explosivos como hormigas (pág. 105), los «chicuelos desnudos» son «pájaros enfermos» (pág. 106). Hormigas son Casiano, Nati y su hijo empujando el vagón (pág. 118). De estas comparaciones, una de las que más se graba en la imaginación es la del ejército dispuesto para la guerra:

> «Multitud de hombres, uniformados de hoja seca, pululan diseminándose sobre el gran queso gris del desierto como gusanillos engendrados por su fermentación.» (p. 164)

Los muertos de la aguadita del pirizal son un «enjambre solitario» (pág. 178). Otazu se siente como «una mosca» en la tela de una «tarántula» (pág. 208). Aún más deshumanizada es la visión de ejército como una gran ameba que «trabaja para deglutirlo» al enemigo con «el movimiento peristáltico de nuestras líneas» (página 173).

Pero además de la transformación del ser humano en cosa, en máscara, en sombra, en silueta, en animal, hay también un proceso de «reificación» en el sentido utilizado por Lukács: El hombre es reducido a instrumento por las fuerzas sociales. Casiano y Jara se ven esclavizados en los yerbales por la mano dura y descontrolada del capital extranjero y por la represión desbocada e inhumana de su propio gobierno. El pueblo del Paraguay y el pueblo boliviano se ven arrastrados a la guerra por los intereses de los latifundistas del Chaco y de las multinacionales del petróleo, «la Standard, los Casado y compañía» (pág. 162).

Decía André Gide que «No existe obra de arte sin la colaboración del demonio». Nada más cierto en *Hijo de hombre,* donde aparecen una serie de personajes infrahumanos, realizando o siendo objeto de acciones inhumanas que conducen sus vidas a la degradación y a la anulación. Desfilan por él leprosos y prostitutas, prisioneros y homicidas, violadores y enterradores, capataces y explotadores, huidos y perseguidos, soldados aplastados por la guerra, sedientos, locos y suicidas.

Los personajes quedan sometidos a la técnica del feísmo de la misma manera que Velázquez elige bobos y anormales, enanos y bufones como tema de algunas de sus pinturas y hace de ello una obra de arte. Forman este conjunto de seres un sacrílego retablo de la opresión, la degradación, la violencia y la muerte. Nada más alejado de la novela burguesa. Los actos inhumanos caen sin cesar sobre estos seres de infortunado destino. La crueldad del Karaí Guasú con Macario de niño, la violencia del tren de los explosivos (pág. 37), la esclavitud en el yerbal (pág. 77), la represión contra los alzados, la violencia de la guerra en sí, la prostitución de Lágrima González, la locura de Crisanto Villalba o la búsqueda final de la muerte por parte de Miguel Vera. No hay más remedio que hacer alusión a los *Desastres de la guerra,* de Goya, o al *Guernica,* de Pablo Picasso.

Es frecuente que el resultado degradante y deshumanizador de estos actos de que son objeto sea la locura, como en el caso de Casiano o de Jocó, la prostitución, como le ocurre a Lágrima González y a Saluí, la enfermedad o la muerte. Miguel Vera dice «esto es el infierno». El libro contiene el infierno. La esperanza es sólo un destello traído por los actos sobrehumanos. Y estos actos superiores a las fuerzas humanas no son tampoco humanos, son una forma de anulación del hombre en sus resultados. Casiano pierde el juicio en su esfuerzo sobrehumano por sacar a su mujer y a su hijo de la esclavitud del yerbal. El sacrificio de las vidas de Kiritó y de Saluí, en su esfuerzo sobrehumano por llevar agua a las primeras líneas del ejército, es anulador y deshumanizador, aunque eso sí, heroico. Más esperanza contiene el tesón y la locura de Casiano en su afán apoyado por todos de llevar el vagón poco a poco por la llanura hasta la selva. Pero también ese esfuerzo sobrehumano tiene un final devastador cuando la insurrección nacida junto a este vagón es aplastada por el gobierno.

Vemos, pues, que en la novela *Hijo de hombre* unos seres deshumanizados realizan o son objeto de actos inhumanos en una sociedad deshumanizada por la opresión. El mismo Roa Bastos ha manifestado el carácter inhumano del mundo descrito en *Hijo de hombre* al decir que su tema «es la crucifixión del hombre común en la lucha por su libertad, librado a sus solas fuerzas en un mundo y en una sociedad inhumanos que son su negación»[12]. Es, pues, un libro que más que sobre el hombre es sobre la negación del hombre.

Félix Grande decía, en una conferencia titulada «De cómo don Antonio Machado dibujó nuestro rostro», que por fin la España de hoy tiene un hermoso rostro: el rostro de la democracia»[13]. Ernesto Sábato ha dicho «El único régimen compatible con la dignidad del hombre es la democracia». Muchos sudamericanos han soñado la configuración de un nuevo rostro para Iberoamérica. Roa Bastos lanza este grito desgarrador que es *Hijo de hombre* y

---

[12] «Negro sobre blanco», en *Boletín de la Editorial Losada,* 10 (1959).
[13] Symposium on the Brothers Machado, University of Dallas, October 1983.

propone al Paraguay como paradigma de «este pueblo tan calumniado de América» (pág. 252). El pueblo americano en los últimos años ha dado grandes pasos hacia la democracia. Se pueden contar con los dedos de la mano los países que no gozan aún de ella: Chile, la Guayana, Haití, Cuba, Nicaragua (?) y... el Paraguay.

El rostro de América fue imaginado por Bolívar como un conjunto de países unificados. «El Supremo» dice sobre las ideas de una Confederación Americana mantenidas por Amadís Cantero: «Malas del todo no son las ideas de este botarate» (pág. 380, *Yo el Supremo*). José María Rondón Sotillo, venezolano, soñaba en 1928 con ese rostro unido en su *Canto a la América Latina*. Recibió por él el primer premio de los Juegos Florales de la Ciudad de Bolívar (La Argentina) con motivo del primer cincuentenario de la fundación de la ciudad. No me resisto a compartir con él y con ustedes ese sueño. Les ruego disculpen el contraste excesivamente modernista de estos versos:

(¡Que no es la Patria límite y estrecha
la gran Patria futura que yo abarco,
sino la Patria nuevamente hecha:
desde Méjico, curvo como un arco,
hasta la Patagonia, que es la flecha!)

¡Oh, América! ¡Unifícate, que el huracán arrecia!
¡Sé como Italia y como Helvecia
una blanca unidad!
Haz el milagro bíblico a la inversa,
unificando los panes de tu fuerza dispersa
en estas Bodas de la Libertad!

Y entonces veremos que el progreso se activa
bajo el vuelo del ave de la rama de oliva.

Y podremos gritarle al vecino asombrado:
—¡Cosechamos los frutos en el propio cercado!

¡Somos fuertes! Tenemos una triple coraza,
porque somos tres razas engranando una raza.

¡Nuestra América integra en el centro y el flanco
la pujanza del indio y del negro y del blanco:
Tres potencias que, unidas, no hay un brazo que tuerza,
pues tres músculos juntos multiplican la fuerza!

«El viento americano» —dice Félix Grande en un bellísimo libro titulado *Elogio de la Libertad*— «desde Centroamérica a la Tierra del Fuego, produce hoy desaforadas tempestades, huracanes perversos, remolinos de rapiña que dejan el territorio americano alfombrado de muertos. Algún día el viento americano alcanzará su bellísimo destino de brisa y de canción» [14].

En la búsqueda de ese destino, de ese rostro democrático y unificado, la América Hispana deberá siempre a Augusto Roa Bastos ese grito de protesta y de dolor, esa queja inhumana y desgarradora que es *Hijo de hombre*.

[14] FÉLIX GRANDE: *Elogio de la libertad* (Madrid: Espasa-Calpe, 1984).

COLABORADORES

VICTORIO AGÜERA

Eminente crítico y teórico español. Catedrático de literatura peninsular del Siglo de Oro en George Mason University, Virginia.

FERNANDO BURGOS

Crítico chileno y profesor de literatura hispanoamericana en Memphis State University. Autor de *La novela hispanoamericana moderna: un ensayo sobre el concepto literario de modernidad* (Madrid, 1985), *Prosa hispánica de vanguardia* (Madrid, 1986), *Los ochenta mundos de Julio Cortázar: ensayos* (Madrid, 1987).

MARÍA ELENA CARBALLO

Crítica costarricense. Realizó sus estudios doctorales en Brandeis University, Massachusetts.

DEBRA A. CASTILLO

Crítica norteamericana. Trabaja en el campo de la narrativa latinoamericana y comparada en Cornell University, Nueva York.

JORGE LUIS CRUZ

Crítico puertorriqueño especializado en la obra de Roa Bastos. Actualmente enseña en la Universidad de Puerto Rico.

FRANCISCO E. FEITO

De origen cubano; uno de los más destacados expertos internacionales en la literatura del Paraguay. Enseña en Kean College, New Jersey. Es el autor del clásico *El Paraguay en la obra de Gabriel Cassacia* (1977) y editor (con contribuciones de Roa Bastos, Bareiro, Saguier, Marcos, Foster y Méndez-Faith) de la edición crítica de *La babosa,* de Casaccia, para la colección de clásicos latinoamericanos de la UNESCO en París.

DAVID WILLIAM FOSTER

El más importante especialista norteamericano en la obra de Roa Bastos. Catedrático de literatura latinoamericana en la Universidad

Estatal de Arizona en Tempe. Sus innumerables contribuciones —artículos y libros— constituyen un invaluable aporte al desarrollo y enriquecimiento de la crítica literaria hispanoamericana. El profesor Foster fue el conferenciante de honor del Coloquio.

EDUARDO GONZÁLEZ

Crítico de origen cubano. Es profesor asociado de literatura latinoamericana y comparada en la Universidad Johns Hopkins, en Baltimore.

MERCEDES GRACIA CALVO

Crítica española. Realizó sus estudios doctorales en la Universidad Estatal de Nueva York (SUNY), en Stony Brook.

CONNIE GREEN

Crítica norteamericana. Realizó sus estudios doctorales en Wayne State University, Michigan.

JOHN EARL JOSEPH

Poeta y crítico norteamericano. Es profesor asociado de literatura francesa e italiana en Oklahoma State University. Actualmente enseña en la Universidad de Maryland, en College Park.

JOHN KRANIAUSKAS

Crítico inglés. Realizó sus estudios doctorales en la Universidad de Londres.

WLADIMIR KRYSINSKI

De origen polaco. Uno de los más destacados comparatistas en la actualidad. Es autor del clásico *Carrefours de signes. Essais sur le roman moderne* (1981). Director del Departamento de Literatura Comparada de la Universidad de Montreal y ganador del premio internacional de ensayo «Discurso Literario» 1985.

J. BEKUNURU KUBAYANDA

Combina un profundo conocimiento de las tradiciones literarias vernáculas de su África natal y de la literatura latinoamericana contemporánea. Actualmente ejerce la cátedra en Ohio State University.

TRACY K. LEWIS

Crítico norteamericano, profesor asistente de literatura latinoamericana en la Universidad Estatal de Nueva York (SUNY), en Oswego. Se especializa en las relaciones entre la antropología cultural y la expresión narrativa de la América de habla hispana.

JUAN MANUEL MARCOS

Crítico paraguayo y profesor de literatura latinoamericana en Oklahoma State University. Destacado especialista en la obra de